Israel und Palästina morgen

Die Deutsche Bibliothek - CIP-Einheitsaufnahme

Lemarchand Philippe:
Israel und Palästina morgen: ein geopolitischer Atlas/
Philippe Lemarchand/Lamia Radi.
Aus dem Franz. von Enrico Heinemann und Dr. Ursel Schäfer.-
Braunschweig: Westermann, 1997
ISBN 3-07-509274-6

Umschlagfotos: Bildagentur Mauritius
Umschlaggestaltung: Eckard Schönke

Originaltitel:
Israël/Palestine Demain
Atlas Prospectif
© Editions Complexe 1996

© der deutschen Ausgabe: Georg Westermann Verlag GmbH,
Braunschweig 1997
Druck und Bindung: Westermann Druck Zwickau GmbH
ISBN 3-07-**509274**-6

Philippe Lemarchand / Lamia Radi

Israel
und Palästina morgen

Ein geopolitischer Atlas

Übersetzung aus dem Französischen:
Enrico Heinemann und Dr. Ursel Schäfer

westermann

Inhalt

4

Der Schlüssel zum Nahen Osten

Bodengestalt

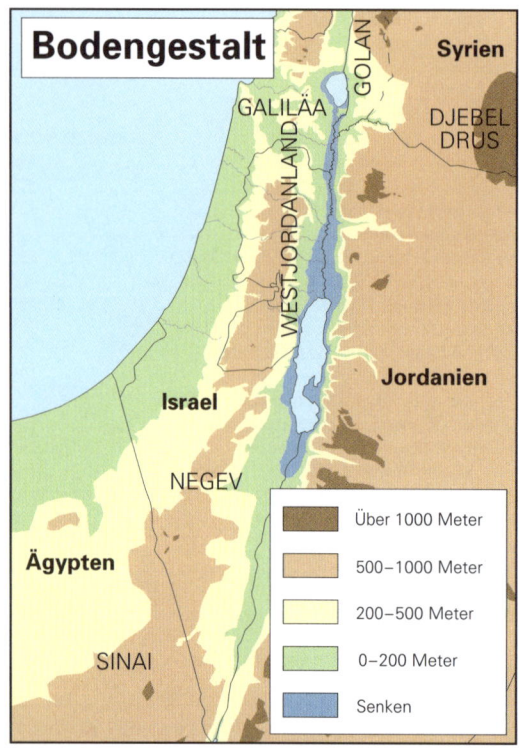

GALILÄA
GOLAN
Syrien
DJEBEL
DRUS
WESTJORDANLAND
Israel
Jordanien
NEGEV
Ägypten
SINAI

	Über 1000 Meter
	500–1000 Meter
	200–500 Meter
	0–200 Meter
	Senken

Bevölkerungsdichte

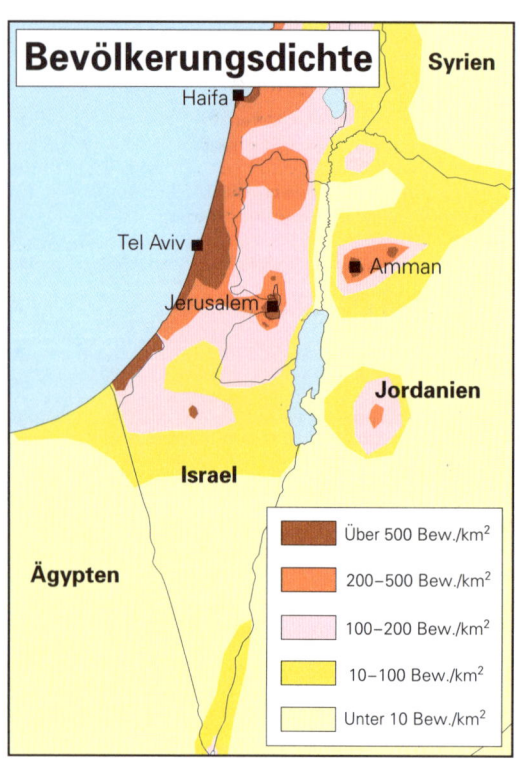

Syrien
Haifa
Tel Aviv
Amman
Jerusalem
Jordanien
Israel
Ägypten

	Über 500 Bew./km²
	200–500 Bew./km²
	100–200 Bew./km²
	10–100 Bew./km²
	Unter 10 Bew./km²

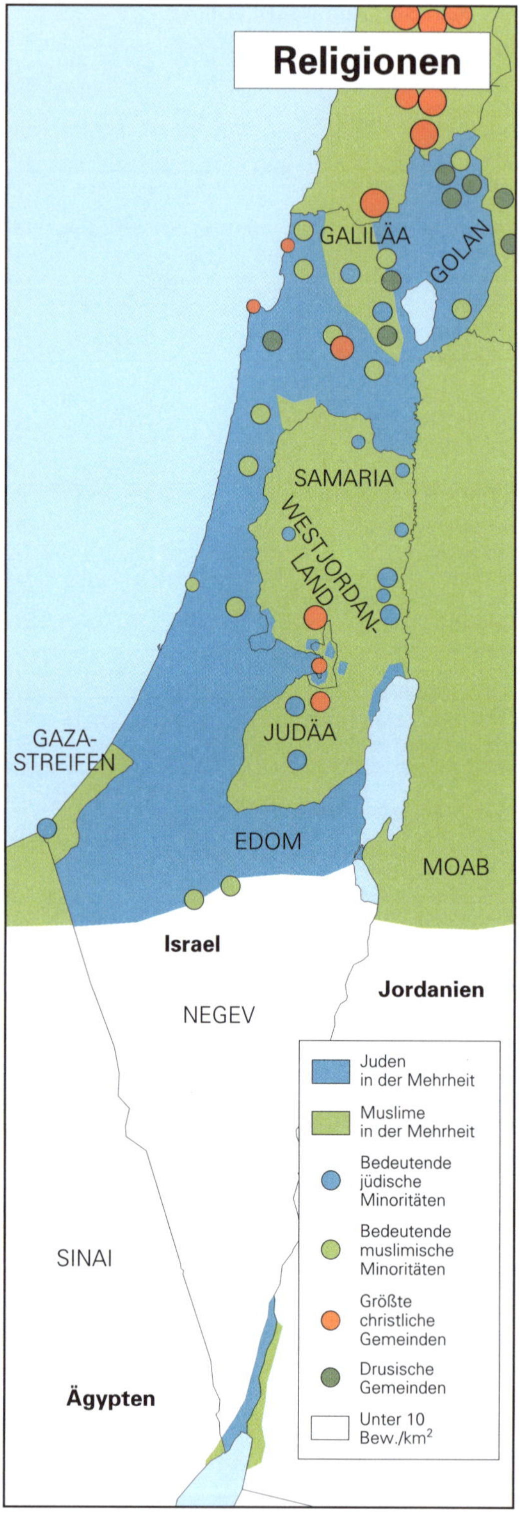

Religionen

GALILÄA
GOLAN
SAMARIA
WESTJORDANLAND
GAZA-STREIFEN
JUDÄA
EDOM
MOAB
Israel
Jordanien
NEGEV
SINAI
Ägypten

	Juden in der Mehrheit
	Muslime in der Mehrheit
	Bedeutende jüdische Minoritäten
	Bedeutende muslimische Minoritäten
	Größte christliche Gemeinden
	Drusische Gemeinden
	Unter 10 Bew./km²

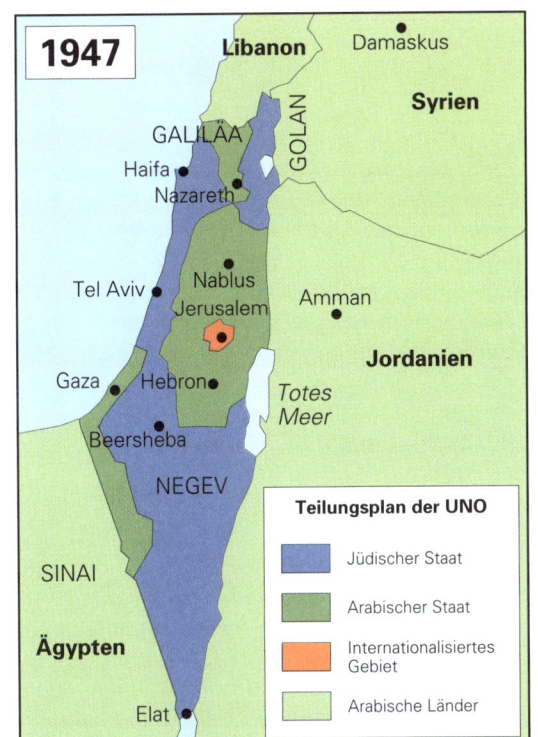

1947

Libanon

Damaskus

Syrien

GALILÄA

GOLAN

Haifa

Nazareth

Tel Aviv

Nablus

Jerusalem

Amman

Jordanien

Gaza

Hebron

Totes Meer

Beersheba

NEGEV

SINAI

Ägypten

Elat

Teilungsplan der UNO

Jüdischer Staat

Arabischer Staat

Internationalisiertes Gebiet

Arabische Länder

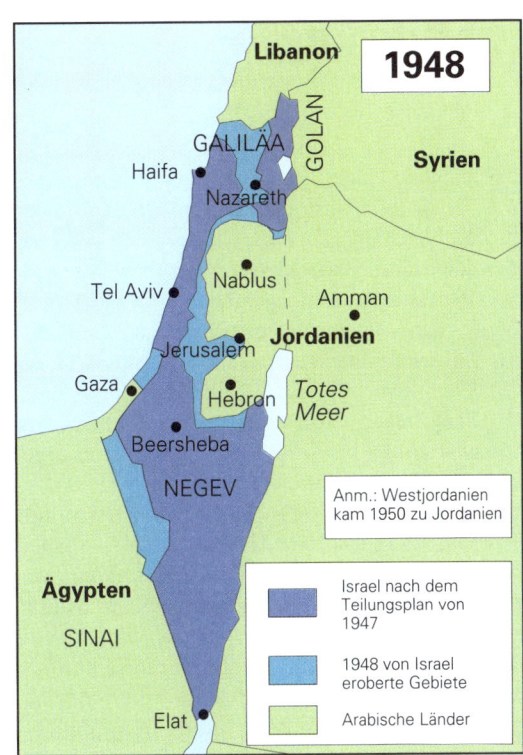

1948

Libanon

GALILÄA

GOLAN

Syrien

Haifa

Nazareth

Tel Aviv

Nablus

Amman

Jerusalem

Jordanien

Gaza

Hebron

Totes Meer

Beersheba

NEGEV

Anm.: Westjordanien kam 1950 zu Jordanien

Ägypten

SINAI

Elat

Israel nach dem Teilungsplan von 1947

1948 von Israel eroberte Gebiete

Arabische Länder

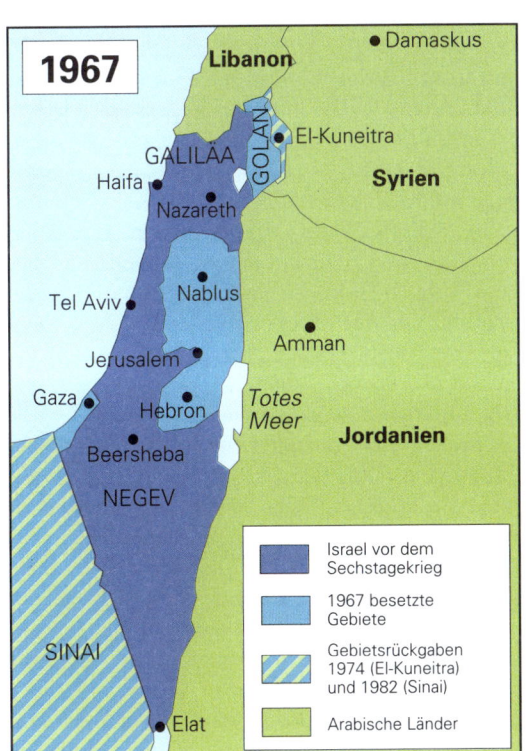

1967

Damaskus

Libanon

GALILÄA

GOLAN

El-Kuneitra

Haifa

Syrien

Nazareth

Tel Aviv

Nablus

Jerusalem

Amman

Gaza

Hebron

Totes Meer

Beersheba

Jordanien

NEGEV

SINAI

Elat

Israel vor dem Sechstagekrieg

1967 besetzte Gebiete

Gebietsrückgaben 1974 (El-Kuneitra) und 1982 (Sinai)

Arabische Länder

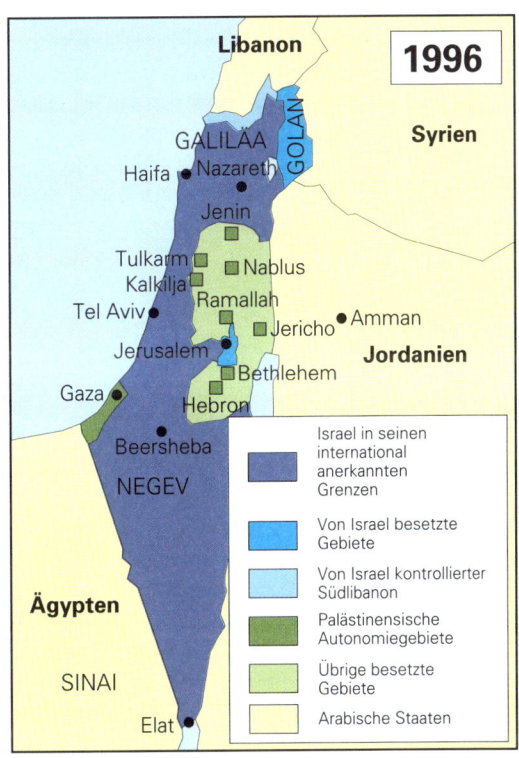

1996

Libanon

GALILÄA

GOLAN

Syrien

Haifa

Nazareth

Jenin

Tulkarm

Nablus

Kalkilja

Ramallah

Tel Aviv

Jericho

Amman

Jerusalem

Jordanien

Bethlehem

Gaza

Hebron

Beersheba

NEGEV

Ägypten

SINAI

Elat

Israel in seinen international anerkannten Grenzen

Von Israel besetzte Gebiete

Von Israel kontrollierter Südlibanon

Palästinensische Autonomiegebiete

Übrige besetzte Gebiete

Arabische Staaten

Einführung

Wie sieht die Zukunft von Israel und Palästina aus? Was für ein Bild wird jener Landstrich im 21. Jahrhundert bieten? Wird es eines Tages einen vollkommen souveränen Palästinenserstaat geben? Wird der jüdische Staat in fünfzig Jahren noch existieren? Wird es den Völkern der Region gelingen, ein Klima des Vertrauens herzustellen, und werden sie für einen gemeinsamen Wohlstand arbeiten?

Diese Fragen vermag niemand mit Sicherheit zu beantworten. In die Zukunft zu blicken ist naturgemäß ein gewagtes Unterfangen. Und da wir es mit einem Landstrich zu tun haben, der drei Religionen heilig ist, sind nur schwer Analysemuster zu vermeiden, die *a priori*-Annahmen, bestimmte Voraussetzungen und Werturteile enthalten. Kein anderer Konflikt unserer Zeit hat in vergleichbarer Weise Emotionen geweckt, und in keinem anderen Konflikt hat der gefährliche Begriff Schicksal eine vergleichbare Rolle gespielt.

Das vorliegende Buch ist ein Gemeinschaftswerk, aber die Autoren haben sich bemüht, keinen starren gemeinsamen Blickwinkel einzunehmen. Wir sind uns bewußt, daß die Wahrheit viele Facetten hat und daß Objektivität immer relativ ist. Daher haben wir versucht, möglichst viele unterschiedliche Standpunkte einander gegenüberzustellen. Die Wahl bestimmter Begriffe wie Westjordanland statt Westbank, Nordsektor oder Judäa/Samaria ist im übrigen keine Entscheidung für eine bestimmte politische Position, sondern soll die Lektüre vereinfachen. Der vorliegende Band *Israel und Palästina* ist kein wie auch immer geartetes »Rezept für den Frieden«. Unser Ziel ist es vielmehr, deutlich zu machen, um was es bei dem Konflikt geht.

Die Formel »gerechter und dauerhafter Frieden« beinhaltet einen hohen Anspruch und ist daher auch gefährlich. Der Frieden im Nahen Osten wird niemals für alle gerecht sein, und wenn er als zu ungerecht erscheint, wird er nicht dauerhaft sein. Der Friedensprozeß besteht aus einer Abfolge labiler Gleichgewichtszustände; er ist nur sinnvoll als unaufhörliches Voranschreiten. Und so wie ein Seiltänzer stürzt, wenn er stehenbleibt, würde ein Stillstand auch für den Friedensprozeß das Ende bedeuten. In Anbetracht der über Jahrzehnte aufgestauten Gefühle von Haß und Frustration muß der Frieden zunächst einmal ein Zustand von Nicht-Krieg sein, eine Lösung, die das Blutvergießen beendet. Gleichgültig ob die Lösung in einer klaren Trennung der Bevölkerungsgruppen besteht, in Zusammenarbeit oder in einer beliebigen Kombination dieser beiden Extreme, der Frieden wird immer schwierig bleiben.

Die internationale Bedeutung des israelisch-arabischen Konflikts

Die Gründung des Staates Israel im Jahr 1948 trug zur Bildung von zwei antagonistischen Blöcken im Osten und im Westen bei. Die Sowjetunion befürwortete zunächst einen eigenen jüdischen Staat, zumal er ein klar sozialistisches Gesellschaftskonzept verfolgte. Doch bereits am Ende des Jahres wechselte Stalin die Fronten, weil er im arabischen Nationalismus vielversprechendere Perspektiven sah. Der israelisch-arabische Konflikt war künftig ein Schauplatz des Kalten Krieges, denn die Amerikaner unterstützten nahezu bedingungslos Israel, und die Sowjetunion lieferte Waffen an die arabischen Frontstaaten.

Im Jahr 1956 kündigte das gemeinsame Vorgehen von Frankreich, Großbritannien und Israel gegen Ägypten das Ende des Einflusses der Kolonialmächte an, und USA und UdSSR unterstrichen in ihrem gemeinsamen Ultimatum ihre Vorherrschaft als Supermächte. Dem Fiasko im Suezkonflikt folgte die Entscheidung der Briten, sich ganz aus der Region zurückzuziehen. Frankreich war damit weitgehend isoliert und überdies durch die Verwicklung in den Algerienkrieg handlungsunfähig.

Im Jahr 1967 veränderte Israels Präventivschlag gegen seine arabischen Nachbarn radikal die Strukturen des Nahostkonflikts. Seitdem war die Existenz Israels ein geopolitisches Faktum, und seitdem wird vor allem über das Schicksal der besetzten Gebiete diskutiert. Während die internationale Staatengemeinschaft die israelischen Gebietsgewinne im Jahr 1948 nach dem Angriff der arabischen Nachbarn noch als legitim betrachtet hatte, verurteilte sie einhellig die Besetzung des Westjordanlandes, der Golanhöhen und des Gazastreifens. In der Resolution

242 des UN-Sicherheitsrates, die Grundlage des Friedensprozesses ist, wird der Rückzug der israelischen Armee aus den besetzten Gebieten (oder in der weniger präzisen englischen Fassung *from occupied territories,* ohne bestimmten Artikel) gefordert.

Im Jahr 1973 hatte der Yom-Kippur-Krieg (wie die Israelis ihn nennen) oder der Oktoberkrieg (wie die Araber dazu sagen) unmittelbare internationale Auswirkungen. Der ägyptische Präsident Sadat wollte Israel nicht vernichten, sondern zu Verhandlungen zwingen. In der von Ägypten und Syrien geführten Überraschungsoffensive wurde die israelische Armee weit zurückgedrängt, doch innerhalb von zwei Wochen hatte sie die ursprünglichen Stellungen wieder besetzt. In der Zwischenzeit funktionierten allerdings die ölexportierenden arabischen Staaten das schwarze Gold zu einer Waffe um, verhängten über die »mit Israel befreundeten Staaten« (die Vereinigten Staaten, die Niederlande, Portugal und Südafrika) ein Ölembargo und kündigten an, die monatliche Ölförderung so lange um fünf Prozent zu drosseln, »bis Israel sich aus den besetzten Gebieten zurückzieht«. Die Ölpreise verfünffachten sich, was zu einer internationalen Wirtschaftskrise führte. Seit 1973 hat es keinen weiteren vergleichbaren Krieg zwischen Israel und seinen arabischen Nachbarn mehr gegeben, die bewaffneten Auseinandersetzungen verlagerten sich auf israelisch-palästinensisches Gebiet. Weder die israelische Invasion im Südlibanon im Jahr 1978 noch der Vormarsch bis in die Mitte des Libanon im Jahr 1982, noch die Intifada seit 1987 hatten ähnliche internationale Auswirkungen wie die vier israelisch-arabischen Kriege. Der Kampf wurde indes politisch und symbolisch weitergeführt.

Das Versprechen Israels

Ein Land, zwei Völker. Das Bild ist vertraut, aber die dahinter verborgene Realität ist vielschichtiger, als diese Formel ausdrückt. Die Prophezeiung der Rückkehr ins Land Israel ist seit der Vertreibung des jüdischen Volkes durch die Römer in den Jahren 70 und 135 n. Chr. ein fester Bestandteil der jüdischen Religion. Von wenigen einzelnen Versuchen abgesehen, wurde das Projekt erst seit dem 19. Jahrhundert im Zionismus konsequent verfolgt. Damals wurde Rußland von einer Welle von Pogromen erschüttert, und im übrigen Europa faßte der Antisemitismus immer mehr Fuß. Um 1880 entstanden mehrere internationa-

le Organisationen, die die Errichtung jüdischer Siedlungen in Palästina vorbereiten sollten. Der Erste Zionistische Weltkongreß 1897 in Basel formulierte das Ziel, »für das jüdische Volk in Palästina eine durch das Völkerrecht geschützte Zuflucht zu schaffen«. Diese nationale Heimstätte sollte »die kulturellen und religiösen Rechte« der anderen Einwohner der Region »respektieren«. Als Großbritannien am 2. November 1917 als Mandatsmacht die Kontrolle über den Nahen Osten übernahm, sprach sich Lord Balfour, Staatssekretär im Außenministerium, für die Schaffung einer »nationalen Heimstätte in Palästina für das jüdische Volk« aus. Die Alliierten stimmten der Balfour-Deklaration zu, und 1922 übertrug der Völkerbund Großbritannien das Mandat für die Verwaltung Palästinas mit der Aufgabe, »im Land einen politischen, administrativen und wirtschaftlichen Zustand herzustellen, der geeignet ist, die Errichtung einer nationalen Heimstätte für das jüdische Volk zu ermöglichen und gleichzeitig die Entwicklung von Einrichtungen einer freien Regierung sicherzustellen dergestalt, daß die staatsbürgerlichen und religiösen Rechte aller Einwohner der Region geachtet werden«.

Zwischen 1880 und 1940 trafen rund 500 000 jüdische Siedler in Palästina ein und ließen sich friedlich auf dem Land nieder, das der Vorstand der Zionistischen Weltorganisation und verschiedene Fonds den arabischen Besitzern abgekauft hatten. Weil die Zionisten keine Kolonialmacht sein wollten, die ihren Wohlstand der Ausbeutung der lokalen Bevölkerung verdankte, verpflichteten sie sich, nur jüdische Arbeitskräfte einzusetzen. Im Jahr 1936 kanalisierte der Großmufti von Jerusalem den wachsenden Unmut der palästinensischen Bevölkerung gegen die jüdischen Siedler in einen sechsmonatigen Generalstreik gegen die britische Mandatspolitik. Die Basis der Streikbewegung bildeten die Bauern, die sich gegen ihre Vertreibung von dem Land wehrten, das die Großgrundbesitzer an die Siedler verkauft hatten. Um eine Ausbreitung der Unruhen zu verhindern, versuchten die Briten die jüdische Einwanderung zu stoppen. An dieser Politik hielten sie selbst angesichts des Holocausts bis 1947 fest. Viele Zionisten warfen den Briten daraufhin vor, sie hätten ihre Versprechen gebrochen, und schlossen sich terroristischen Gruppen wie Stern oder Irgun an, die innerhalb der zionistischen Bewegung Minderheiten waren.

Im November 1947 sprach sich die UNO für die Gründung des Staates Israel aus. Bei dieser Entscheidung spielte der Holocaust ebenso eine Rolle

Die Koalition der Irak-Gegner

Kanada

Vereinigte Staaten

UdSSR

Frankreich

Türkei

Algerien

Libyen

Ägypten

Saudi-Arabien

Iran

Sudan

Legend:

- Irak
- Staaten auf der Seite des Irak
- Wichtigste Mitglieder der Anti-Irak-Koalition
- Weitere Mitglieder der Koalition
- Staaten auf der Seite der Koalition
- Neutrale Staaten
- Offizielle Position ist im Innern stark umstritten

1 Deutschland
2 Vereinigtes Königreich
3 Syrien
4 Tunesien
5 Israel

Amerikanische Präsenz

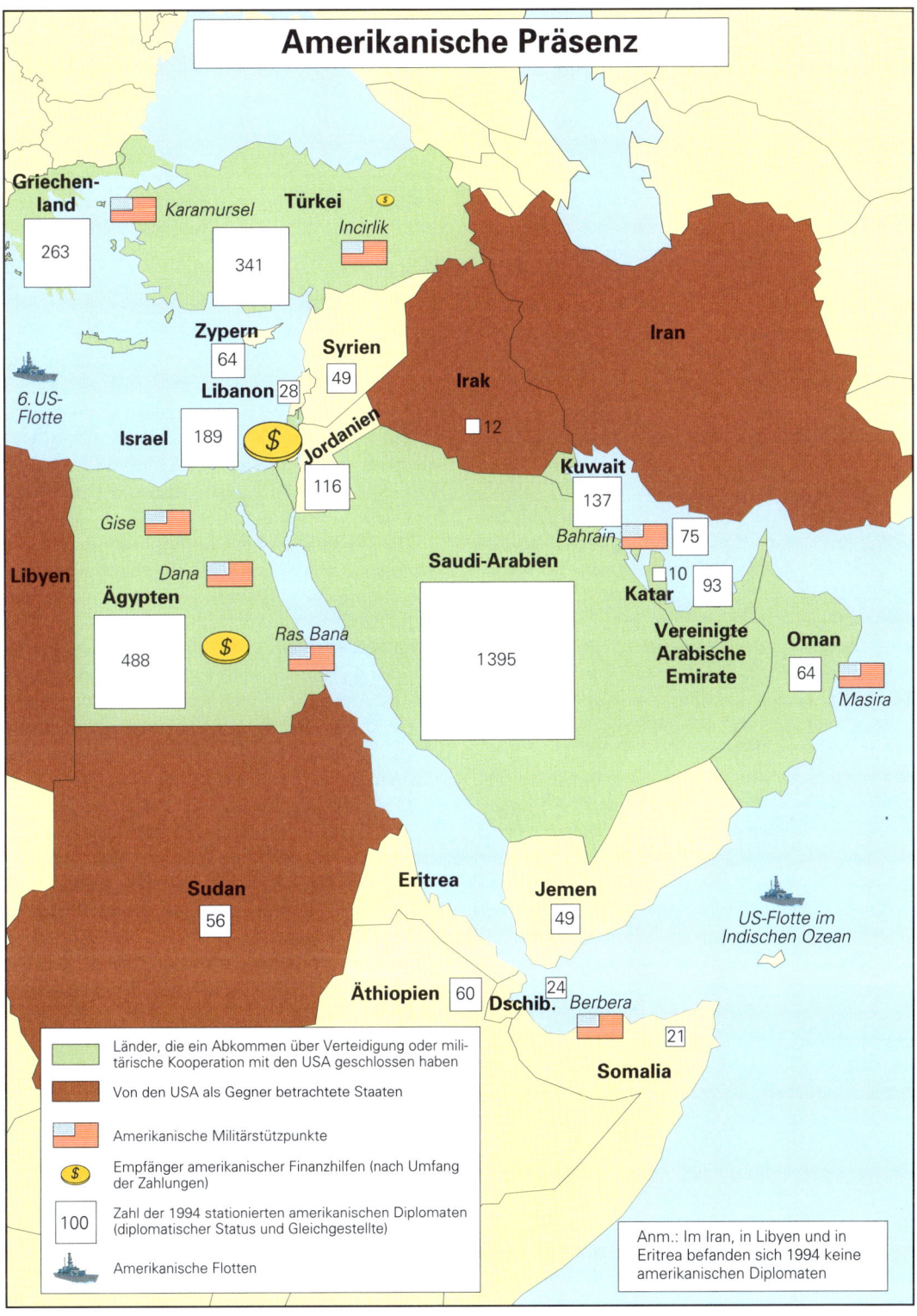

Griechen-land 263

Türkei 341
Karamursel
Incirlik $

Zypern 64

Syrien 49

Irak 12

Iran

6. US-Flotte

Libanon 28

Israel 189 $

Jordanien 116

Kuwait 137

Bahrain 75

Katar 10 93

Libyen

Ägypten 488
Gise
Dana
Ras Bana $

Saudi-Arabien 1395

Vereinigte Arabische Emirate

Oman 64
Masira

Sudan 56

Eritrea

Jemen 49

US-Flotte im Indischen Ozean

Äthiopien 60

Dschib. 24
Berbera 21

Somalia

Länder, die ein Abkommen über Verteidigung oder militärische Kooperation mit den USA geschlossen haben

Von den USA als Gegner betrachtete Staaten

Amerikanische Militärstützpunkte

Empfänger amerikanischer Finanzhilfen (nach Umfang der Zahlungen)

Zahl der 1994 stationierten amerikanischen Diplomaten (diplomatischer Status und Gleichgestellte) — 100

Amerikanische Flotten

Anm.: Im Iran, in Libyen und in Eritrea befanden sich 1994 keine amerikanischen Diplomaten

11

wie die Tatsache, daß viele jüdische Überlebende der Konzentrationslager nicht in ihre Heimatländer zurückkehren konnten (Polen und Ungarn erlebten 1946 eine Welle von Pogromen), und die 1922 vom Völkerbund eingegangenen Verpflichtungen. Der Zionismus, den die UNO zunächst legitimierte, wurde 1975 von ihr als eine Form des Rassismus verurteilt. Erst 1991, unter radikal veränderten internationalen Bedingungen, machte die Generalversammlung diese Entscheidung rückgängig. Nachdem Israel bis in die achtziger Jahre hinein von der Hälfte der Staaten der Welt boykottiert wurde, ist es seit Beginn des Friedensprozesses auf dem Weg, allgemein anerkannt zu werden.

Israel, ein Fremdkörper im arabischen Land

Von einigen Abkommen des Libanon mit Israel abgesehen, bestritten die arabischen Staaten bis zur Unterzeichnung des Friedensvertrages mit Ägypten im Jahr 1979 das Existenzrecht Israels. Sie setzten den Zionismus mit anderen Formen der Kolonialherrschaft gleich und forderten wie die Araber in Algerien angesichts der französischen Siedler, die europäischen Juden »zurück ins Meer« zu treiben. Die Staaten der Region betrachteten das Schicksal Palästinas als eine rein arabische Angelegenheit und erkannten die Entscheidungen internationaler Organisationen nicht an. Der Judenstaat war auf keiner arabischen Karte verzeichnet, die Staaten der Arabischen Liga verboten ihren Staatsbürgern, nach Israel zu reisen, und sorgten dafür, daß Unternehmen, die mit Israel Handel trieben, boykottiert wurden.

Die gesamte arabische Welt führte mehr oder weniger intensiv einen regelrechten Propagandafeldzug und dämonisierte Israel. Viele in den fünfziger und sechziger Jahren geborene Kinder wuchsen mit der Vorstellung eines »israelischen Menschenfressers« auf, der sie als Schreckgespenst in ihren Alpträume heimsuchte. Die arabische Presse verdammte die zionistische Bewegung und beschrieb den Staat Israel als eine künstliche Ausgeburt des Westens, die ohne die jüdische Lobby in Amerika nicht überleben könnte. Kompromißbereite Politiker wurden als Verräter hingestellt, allen voran der ägyptische Präsident Sadat, der mit Israel das Abkommen von Camp David schloß. Er wurde 1981 ermordet. So wie Saladin 1187 das christliche Königreich von Jerusalem zerstört hatte, sollte auch Israel vernichtet werden.

Die Lage der Palästinenser als Kitt in der arabischen Welt

Im Grundsatz erkennen die meisten Länder der Welt die Forderung nach einem Palästinenserstaat an, doch offen bleibt, wie er aussehen soll. Die Vorstellung, daß es im Nahen Osten zwei nebeneinander existierende Staaten geben könnte, geht zurück auf den 1947 von der UNO verabschiedeten Teilungsplan für Palästina. Da die arabischen Staaten die Gründung des Staates Israel kategorisch ablehnten, weigerten sie sich, einen palästinensischen Staat neben Israel zu gründen. Die nach dem Waffenstillstand vom Januar 1949 unter arabischer Kontrolle verbliebenen Gebiete jenseits der Demarkationslinie des Waffenstillstands wurden von den angrenzenden Staaten in ihre Staatsgebiete inkorporiert. Ost-Jerusalem und das Westjordanland kamen zu Jordanien, der Gazastreifen zu Ägypten und das Ostufer des Sees Genezareth zu Syrien.

Die UNO war sich der Tragweite des Palästinenserproblems bewußt und schuf 1948 ein eigenes Sonderorgan für die palästinensischen Flüchtlinge, das UNRWA (Hilfswerk für Palästina-Flüchtlinge). Der Krieg, Druck seitens der arabischen Staaten, Provokationen und Einschüchterungen seitens der Zionisten und Angriffe der Irgun bewirkten, daß vier Fünftel der Araber, die in Israel angegliederten Gebieten lebten, das Land verließen. Die UNO erkannte den Flüchtlingen das Recht auf Rückkehr in ihre Heimat zu oder, sofern sie nicht zurückkehren wollten, das Recht auf eine Entschädigung. Die Flüchtlingslager waren nur wenige Kilometer von den einstigen Wohnstätten der Palästinenser entfernt, und die meisten Flüchtlinge hofften auf eine baldige Rückkehr. Durch die Abwanderung der Palästinenser verschob sich in Israel das demographische Gleichgewicht zugunsten der Juden, und Israel nahm die entvölkerten Landstriche in Besitz. Auf der anderen Seite erkannte die Arabische Liga sehr schnell, welche Vorteile sie aus dem Flüchtlingsproblem ziehen konnte. Ihre Politik bestand künftig darin, eine Integration der Palästinenser in den arabischen Ländern zu verhindern, um das Flüchtlingsproblem weiterhin als Waffe gegen Israel einsetzen zu können.

Und so wurde die Situation der Palästinenser zum Angelpunkt des arabischen Nationalismus. Die Einheit der arabischen Staaten sollte im Namen der Rückeroberung von Palästina zustande kommen. Der am weitesten vorangetriebene Einigungsversuch, die Vereinigte Arabische Republik (VAR), ein Zusammenschluß von Syrien und Ägypten zwischen 1958 und 1961, kam mit dem erklärten Ziel zustande, Palästina zurückzugewinnen. Alle Politiker, die nach der Führung im arabischen Lager strebten, schrieben dieses Ziel auf ihre Fahnen, allen voran Nasser, der im Jahr 1964 der Arabischen Liga die Unterstützung der PLO abrang.

Doch in dem Maße, wie die Spannungen innerhalb der arabischen Welt deutlicher hervortraten, verlor die rhetorische Formel der vielbeschworenen arabischen Einheit ihre materielle Substanz. Die arabischen Staaten schlossen sich unterschiedlichen Blöcken an; Israel wurde nicht mehr einstimmig verurteilt. Weil Ägypten aus der Ablehnungsfront ausscherte, die freilich nur den Anschein einer Einheitsfront bot, fiel es von 1979 bis 1989 dem Bann der arabischen Welt anheim.

Die Palästinenser als Spiegel Israels

Unabhängig von den Schachzügen der verschiedenen arabischen Staaten im Zusammenhang mit der Palästinenserfrage bildete sich die palästinensische Identität zu einem großen Teil im oft schmerzlichen Kontakt mit Israel heraus. Vor 1948 fühlten sich die Araber in Palästina nicht als Nation, sondern als Araber, die in Palästina lebten. Erst die Erfahrung von Krieg, Flucht und Kampf schuf eine gemeinsame, spezifisch palästinensische Identität. Die Wiederholung der palästinensischen Tragödie im Jahr 1967 festigte die Identität, ihren Kern bildete künftig die Überzeugung, ungerecht behandelt zu werden.

Zu dem Gefühl, ungerecht behandelt zu werden, trug auch die Entschädigung der Juden für den Holocaust bei. Die Palästinenser bekamen den Eindruck, sie seien die Opfer des schlechten Gewissens der Welt gegenüber den Juden. Obwohl für die Israelis lange Zeit der Begriff »Palästinenser« gleichbedeutend war mit »Terrorist«, stellten die Palästinenser doch in vielerlei Hinsicht das personifizierte schlechte Gewissen Israels dar, das sich in seiner Verfassung zu hochherzigen demokratischen Prinzipien bekennt.

Man kann die Parallelen noch weiter verfolgen. Die in Israel lebenden Araber sind ein zwischen zwei Kulturen, der israelischen und der arabischen, zerrissenes Volk. Die Palästinenser in den besetzten Gebieten leben seit 1967 in dauerndem Kontakt mit den Israelis. Die israelischen wie die palästinensischen Intellektuellen orientieren sich häufig an gemeinsamen westlichen Bezugspunkten, nicht selten haben sie ähnliche Ausbildungen in den Vereinigten Staaten oder in Europa durchlaufen. Aber auch außerhalb dieser zahlenmäßig kleinen Schicht der Bevölkerung haben viele Palästinenser bestimmte Haltungen und Gepflogenheiten von den Israelis übernommen. So stehen bei den Palästinensern wie bei den Israelis der bewaffnete Kampf, aber auch die Bildung in hohem Ansehen; die Art, sich in demokratischen Vereinigungen zu organisieren, sei es in Hochschulen, in Verbänden oder Parteien, und die Formen der Willensbildung in solchen Vereinigungen weisen große Übereinstimmungen auf. Die Palästinensische Autonomiebehörde funktioniert weitgehend wie entsprechende israelische Einrichtungen, insbesondere die Sicherheitskräfte, die Polizei und die Einrichtungen zur Wirtschaftsförderung wurden nach israelischem Vorbild aufgebaut.

Auf israelischer Seite sind seit Beginn des Friedensprozesses die Beziehungen zu den Palästinensern das zuverlässigste politische Barometer. Seit 1993 beherrscht der 1991 eingeleitete Friedensprozeß die Politik in Israel, und die Spannungen innerhalb der politischen Parteien haben immer mit dem Friedensprozeß zu tun, mit den besetzten Gebieten und den Beziehungen zur Palästinensischen Autonomiebehörde.

Der Libanon und Jordanien im Dilemma

Der israelisch-palästinensische Konflikt hatte auch zwischen und nach den vier großen israelisch-arabischen Kriegen erhebliche Auswirkungen auf Israels Nachbarn Jordanien und Libanon. In den sechziger Jahren waren das Land der Zeder und das haschemitische Königreich noch schwächer als Syrien und Ägypten, mittlerweile sind sie zur Operationsbasis bewaffneter Palästinensergruppen geworden, und die PLO ist ein Staat im Staate.

Der 1949 zwischen Israel und dem Libanon geschlossene Waffenstillstandsvertrag war Ausdruck des Wunsches, die Feindseligkeiten endgültig beizulegen. Mit anderen Staaten im Nahen Osten kam eine vergleichbare Übereinkunft nicht zustande. Der Libanon beteiligte sich weder 1967 noch 1973 an den Kriegshandlungen. König Abdallah von Jordanien unterzeichnete 1949 mit den Israelis auf Rhodos Abkommen über eine Teilung von Palästina.

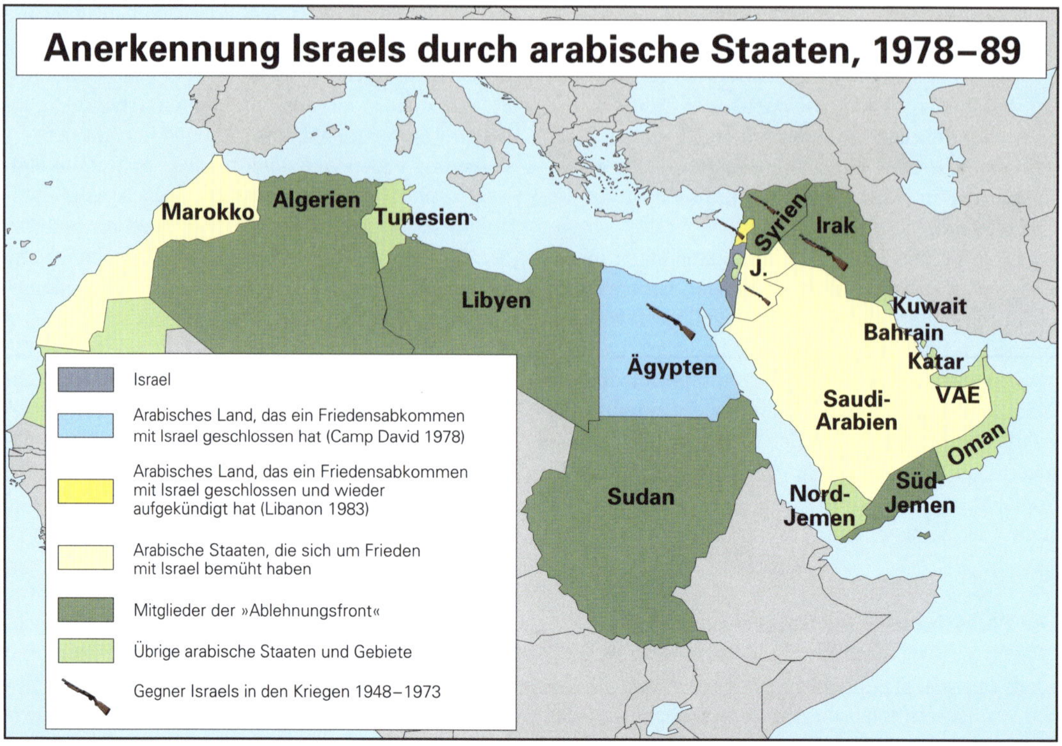

Anerkennung Israels durch arabische Staaten, 1978–89

Marokko **Algerien** **Tunesien** **Syrien** **Irak** **J.** **Libyen** **Kuwait** **Bahrain** **Katar** **Ägypten** **VAE** **Saudi-Arabien** **Oman** **Sudan** **Nord-Jemen** **Süd-Jemen**

Israel

Arabisches Land, das ein Friedensabkommen mit Israel geschlossen hat (Camp David 1978)

Arabisches Land, das ein Friedensabkommen mit Israel geschlossen und wieder aufgekündigt hat (Libanon 1983)

Arabische Staaten, die sich um Frieden mit Israel bemüht haben

Mitglieder der »Ablehnungsfront«

Übrige arabische Staaten und Gebiete

Gegner Israels in den Kriegen 1948–1973

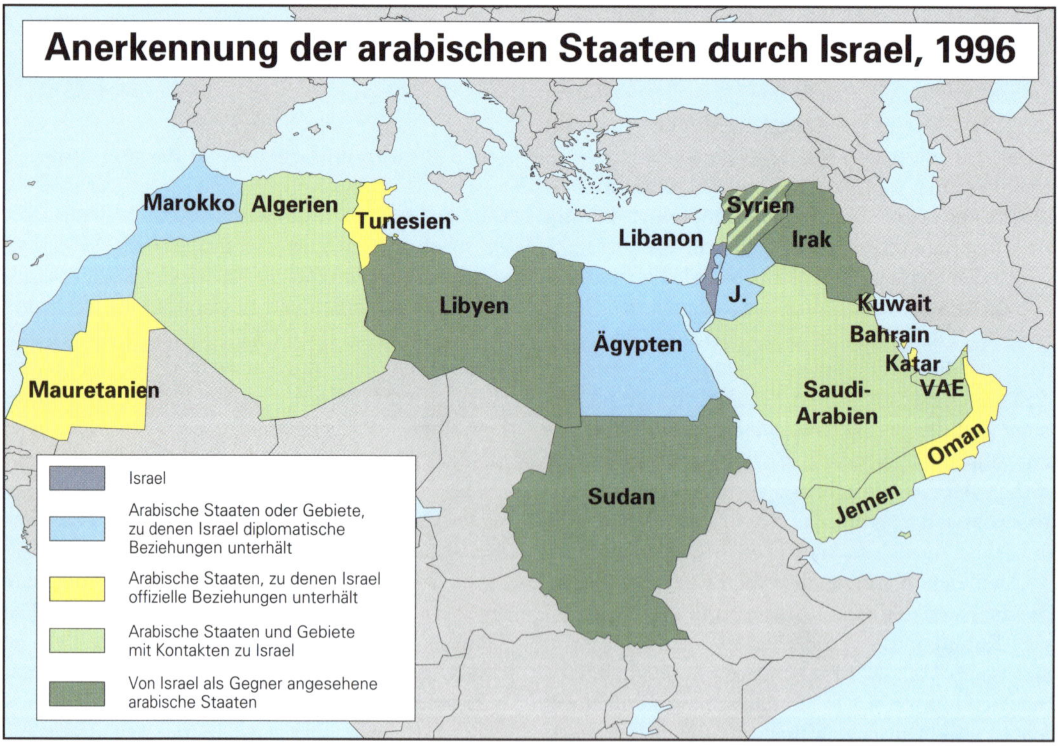

Anerkennung der arabischen Staaten durch Israel, 1996

Marokko **Algerien** **Tunesien** **Syrien** **Libanon** **Irak** **Mauretanien** **Libyen** **J.** **Kuwait** **Bahrain** **Ägypten** **Katar** **Saudi-Arabien** **VAE** **Oman** **Sudan** **Jemen**

Israel

Arabische Staaten oder Gebiete, zu denen Israel diplomatische Beziehungen unterhält

Arabische Staaten, zu denen Israel offizielle Beziehungen unterhält

Arabische Staaten und Gebiete mit Kontakten zu Israel

Von Israel als Gegner angesehene arabische Staaten

14

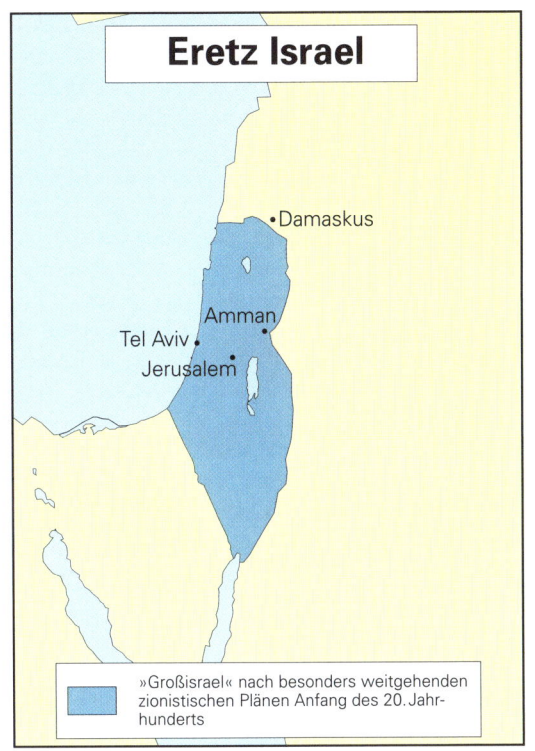

Eretz Israel

•Damaskus

Amman
Tel Aviv •
Jerusalem •

»Großisrael« nach besonders weitgehenden zionistischen Plänen Anfang des 20. Jahrhunderts

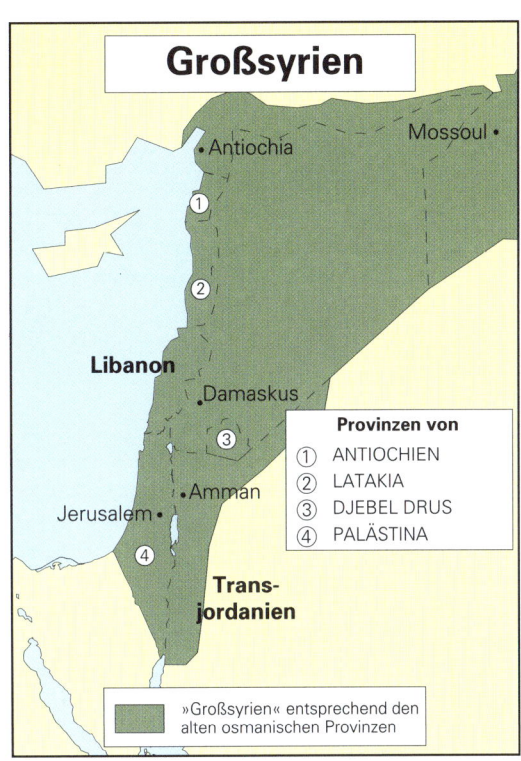

Großsyrien

•Antiochia   Mossoul •

①

②

Libanon

•Damaskus

③

•Amman

Jerusalem •

Trans-jordanien

④

Provinzen von
① ANTIOCHIEN
② LATAKIA
③ DJEBEL DRUS
④ PALÄSTINA

»Großsyrien« entsprechend den alten osmanischen Provinzen

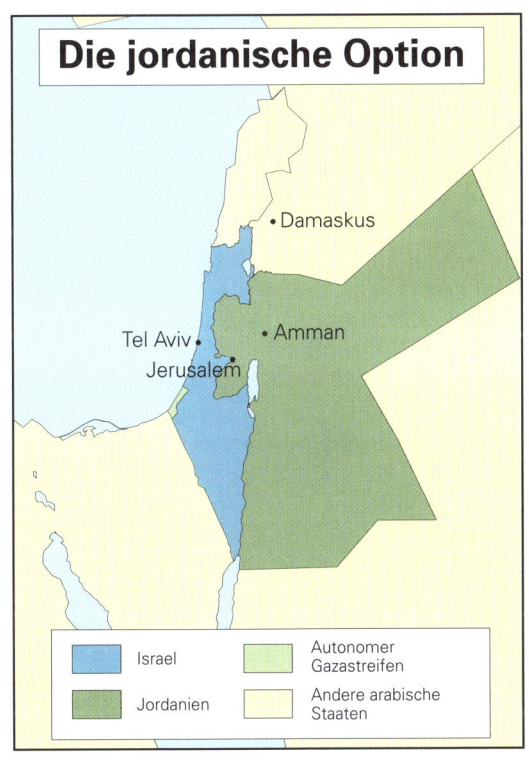

Die jordanische Option

•Damaskus

Tel Aviv •   • Amman
Jerusalem •

Israel   Autonomer Gazastreifen
Jordanien   Andere arabische Staaten

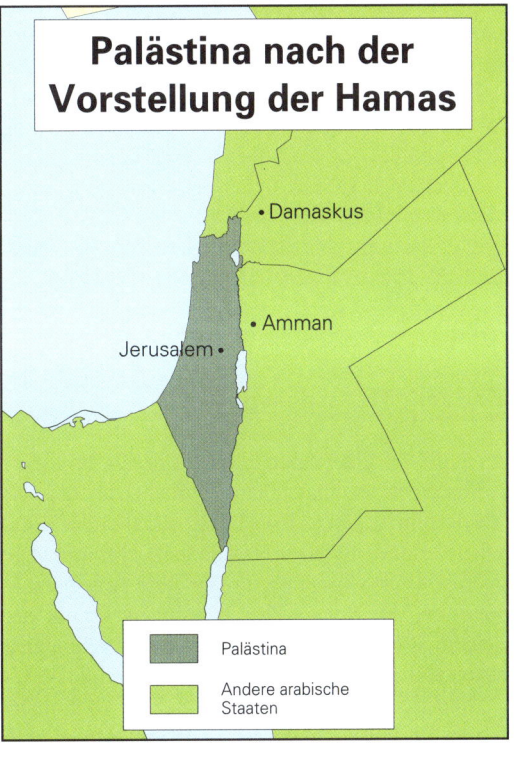

Palästina nach der Vorstellung der Hamas

• Damaskus

• Amman
Jerusalem •

Palästina
Andere arabische Staaten

Die Palästinenser warfen ihm daraufhin Verrat vor, und er wurde zwei Jahre später ermordet. Jordanien beteiligte sich 1967 und 1973 nur eingeschränkt an den Kriegshandlungen.

Statt dessen führten das libanesische Regime (in den Jahren 1969, 1973 und 1975) und das jordanische Regime (in den Jahren 1970/71, der sogenannte »Schwarze September«) Krieg gegen bewaffnete Palästinenserorganisationen. Während Jordanien jeden Versuch der Palästinenser, das Land zu destabilisieren, blutig niederschlug, mündeten im Libanon die Zusammenstöße zwischen der Armee und palästinensischen Milizen in den Bürgerkrieg.

Von 1978 an errichtete Israel im Südlibanon eine »Sicherheitszone« zum Schutz vor Angriffen der Fedaijin auf israelisches Territorium. Die Kontrolle über diese Pufferzone lag in den Händen einer von Israel unterstützten christlichen Miliz, und damit war ihr Status dem eines besetzten Gebietes ähnlich. Auch außerhalb dieses kleinen Gebietsstreifens fand der Judenstaat im Libanon wiederholt Verbündete, insbesondere bei den Christen, die dem syrischen Einfluß ablehnend gegenüberstanden. Im Jahr 1983 wäre es fast zur Unterzeichnung eines Friedensvertrages gekommen.

Jordanien und der Libanon sind die beiden Staaten mit dem höchsten Palästinenseranteil (um 20% im Libanon, über 50% in Jordanien), und insofern sind sie, obgleich kleine Staaten, durch den Friedensprozeß besonders betroffen. Die libanesische Außenpolitik wird seit 1991 in Damaskus beschlossen. Jordanien scheint inzwischen die Rolle eines Motors im Prozeß der israelisch-arabischen Annäherung übernommen zu haben. Dies wurde etwa daran deutlich, daß 1994 weitgehend reibungslos ein Friedensvertrag mit Israel ausgehandelt werden konnte.

Eine neue Weltordnung

Bis in die achtziger Jahre blieben einzelne Friedensbemühungen im bilateralen Rahmen. Die Idee des Friedens im Nahen Osten ist zwar alt, aber der Kalte Krieg verhinderte jeden ernsthaften Fortschritt. Die amerikanischen Vorstöße, um nur diese Seite herauszugreifen, der Rogers-Plan, Kissingers Politik der kleinen Schritte und die Carter-Initiative, endeten bestenfalls als halbe Mißerfolge.

Nachdem die UdSSR in der Region kontinuierlich an Einfluß verloren hatte und das Sowjetreich schließlich zerfallen war, konnten sich die amerikanischen Friedensvorstellungen durchsetzen. Der Krieg mit dem Irak bot den USA Gelegenheit, ihre regionalen Verbündeten unter ihrem Banner zu sammeln. Zu den Monarchien am Golf und Ägypten gesellte sich Syrien, das seine langgehegte feindselige Haltung gegenüber dem Westen aufgab aus Furcht, in die Isolation zu geraten. Besonders bemerkenswert an dieser Entwicklung ist die Tatsache, daß sich die arabischen Staaten und Israel im selben Lager wiederfanden, geeint durch ihre Gegnerschaft zu Saddam Hussein. Um die gemäßigten arabischen Staaten nicht in eine unhaltbare Position zu bringen, verzichtete Israel auf jegliche militärische Beteiligung und erduldete ohne Gegenschlag den Beschuß mit iranischen Scud-Raketen.

Der amerikanische Präsident Bush nutzte den vollständigen Sieg seines Landes und die Einigkeit in der Region, um Israel an den Verhandlungstisch zu drängen. Israel willigte ein, und zwar aus drei Gründen: Erstens hatte sich die PLO durch ihre Unterstützung für das Regime in Bagdad international diskreditiert und würde bei den Gesprächen nicht vertreten sein. Zweitens hatten die besetzten Gebiete viel von ihrer strategischen Bedeutung eingebüßt, nachdem es dem Irak gelungen war, israelisches Gebiet mit Raketen zu beschießen. Und drittens brauchte Israel amerikanische Kredite, um weitere Immigranten aus Rußland aufnehmen zu können. Im übrigen brachte Israels besonnene Haltung angesichts der Bedrohung im Golfkrieg dem Land im Westen wieder viele Sympathien ein, die es durch seine Interventionen im Libanon und das Vorgehen gegen die Intifada verspielt hatte. Der jüdische Staat konnte somit von einer günstigen Ausgangsposition in die Verhandlungen eintreten.

Für die Vereinigten Staaten war der Beginn der israelisch-arabischen Verhandlungen eine Frage der Glaubwürdigkeit. Konfrontiert mit dem Vorwurf, die Amerikaner würden mit zweierlei Maß messen und den Irak abstrafen, aber ungerührt zusehen, wie Israel die Rechte der Palästinenser verletzte, stimmten die USA mitten im Golfkrieg erstmals einer Verurteilung Israels im Sicherheitsrat der Vereinten Nationen zu. Anlaß war das Massaker auf dem Tempelberg in Jerusalem (Oktober 1990, 22 Tote). Während sich in der öffentlichen Meinung in den arabischen Staaten Widerstand dagegen regte, daß der Westen gegen einen arabischen Bruderstaat vorging, stärkten die USA die Position der arabischen Regierungen mit der Erklärung, sobald Kuwait befreit sei, werde sich die internationale Staatengemeinschaft mit der Palästinenserfrage befassen. Saddam Hussein war es gelungen, mit seinem Aufruf zur Befreiung Palästinas die arabischen Massen für sich zu gewinnen. Dies stellte eine Zeitbombe dar, die es zu entschärfen galt.

Die Eigendynamik des Friedensprozesses

Obgleich sich mehrere Schutzmächte (die Vereinigten Staaten, Rußland und in eingeschränktem Umfang auch Europa) der Friedenskonferenz von Madrid im Oktober 1991 angenommen hatten, die den Friedensprozeß eröffnete, blieb sie doch ohne greifbares Ergebnis. Immerhin hatten Israel und die arabischen Staaten miteinander gesprochen, und allein dies bedeutete einen beachtlichen Fortschritt, aber die Verhandlungen gerieten ins Stocken und es wurden keine konkreten Vereinbarungen getroffen. Sehr rasch hingegen wandelten sich die Einstellungen. Bald nachdem in Israel im Juni 1992 die Arbeiterpartei die Regierung übernommen hatte, wurden Vorschläge für eine autonome palästinensische Übergangsregierung in den besetzten Gebieten unterbreitet. Die Idee war nicht grundsätzlich neu. Sie war bereits Teil der Abkommen von Camp David, war jedoch aufgegeben worden, weil die PLO die zuvor erforderliche Anerkennung des israelischen Staates verweigert hatte.

Im April 1993 stimmten die Israelis einer Vertretung der PLO bei den Verhandlungen zu. Der Friedensprozeß gewann damit an Tempo. Da man einen großen Rahmen wie bei der Konferenz in Madrid als hinderlich betrachtete, verhandelten Israelis und Palästinenser geheim in Norwegen. Vor allem dank der Vermittlungsbemühungen norwegischer Diplomaten, aber auch dank der Tatsache, daß beide Seiten seit einigen Jahren in einem gewissen Umfang Kontakte unterhielten, konnten sie am 30. August bekannt geben, daß sie zu einem Grundsatzabkommen gelangt waren und sich auf wechselseitige Anerkennung verständigt hatten.

Die Amerikaner hatten sich aus den Verhandlungen weitgehend herausgehalten, waren jedoch mit der Einigung einverstanden, und der amerikanische Präsident Clinton wußte, wie er dabei für sein Image profitieren konnte. Er lud zur feierlichen Unterzeichnung des Friedensabkommens am 13. September ins Weiße Haus ein. Seither gelten die Vereinigten Staaten als Mentoren des Friedensprozesses, obgleich die wichtigsten Fortschritte ohne ihre Beteiligung ausgehandelt wurden, wie es das Beispiel des Friedensvertrages zwischen Israel und Jordanien zeigt.

Israel und die arabischen Staaten: Eine lange Tradition geheimer Beziehungen

Auf den ersten Blick mag es überraschen, daß Israel und seine arabischen Nachbarn sich in direkten Verhandlungen verständigen konnten. Tatsächlich sind die Beziehungen zwischen Israel und der arabischen Welt niemals ganz abgebrochen. Wenn man sieht, wie geradezu freundschaftlich etwa Shimon Peres und der jordanische König Hussein miteinander umgehen, wird deutlich, daß sie sich gut und lange kennen. Das gilt auch für andere Politiker im Nahen Osten. Der Sultan von Oman, Kabus ben Said, steht allem Anschein nach seit langem in Kontakt zu Beratern der israelischen Regierung. König Hassan II. von Marokko hatte mehr oder weniger inkognito mehrere israelische Premierminister empfangen. Der Beherrscher der Gläubigen bemüht sich im übrigen seit langem um eine Annäherung zwischen Israel und den arabischen Staaten; der auf der Gipfelkonferenz in Fes verabschiedete Friedensplan (1982), mit dem die Arabische Liga Israel erstmals weitgehend entgegenkam, trägt in wesentlichen Teilen seine Handschrift.

Der marokkanische König betrachtet die aus Marokko stammenden Israelis nach wie vor als seine Untertanen, und umgekehrt bezeichnen ihn viele weiter als »unseren König«. André Asulay, einer seiner engsten Berater, der selbst jüdischer Abstammung ist, unterhält ein eindrucksvolles Netz von Kontakten zu marokkanischen, französischen und israelischen Sephardim.

Dank Asulays Tätigkeit profitierte Marokko ganz wesentlich von israelischen Erkenntnissen in der Landwirtschaft. Insgesamt bestehen in der arabischen Welt trotz des Embargos seit langem Handelsbeziehungen mit Israel. Der genaue Umfang des Warenverkehrs läßt sich nicht beziffern, aber er dürfte beträchtlich sein. In der Regel drücken die arabischen Behörden die Augen zu und tun so, als ließen sie sich von den Scheinfirmen täuschen, die in solchen Fällen dazwischengeschaltet werden.

Der Anti-Terror-Gipfel in Scharm el-Schech im März 1996 wurde als ein bedeutender Fortschritt dargestellt. Doch auch in diesem Bereich bestehen teilweise langjährige Beziehungen zwischen Israel und einzelnen arabischen Staaten. So spricht zum Beispiel viel für die Vermutung, daß eine direkte Konfrontation von Israelis und Syrern im Libanon nicht durch Zufall ausgeblieben ist, sondern weil beide Seiten sich über ihre jeweiligen Schritte auf dem laufenden hielten.

Negative Synergieeffekte

Umgekehrt bestehen besorgniserregende Verbindungen zwischen den Extremisten auf beiden Seiten. Bereits in den siebziger Jahren riefen fanatisch verblendete Rabbiner die PLO zur Zerstörung Israels auf, weil der laizistische Staat in ihren Augen ein gottloses Gebilde war und nach den messianischen Prophezeiungen nicht existieren durfte. Außerdem gibt es Anhaltspunkte, daß bestimmte Organisationen in Israel die Hamas und den islamischen Djihad mit Waffen versorgten.

Die Terroristen haben dasselbe Ziel, sei es der Jude, der für das Massaker am Grab der Patriarchen in Hebron verantwortlich war, seien es die islamischen Selbstmordattentäter, durch deren Aktionen Dutzende von Israelis ums Leben kamen: Sie wollen den Friedensprozeß zum Stillstand bringen. Sie verfolgen den jeweils anderen mit grenzenlosem Haß, aber in erster Linie haben sie ein politisches Ziel. Der Terror ist eine Strategie, die in den Köpfen wirken soll, sie wollen die öffentliche Meinung der jeweils anderen Seite gegen den Friedensprozeß mobilisieren. Es besteht die Gefahr, daß sie mit dieser Strategie Erfolg haben.

Andererseits sind selbst so extremistische Bewegungen wie die Hamas in sich gespalten. Die Welle islamistischer Anschläge in Israel im Februar und März 1996 hing allem Anschein nach zumindest teilweise mit einem Machtkampf innerhalb der Hamas zusammen, und zwar zwischen dem politischen, eher gemäßigten Flügel und bestimmten kompromißlosen, bewaffneten Gruppierungen.

Der Ausgang ist ungewiß

Der Friedensprozeß schien nie zuvor so gefährdet wie nach jener Anschlagsserie. Für die israelische Gesellschaft war es ein Trauma, einer Fortsetzung

des Friedensprozesses in seiner gegenwärtigen Form stand sie von nun an zutiefst ablehnend gegenüber. Noch im Februar zeigten Umfragen einen rückläufigen Trend für die Rechte, doch nach der Attentatserie hatte sie gute Aussichten, die Wahlen im Mai 1996 zu gewinnen. Die Palästinenser erlebten die längste und schärfste Abriegelung der besetzten Gebiete, im Gazastreifen drohte eine Hungersnot. Die drastische Verschlechterung der Lebensbedingungen der Palästinenser hatte natürlich nicht den Effekt, daß die Terroristen aufgaben, und in der öffentlichen Meinung wurden die Gegner des Friedensprozesses mobilisiert.

Der Friedensprozeß kann jeden Augenblick zusammenbrechen. Wenig wahrscheinlich ist es, daß es kurzfristig zu einer völligen Umkehr kommen könnte. Doch auf halber Strecke steckenzubleiben, wäre der schlimmste mögliche Ausgang: Die Sicherheit der Israelis im Alltag ist heute stärker gefährdet als je zuvor, die wirtschaftliche Situation der Palästinenser ist schwieriger, Enttäuschung und Frustration haben auf beiden Seiten einen Höhepunkt erreicht.

Es geht heute nicht in erster Linie um die Frage, ob der Friedensprozeß weitergeführt werden soll, sondern darum, sein Ziel zu definieren. Alle Lösungen sind überaus schwierig und scheinen wenig stabil. Aber das Spektrum möglicher Lösungen ist breit. Ins Reich der Utopie gehören wohl Visionen wie die vom allgemeinen Wohlstand in der Region, von der Entwicklung des Gazastreifens zu einem Singapur des Nahen Ostens oder der Umwandlung des nordöstlichen Westjordanlandes in einen großen archäologischen Park als Touristenattraktion. Umgekehrt gilt es zumindest auf mittlere Sicht zu verhindern, daß ein neuer Krieg zwischen Israel und seinen Nachbarn in der Region ausbricht.

Die Pläne für ein Großsyrien, ein Großisrael, ein jordanisches Königreich auf beiden Ufern des Jordan oder einen Palästinenserstaat anstelle von Israel sind in der konkreten Politik heute nahezu bedeutungslos. Aber es gibt sie, und sie finden ihren Niederschlag in bestimmten politischen Haltungen. Und der schlimmste Ausgang ist nur eine von vielen Möglichkeiten. In dieser an Überraschungen so reichen Region könnte sich durchaus auch alles zum Guten wenden.

Zwölf Fragen im Hinblick
auf den Frieden

Israel: Welche Identität im Frieden?

Die Aussicht auf Frieden zwingt Israel, seine Identität neu zu überdenken. Israel ist die einzige entwickelte demokratische Gesellschaft, die mit Recht von sich sagen kann, sie habe in den letzten Jahrzehnten ein spezifisches Gesellschaftsprojekt verfolgt. Dieses Gesellschaftsprojekt, dessen Wurzeln im Zionismus liegen, droht der Friedensprozeß in Frage zu stellen. Die Israelis wünschen sich seit langem, in einem »normalen« Land zu leben, ohne die Belastungen, Ängste und Unwägbarkeiten, die das Leben in einem unterschwellig andauernden Kriegszustand mit sich bringt. In diese Situation ist der Friedensprozeß eingebrochen. Die Frage, was »Normalität« für Israel bedeutet, überschneidet sich jedoch nicht nur mit Sicherheitsfragen. Es geht prinzipiell um Israels Platz in der Welt.

Der Friedensprozeß eröffnet die Möglichkeit, daß Israel eine akzeptierte Macht im Vorderen Orient wird, und damit stellt sich mit neuer Schärfe die Frage, wie Israel seine Identität in der Beziehung zum Westen und zum Osten definiert. Aufs engste damit verbunden ist die Frage nach der Natur des Staates: Soll es ein Staat der Juden sein oder ein Staat aller Staatsbürger? Dies führt zu einem weiteren Aspekt: Wie offen soll die israelische Gesellschaft nach außen sein, aber auch im Inneren? Was heißt Demokratie für Israel, was heißt Toleranz, und welche Grundwerte sollen für den Staat künftig gelten?

Israel zwischen Orient und Okzident

Das zionistische Staatskonzept entstand in Europa und wurde zuerst von Europäern umgesetzt. Erst in den fünfziger Jahren begannen orientalische Juden nach Israel einzuwandern. Seither ist ihr Gewicht in der israelischen Gesellschaft beständig größer geworden, seit Ende der sechziger Jahre stellen sie die Mehrheit der jüdischen Bevölkerung. Doch die unterschiedlichen Gruppen der Diaspora sind nur teilweise zu einer neuen israelischen Identität verschmolzen. Die Menschen definieren sich zwar in erster Linie als Juden und als Israelis, jedoch auch weiterhin als Angehörige dieser oder jener Familie aus einem bestimmten Land der Diaspora. Eheschließungen zwischen Angehörigen unterschiedlicher Gruppen kommen zwar häufiger vor als früher, aber insgesamt bleiben sie sehr selten.

Die Kluft zwischen Juden aus dem Orient und Juden aus dem Westen fand ihren politischen Ausdruck in den siebziger Jahren mit der Gründung der Shas-Partei als Organisation der Sephardim. Die Sephardim, die orientalischen Juden, kamen nach den osteuropäischen aschkenasischen Juden nach Israel. Sie gehörten meist niedrigeren sozio-ökonomischen Schichten an als die aschkenasischen Juden und lebten in Israel unter wirtschaftlich schlechteren Bedingungen. Später verlor die Shas-Partei an Rückhalt, weil sich die wirtschaftlichen und politischen Machtverhältnisse zugunsten der Sephardim verschoben hatten: Nachdem sie ihren Platz in der israelischen Gesellschaft gefunden hatten, schwand langsam ihr dringlicher Wunsch, sich mit einer eigenen Partei Gehör zu verschaffen.

Die massive Einwanderung russischer Juden in den achtziger Jahren bremste die »Orientalisierung« der israelischen Gesellschaft und brachte eine neue europäische Bevölkerungsschicht ins Land. Weitere Einwanderungswellen können nur aus westlichen Ländern oder aus Ländern des ehemaligen Ostblocks kommen, weil aus den arabischen Staaten die meisten Juden bereits ausgewandert sind. Die Sephardim werden darum wohl kaum jemals die Bevölkerungsmehrheit in Israel stellen, zumal ihre zunächst überdurchschnittlich hohe Geburtenrate sich inzwischen der Geburtenrate der aschkenasischen Juden angeglichen hat.

Paradoxerweise geht trotz des gegenläufigen Trends der demographischen Entwicklung die »Orientalisierung« der israelischen Gesellschaft weiter. Die Ernährungsgewohnheiten und die Lebensweise in Israel sind sehr viel stärker mediterran-orientalisch geprägt als europäisch. Manchen erscheint die »Orientalisierung« in erster Linie als Verlust der traditionellen Werte, auf denen die israelische Gesellschaft gegründet wurde, und seit längerem erheben sich besorgte Stimmen. In vielen Einstellungen und Mechanismen ist das Vermächtnis der Gründerväter immer noch sehr gegenwärtig; mit seinem liberalen, demokratischen politischen System und seiner Wirtschaftsordnung gleicht Israel den westlichen Staaten.

Durch den Frieden könnte das bisherige labile Gleichgewicht ins Wanken geraten, oder vielmehr könnten Konflike wieder aufleben, die in der Zeit des Kriegszustandes keine Rolle spielten. Besonders pessimistische Beobachter meinen sogar, der gewaltige israelische Schmelztiegel könne sich im Frieden in einen Turm von Babel verwandeln, obgleich die in Israel geborenen Juden die große Mehrheit darstellen und in den meisten Familien Hebräisch gesprochen wird. In der Tat besteht die Gefahr, daß Partikularidentitäten wieder stärker in den Vordergrund gerückt werden, wenn es keinen gemeinsamen äußeren Feind mehr gibt. Überdies könnte eine mögliche Öffnung Israels gegenüber seinen Nachbarn im Nahen Osten die Orientalisierung oder »Levantinisierung« der Denkweisen und Lebensstile, von der bereits Ben Gurion sprach, weiter befördern. Ebenso wie die Juden im Kontakt mit den Arabern haben sich auch die Palästinenser und vor allem die israelischen Araber im Kontakt mit den Juden verändert. Die israelischen Araber leben nach den Regeln der israelischen Demokratie und ihres Bildungssystems. Die Palästinenser beneiden Israel um manche Errungenschaften in Politik und Bildungswesen und versuchen in vielen Bereichen, sich am israelischen Vorbild zu orientieren.

Staat der Juden oder Staat der Staatsbürger

Israel war konzipiert als eine Heimstätte für die Juden. Aber in der israelischen Verfassung wie in den meisten zionistischen Schriften aus der Zeit vor der Staatsgründung wird betont, daß der Staat Israel im Respekt vor den anderen Bevölkerungsgruppen in jener Region errichtet werden solle. Tatsächlich sind vier Fünftel der arabischen Einwohner jenes Gebietes, in dem der neue Staat entstand, in den Jahren 1948/49 abgewandert, manche freiwillig, manche unter dem Druck der Israelis, manche auf Wunsch der arabischen Staaten. 90 Prozent der 176 000 Araber, die blieben und zwangsweise zu israelischen Staatsbürgern gemacht wurden, waren Analphabeten. Praktisch alle Vertreter der Eliten hatten das Land verlassen. Die Verbliebenen profitierten vom Bildungssystem und der sozialen Sicherheit durch den jüdischen Staat: Heute besuchen alle

jungen israelischen Araber eine Schule. Doch bis 1966 standen sie unter Militärverwaltung, und wenn sie sich innerhalb des Landes von einem Ort zum anderen bewegen wollten, brauchten sie eine Genehmigung. Zugleich wurde der Großteil ihres Landbesitzes konfisziert. Theoretisch genossen sie die gleichen Rechte wie die Juden, praktisch hatten sie eine Sonderstellung. Bis 1967 wurde keine arabische Partei zugelassen, und der Zugang zu den meisten israelischen Parteien blieb den Arabern verwehrt (nur die Kommunistische Partei nahm von Anfang an Araber auf, in die links von der Arbeiterpartei stehende Mapam konnten sie ab 1954 eintreten). Die bis dahin geringe Wahlbeteiligung der Araber ist seither kontinuierlich angestiegen.

Im israelischen Personalausweis ist die »Nationalität« (die ethnische Zugehörigkeit) vermerkt (Jude, Araber, Druse, Beduine oder Tscherkesse). Auf diese Weise können im Falle einer Verhaftung oder bei sonstigen Maßnahmen der Behörden unterschiedliche Maßstäbe angelegt werden. Seit 1977 kann jeder Staatsbürger beantragen, daß der Vermerk über die ethnische Zugehörigkeit aus seinem Personalausweis entfernt wird. Im Unterschied zu den Drusen leisten die meisten israelischen Araber keinen Wehrdienst in der israelischen Armee; Israel begründet dies damit, daß man von ihnen im Falle eines Konflikts mit ihren arabischen »Brüdern« keine Loyalität gegenüber Israel verlangen könne. Dank dieser Regelung bleibt ihnen zwar der sehr harte Militärdienst erspart, aber andererseits ist ihnen so auch der Zugang zu vielen Ämtern und sozialen Vergünstigungen verwehrt, die an die Ableistung des Militärdienstes gekoppelt sind. Darüber hinaus enthalten viele israelische Gesetze den Zusatz, daß sie nur für diejenigen gelten, »die unter das Heimkehrgesetz« fallen. Mit dieser Formulierung werden nur jüdische Staatsbürger bezeichnet, sie gilt nicht für Araber. Die Araber sind damit von einer Reihe von Leistungen ausgeschlossen, beispielsweise von bestimmten Stipendien. In wirtschaftlicher Hinsicht geht es, wie Israel nachdrücklich betont, den israelischen Arabern im Durchschnitt deutlich besser als den Arabern in den Nachbarländern; dennoch liegt ihr Pro-Kopf-Einkommen um ein Drittel unter dem der jüdischen Israelis. Diese Ungleichheit wird noch verstärkt durch eine oftmals diskriminierende Behandlung seitens der Behörden bei der Vergabe von Sozialleistungen und durch die Tatsache, daß etliche jüdische Kommunen den Großteil ihrer Ressourcen

Bevölkerungsgruppen in Israel

Quelle: Statistisches Handbuch von Israel, 1995

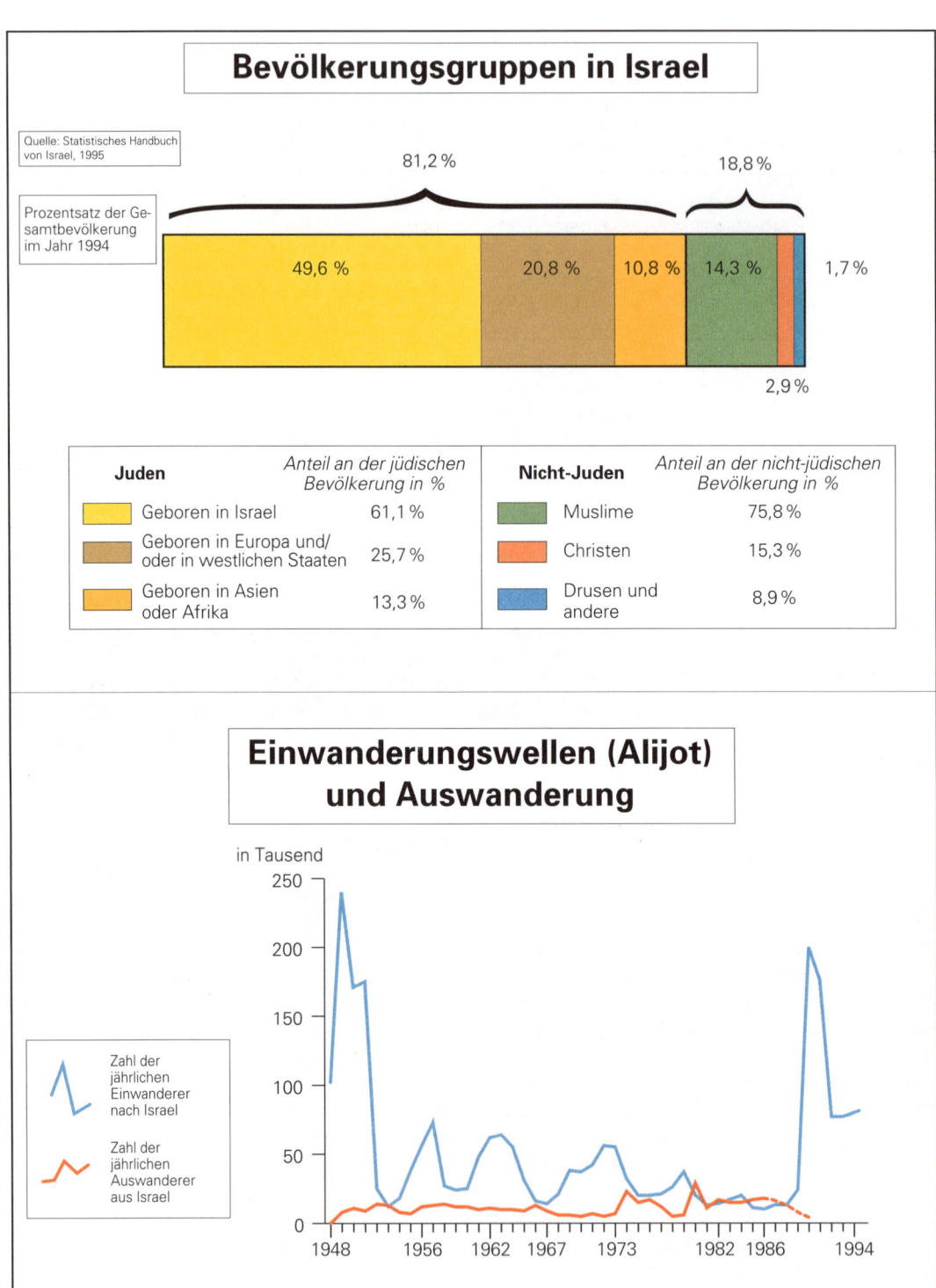

81,2 % 18,8 %

Prozentsatz der Ge-
samtbevölkerung
im Jahr 1994

| 49,6 % | 20,8 % | 10,8 % | 14,3 % | 1,7 % |

2,9 %

Juden	Anteil an der jüdischen Bevölkerung in %	Nicht-Juden	Anteil an der nicht-jüdischen Bevölkerung in %
Geboren in Israel	61,1 %	Muslime	75,8 %
Geboren in Europa und/ oder in westlichen Staaten	25,7 %	Christen	15,3 %
Geboren in Asien oder Afrika	13,3 %	Drusen und andere	8,9 %

Einwanderungswellen (Alijot) und Auswanderung

in Tausend

Zahl der
jährlichen
Einwanderer
nach Israel

Zahl der
jährlichen
Auswanderer
aus Israel

250

200

150

100

50

0

1948   1956   1962 1967   1973   1982 1986   1994

Quelle: Statistisches Handbuch von Israel, 1995

Anm.: Die Zahlen über die Auswanderung seit 1986 können nur geschätzt werden,
da auch vorübergehende Auslandsaufenthalte mit in die Statistik eingegangen sind

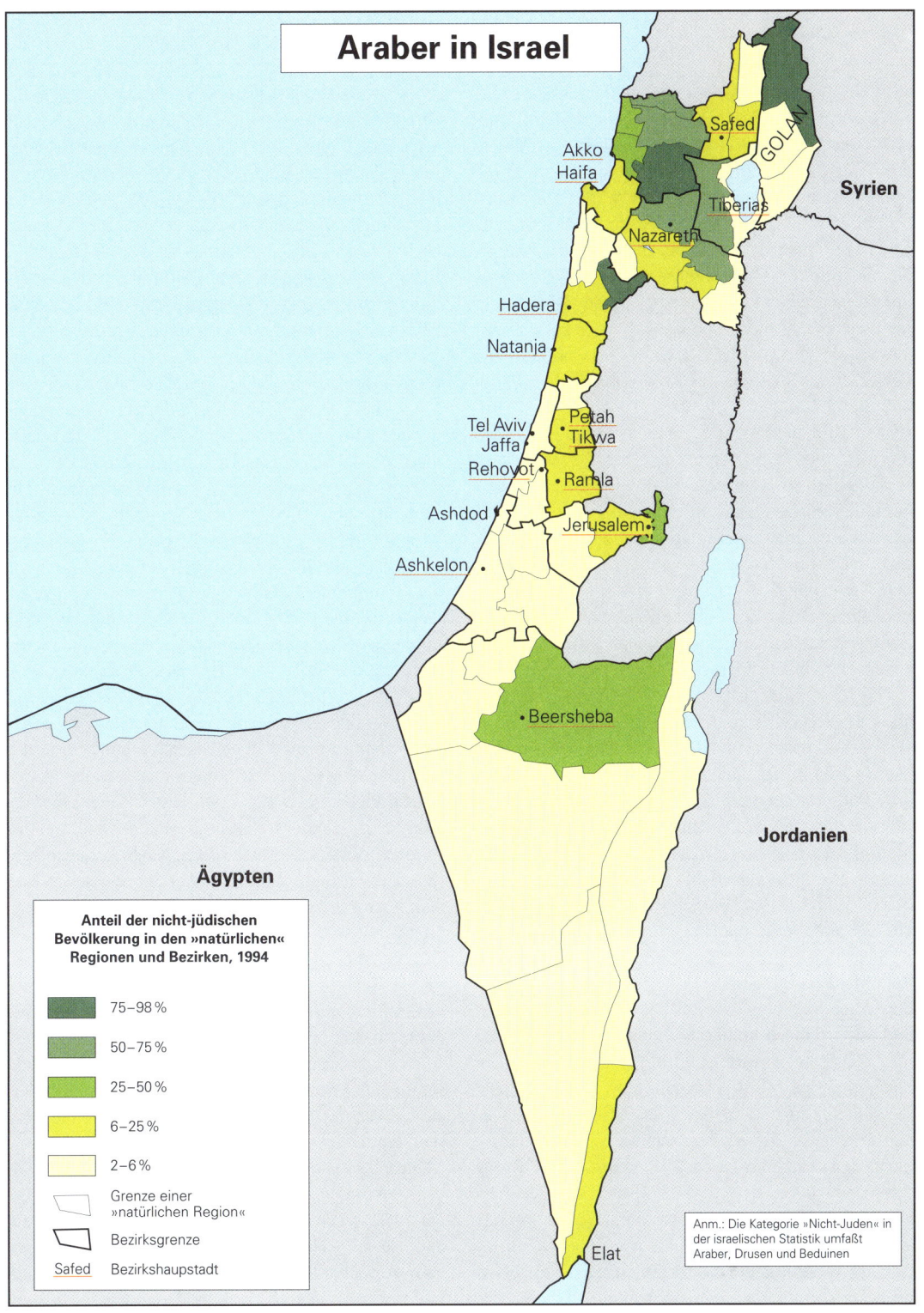

Araber in Israel

Syrien

Akko
Haifa
Safed
GOLAN
Tiberias
Nazareth
Hadera
Natanja
Tel Aviv
Jaffa
Petah
Tikwa
Rehovot
Ramla
Ashdod
Jerusalem
Ashkelon

Ägypten

Beersheba

Jordanien

Elat

Anteil der nicht-jüdischen Bevölkerung in den »natürlichen« Regionen und Bezirken, 1994

- 75–98 %
- 50–75 %
- 25–50 %
- 6–25 %
- 2–6 %

Grenze einer »natürlichen Region«

Bezirksgrenze

Safed Bezirkshauptstadt

Anm.: Die Kategorie »Nicht-Juden« in der israelischen Statistik umfaßt Araber, Drusen und Beduinen

von jüdischen Organisationen erhalten (während die arabischen Kommunen nicht in den Genuß solcher Zuwendungen kommen).

Die israelischen Araber sind vielfach »Staatsbürger zweiter Klasse«, doch sie scheinen sich darum nicht weniger als israelische Staatsbürger zu fühlen. Bis heute hat es keine wie auch immer geartete nationalistische Bewegung gegeben, weder 1967 noch während der Intifada. Allerdings stellt der Friedensprozeß die Identität der israelischen Araber in Frage. Der Schock des Sechstagekrieges von 1967 wurde unterschiedlich interpretiert. Manche Beobachter meinten, die Araber seien noch stärker zusammengewachsen und politisch bewußter geworden. Eine Folge sei die Spaltung der Kommunistischen Partei und die Gründung einer ersten, ausdrücklich arabischen Partei, der Rakach, gewesen. Andere vertraten die Auffassung, im Kontakt mit den Palästinensern in den besetzten Gebieten sei den israelischen Arabern die soziale, wirtschaftliche und kulturelle Kluft bewußt geworden, die sie voneinander trennte. Tatsächlich vermieden es die israelischen Araber, die unter wirtschaftlich besseren Bedingungen lebten und stärker von der westlichen Lebensweise beeinflußt waren, bis in die neunziger Jahre, sich als Palästinenser zu bezeichnen.

Die Umstände sind heute vollkommen anders, aber die Schockwirkung ist vergleichbar. Die Aussicht auf Frieden bringt Möglichkeiten in die Diskussion, die bisher undenkbar waren. Einige israelische Politiker konnten inoffiziell Pläne für eine territoriale Neugliederung entwickeln. Ihr Ziel wäre, bestimmte arabische Dörfer in Israel der palästinensischen Verwaltungshoheit zu unterstellen; diese Pläne lösten bei den betroffenen Arabern Besorgnis aus. Generell kann man sagen, daß die israelischen Araber ihren gegenwärtigen Status einer ungewissen Zukunft unter palästinensischer Verwaltung vorziehen. Aber sie fühlen sich in ihrer Identität gespalten, und es wird ihnen immer deutlicher bewußt, daß sie im Judenstaat ungeachtet aller öffentlichen Gleichberechtigungsrhetorik letztlich »nur« als Palästinenser gelten. Umgekehrt hat es das Mißtrauen der Israelis verstärkt, daß ein bedeutender Vertreter der israelischen Araber, Ahmed Tibi, Berater von Yassir Arafat geworden ist. Seit 1993/94 wird die Bezeichnung »Palästinenser« in Israel immer häufiger auf alle Araber angewendet, ob sie im Gazastreifen leben, im Westjordanland oder im israelischen Kernland. Dies ermöglicht, unterschiedliche Formeln zur Bezeichnung von Binationalität zu prägen, aber auch der Umsiedlung von Bevölkerungsgruppen wird damit ein Weg eröffnet.

Hinter all diesen Debatten steht das Problem der demographischen Entwicklung. Israel hat die besetzten Gebiete nicht annektiert, weil es nicht riskieren wollte, langfristig eine arabische Bevölkerungsmehrheit im Land zu haben. Im kleinen, bezogen ausschließlich auf die israelischen Araber, gibt es dieses Risiko bereits. Im Jahr 1948 lebten 176 000 Araber in Israel, 1995 waren es rund 900 000. Ihre Geburtenrate ist zwar rückläufig, liegt aber immer noch deutlich über der Geburtenrate der jüdischen Israelis.

Die am weitesten links angesiedelten Gruppierungen des israelischen politischen Spektrums weisen immer wieder darauf hin, daß das Mißtrauen gegenüber den israelischen Arabern nicht mehr zeitgemäß sei, da sie seit einem halben Jahrhundert loyal zum Staat Israel stünden. Überdies sei endlich die Zeit für einen Friedensschluß im Nahen Osten gekommen. Die »Tauben« verlangen volle Gleichberechtigung für alle Staatsbürger mit dem Argument, die Demokratie in Israel sei nicht verwirklicht, solange es keine volle Gleichberechtigung gebe. Israel müsse der Staat aller Staatsbürger sein und nicht nur der Staat der Juden. Aus derselben Perspektive wird auch die Aufhebung des Heimkehrgesetzes gefordert. Bis heute erscheint ein solcher Schritt wenig wahrscheinlich, aber die Diskussion wird durch den Zustrom russischer Einwanderer angefacht. In den Augen vieler Israelis handelt es sich dabei nicht um eine Alija, sondern die Immigranten sind für sie schlicht Wirtschaftsflüchtlinge. Nach Angaben religiöser Behörden sind 20 Prozent der russischen Einwanderer gar keine Juden, sondern zum orthodoxen Glauben konvertierte Abkömmlinge von Juden, Ehepartner von Juden und Einwanderer mit falschen Papieren. Im übrigen werfen die Israelis den Russen vor, sie hätten das organisierte Verbrechen ins Land gebracht, das es zuvor in Israel nicht gegeben habe.

Die aktuelle politische Situation erlaubt Rückschlüsse auf Entwicklungen im Land und auf Widerstände, die der Friedensprozeß auslöst. Die bis 1996 regierende Arbeiterpartei hatte in der Knesset keine Mehrheit und war auf die Unterstützung der arabischen Parteien angewiesen. Die Unterstützung der arabischen Parteien ging allerdings nicht so weit, daß sie sich an einer Regierung beteiligten; dies wäre für beide Seiten nicht akzeptabel. Diese für Israel neue politische Konstellation schwächte den gesamten Friedensprozeß, denn der Likud läßt nicht zu, daß Entscheidungen über das Schicksal des jüdischen Staates von der Zustimmung der israelischen Araber abhängen. Im Wahlkampf vor den Parlamentswahlen 1996 war dies ein zentrales Argument der politischen Rechten. Daß die arabischen Parteien die Regierung im Parlament unterstützten, ohne selbst an der Regierung beteiligt zu sein, ist zugleich Ausdruck einer tiefgreifenden Veränderung innerhalb der israelischen Gesellschaft. Die Araber haben allem Anschein nach gegenwärtig so etwas wie ein Vetorecht. Zwei Araber, ein Mitglied des Wahlbündnisses Meretz (Walid Sadek) und ein der Arbeiterpartei nahestehender Politiker (Nawaf Massalha), waren Staatssekretäre in der Regierung Peres. 1996 wurde erstmals ein Araber israelischer Botschafter: Ali Yehie hatte ein entsprechendes Angebot 1995 noch ausgeschlagen, ein Jahr später willigte er ein und übernahm im April 1996 den Posten des israelischen Botschafters in Finnland.

Während des Golfkriegs standen die israelischen Araber uneingeschränkt auf der Seite Israels, und das hat Juden und Araber einander nähergebracht. Die Araber wurden im übrigen genauso gut geschützt wie die Juden (ebenso auch die Palästinenser in den Gebieten in unmittelbarer Nähe der »Grünen Linie«, die durch Kriegseinwirkungen gefährdet waren). Die Behandlung des Massakers von Hebron (dort schoß im Februar 1994 ein jüdischer Siedler in eine Gruppe muslimischer Gläubiger und tötete 52 Menschen) ist ein weiteres wichtiges Indiz für die aktuelle Situation der Araber. Die Sitzungen der Untersuchungskommissionen wurden in voller Länge im Fernsehen übertragen, auch ein arabischer Richter war daran beteiligt. Mit einiger Überraschung beobachteten die Israelis vor den Fernsehgeräten, wie dieser arabische Mitbürger Juden teilweise sehr scharf verhörte. Nachdem sich die erste Überraschung gelegt hatte, urteilte die öffentliche Meinung überwiegend positiv. Die Justiz ist in Israel sehr unabhängig und hat häufig im Widerspruch zu Regierungsentscheidungen die Rechte der israelischen Araber gestärkt. Ein Beispiel ist in diesem Zusammenhang besonders aufschlußreich: Nach israelischem Recht ist es zulässig, ein Haus in die Luft zu sprengen, wenn der Verdacht besteht, daß es sich um einen Unterschlupf von Terroristen handelt. In einem demokratischen Staat mag eine solche Bestimmung befremdlich anmuten. Die Gerichte haben entschieden, daß der Staat Palästinensern, deren Häuser gesprengt wurden, eine Entschädigung zahlen muß, »wenn sich keine Anhaltspunkte für die Unterstützung von Terroristen ergaben«. Ein Fall unter vielen: Die orthodoxen Juden wollten ein altes Haus in Jerusalem in Besitz nehmen, das an der Grenze zwischen dem jüdischen und dem christlichen Viertel lag. Daraufhin beschlagnahmte es die Justiz, mittlerweile beherbergt es eine arabische Bibliothek. Es ist jedoch anzumerken, daß die Justiz nicht immer die Mittel hat, ihre Entscheidungen durchzusetzen.

Die Strömung innerhalb der Geschichtsschreibung, die in Israel heute als »die Revisionisten« bezeichnet wird (nicht zu verwechseln mit den Revisionisten von Jabotinsky), vertreten etwa durch den Autor Tom Segev *(Die siebte Million. Der Holocaust und Israels Politik der Erinnerung)*, stellt die Gründungsmythen des Staates in Frage und plädiert für eine Darstellung der israelischen Geschichte, in der auch die Palästinenser ihren Platz haben. Die Arbeiten des Philosophen Leibovitz, der die Sakralisierung des israelischen Staatsgebietes anprangert, gehen in die gleiche Richtung. Ganz allmählich erkennt Israel seine historische Verantwortung gegenüber den arabischen Bevölkerungsgruppen in Palästina an. Der israelische Schriftsteller Israel Shahak geht sogar so weit, daß er die Vorurteile gegenüber den Palästinensern als Resultate der Grundlagen des Judaismus und der strikten Unterscheidung von Juden und Nicht-Juden erklärt. In Shahaks Augen behandeln die Juden die Nicht-Juden als minderwertig. Solche Positionen sind in Israel freilich marginal, und die neuen »extremistischen« Revisionisten werden wie Antisemiten eingeschätzt.

Mehr Luft

Die israelische Gesellschaft steht heute vor dem Problem der Normalisierung. Bisher war Israel ein Staat im Kriegszustand, der massive finanzielle Unterstützung vom Ausland erhielt – von den USA und aus der Diaspora –, getragen von einem nationalistischen Ideal. Heute muß Israel lernen, im Frieden zu leben. Verschiedene Entwicklungen aus jüngster Zeit deuten darauf hin, daß ein beträchtlicher Teil der Bevölkerung, insbesondere der jungen Israelis, rasche Veränderungen wünscht.

Das zionistische Ideal bekam tiefe Risse durch die Invasion im Libanon Anfang der achtziger Jahre und während der Intifada. Die jungen, Steine werfenden Palästinenser konfrontierten die Israelis Tag für Tag mit einem Spiegelbild ihrer selbst. Über Jahrhunderte hinweg waren die Juden Opfer von Verfolgungen gewesen; nun fragten sich viele, ob sie nicht auf dem besten Weg waren, ihrerseits zu Verfolgern zu werden. Solche Fragen drängten sich um so stärker auf, als moralische Forderungen und Werte in der israelischen Gesellschaft sehr präsent sind, auch wenn im Privatleben jeder die größtmögliche Freiheit hat, zu tun und zu lassen, was er will.

Die Mehrheit der Israelis akzeptiert die Einschränkungen durch die Sicherheitserfordernisse, gleichwohl sehnen sie sich nach Normalität. Doch in dem Maße, wie Israel zu einer normalen Gesellschaft wird, wird das Land auch mit den Krisenerscheinungen konfrontiert, die für entwickelte Gesellschaften typisch sind und die ihm bislang erspart blieben. Die wirtschaftlichen Unterschiede werden größer, damit tritt das Problem der Armut in Erscheinung. Die Kriminalität steigt, besonders Banküberfälle haben zugenommen, und das Drogenproblem taucht auf. In der Jugend beginnt sich eine Alternativkultur abzuzeichnen. Die außerordentliche Popularität des Rockmusikers Aviv Gefen ist Indiz für eine gewisse Hysterie der israelischen Jugend. Die Songs dieses 22jährigen Stars handeln von nihilistischen Ideen, er ist heute so etwas wie ein Indikator für den Zustand der Gesellschaft. Eines seiner Gedichte wurde bei der Beerdigung von Yitzhak Rabin vorgetragen. Homosexualität wird nicht mehr totgeschwiegen, eine Schwulenbar in Jerusalem ist heute als Treffpunkt besonders *in*. Die Rockkultur ist sehr lebendig, und ein wachsender Teil der Jugendlichen, die sich ihr zugehörig fühlen, steht der israelischen Armee (Zahal) skeptisch gegenüber. Für Israel ist das eine kulturelle Revolution. 200 Jugendliche haben bereits den Wehrdienst verweigert, die Bewegung »Es gibt eine Grenze« (für das, was man von jungen israelischen Soldaten verlangen kann) lehnt den Einsatz in den besetzten Gebieten und im Südlibanon ab. Die militärische Besetzung wird mit drei Argumenten kritisiert: wegen der Leiden, die sie für die betroffenen Menschen bedeute; wegen der möglichen Traumatisierung der jungen israelischen Rekruten, die nicht selten bleibende Schäden zur Folge habe; und schließlich weil die Härte des Besatzungsregimes negative Auswirkungen auf die israelische Gesellschaft insgesamt habe.

Israel befindet sich seit der Staatsgründung in einer permanenten Spannung zwischen der Einhaltung demokratischer Regeln einerseits und Sicherheitszwängen andererseits. Die arabische Presse in Jerusalem erfreut sich einer großen Freiheit, wie folgende Anekdote zeigt: Die ägyptischen Offiziere, die 1973 gefangengenommen wurden, waren aus Ägypten eine strenge Pressezensur gewöhnt. Als sie die arabische Zeitung *El Kuds* lasen und feststellten, daß dieses Blatt die Niederlage Israels wünschte, glaubten sie, das Blatt sei eigens zu dem Zweck gedruckt worden, ihnen die Freiheit der arabischen Presse in Israel vorzugaukeln. In diesem Zusammenhang gehört auch, daß die ebenfalls in Jerusalem erscheinende Zeitung *Al Nahar* im Gazastreifen regelmäßig verboten wird, weil Arafat sie zu kritisch findet. Im Parlament wird über alle Fragen diskutiert, auch über Verteidigungsfragen, dies allerdings in Ausschußsitzungen hinter verschlossenen Türen. Untersuchungsausschüsse wie jene zu den Massakern in Sabra und Shatilla oder in Hebron tagen öffentlich. Es herrscht vollkommene Meinungsfreiheit, was bisweilen zu solchen Auswüchsen führt wie der Haßkampagne gegen Rabin kurz vor seiner Ermordung. Andererseits besitzt Israel ein außerordentlich schlagkräftiges Instrumentarium zur Bekämpfung des Terrorismus. Rechtsgrundlage ist vor allem die *Defense Regulation* von 1945 (die von den Briten erlassen wurde). Demnach ist es den Sicherheitskräften erlaubt, Wohngebiete zu räumen, Häuser abzureißen, Personen zu internieren und Personen einen Wohnsitz zwangsweise zuzuweisen. Von sämtlichen Maßnahmen wurde in den besetzten Gebieten reichlich Gebrauch gemacht. Bis in die Anfänge des Friedensprozesses hinein war jeglicher Kontakt mit terroristischen Organisationen verboten, die die Vernichtung Israels auf ihre Fahnen geschrieben hatten, konkret bedeutete dies: mit der PLO. Der israelische Journalist Dan Leon wurde aufgrund dieser Vorschrift regelmäßig verhaftet.

Ein großer Wunsch der Israelis ist es, diesen Repressionsapparat wenn schon nicht ganz, so doch wenigstens teilweise abzubauen. Sie hoffen, mit der Räumung der besetzten Gebiete könnte der zur Kontrolle der Palästinenser in Stellung gebrachte militärische Apparat überflüssig werden oder die Sicherheitsaufgaben könnten der Palästinensischen Autonomiebehörde übertragen werden. Doch eine Serie von Selbstmordattentaten hat das Land erneut erschüttert und das Gefühl elementarer Unsicherheit verstärkt. Im Juli 1995 gab Rabin den Sicherheitskräften uneingeschränkte Vollmacht, gegen Verdächtige »in begrenztem Rahmen physischen Zwang« anzuwenden, um sie zum Reden zu bringen.

Perspektiven

Welche Folgen kann der Frieden, wenn er einmal erreicht ist, für Israel haben? Zunächst wird er Entwicklungen verstärken, die bereits im Gange sind, insbesondere die Ausrichtung der israelischen Gesellschaft an westlichen Normen. Die Angleichung wird unvermeidlich von einer Zunahme »abweichender« Verhaltensweisen begleitet sein: Selbstmorde, Drogenkonsum, Kriminalität und so weiter.

Der Wunsch der Israelis nach Frieden ist sehr stark, und sie bemühen sich auch nach Kräften, die Spuren des Konflikts soweit wie möglich zu verbergen; außer in Jerusalem ist im Alltagsleben davon in der Tat nicht viel zu bemerken. Die besetzten Gebiete sind für die Israelis im Kernland »weit weg«, und die arabischen Israelis oder die Palästinenser, die in Israel arbeiten, versuchen oft selbst, möglichst unsichtbar zu bleiben.

Der Friedensprozeß wirft nicht nur konkrete Fragen auf, er stellt darüber hinaus die Gründungsmythen des Judenstaates in Frage. Die einschneidendsten Zugeständnisse Israels waren nicht der Rückzug aus Gaza und Jericho – letzten Endes sind das nur kleine Orte ohne wirkliche oder symbolische Bedeutung –, sondern die Tatsache, daß in Israel eine destabilisierende Debatte über die Bedeutung des Bodens, die Vertretung der Palästinenser und, eher insgeheim, über die Identität des Staates Israel und die Quellen seiner Legitimität begann. Israel war immer sehr stolz auf seine Fähigkeit zur Selbstkritik, und heute beschränkt sich die Selbstkritik nicht nur auf Strukturen und Entwicklungen der Gesellschaft, sondern bezieht die Grundlagen der Gesellschaft mit ein. Und den Israelis ist sehr wohl bewußt, daß dieser Prozeß zerstörerisch wirken kann.

Die Staatsbürgerarmee ist in dieser Hinsicht ein Spiegel der israelischen Gesellschaft. Die Zahal wurde als demokratische, moralische, integre Organisation gegründet; heute wendet sie sich allmählich auch den dunklen Kapiteln ihrer Geschichte zu. In den achtziger Jahren wurde das Ansehen der Armee durch die Invasion im Libanon und die Unterdrückung der Intifada beschädigt, zudem wurden etliche Fälle von Korruption aufgedeckt (Verkauf von Waffen und von Arbeitspapieren in den besetzten Gebie-

ten). Die durch die Öffnung der Archive gewonnenen neuen Erkenntnisse über die Kontakte des Jüdischen Weltkongresses zu den Nazis und Massaker an palästinensischen Dorfbewohnern im Jahr 1948, die Feststellung, daß die Memoiren wichtiger Politiker wie Ben Gurions zensiert veröffentlicht wurden, und Informationen über die Exekution ägyptischer Kriegsgefangener im Sechstagekrieg machen es erforderlich, die Geschichte Israels neu zu schreiben. Der für die Armee daraus entstandene Imageverlust bedeutet in einem Land, in dem drei der letzten fünf Premierminister hohe Posten bei den Streitkräften bekleidet haben und in dem das tägliche Leben sehr stark von militärischen Gepflogenheiten geprägt ist, eine Erschütterung des traditionellen gesellschaftlichen Gleichgewichts. Der Frieden wird bald dazu führen, daß Israel die Rolle der Armee in der Gesellschaft von Grund auf neu überdenken muß. Die Armee ist ein Schmelztiegel und insofern ein für den nationalen Zusammenhalt entscheidender Faktor. In der Armee besteht ein generelles Unbehagen gegenüber dem politischen Umgang mit dem Friedensprozeß. Ihre Führung hat den Eindruck, daß ihr der Friedensprozeß entgleitet, und fürchtet eine Schwächung ihrer Position im Staat.

Doch nach der Welle von Anschlägen im Februar und März 1996 wandten sich die Israelis wieder der Armee zu. Der Tod von 60 Menschen innerhalb einer Woche wirkte traumatisierend, und die israelische Öffentlichkeit forderte massiv, für Sicherheit zu sorgen. Es wurden wieder Häuser beschlagnahmt und zerstört, in denen Terroristen gewohnt oder Unterschlupf gefunden hatten. Aktuelle politische Entwicklungen schlagen im übrigen immer auf die Einstellung der Israelis zum Friedensprozeß durch. Nach anfänglicher Skepsis gegenüber einer Annäherung an die PLO ließen sich die Israelis von der Dynamik der Osloer Verhandlungen mitreißen. Seither erfolgte dreimal ein Umschlag: Nach dem Attentat von Bet Lid im Januar 1995 wurde der Friedensprozeß negativ beurteilt, dann wieder positiv nach der Ermordung von Yitzhak Rabin im November 1995, und erneut negativ nach der Welle von Anschlägen im Februar und März 1996. Die Veränderungen in der öffentlichen Meinung spiegeln sich im Wahlverhalten wider; dabei gelten die Politiker der Arbeiterpartei als die Architekten des Friedensprozesses und die Politiker des rechten Flügels als seine Gegner.

Israel: Wie läßt sich Sicherheit garantieren?

Der Frieden ist ein Glücksspiel für Israel. Der hebräische Staat kontrolliert heute das gesamte Gebiet des ehemaligen Palästina-Mandates und ist seinen Nachbarn strategisch überlegen. Angesichts dieser Ausgangssituation fürchten die Israelis, daß der begonnene Friedensprozeß für sie ein schlechter Handel sein könnte. Ihre Gesprächspartner verlangen die besetzten Gebiete als Gegenleistung für den Frieden, aber wenn die israelische Armee die Golanhöhen, den Gazastreifen und das Westjordanland erst einmal geräumt hat, könnten die arabischen Staaten, falls der politische Wind sich dreht, ihr Versprechen brechen und entweder einen neuen Krieg beginnen oder wie Ägypten nach dem Abkommen von Camp David einen »kalten Frieden« praktizieren.

Die israelische Mentalität ist durch und durch vom Massada-Komplex geprägt: Im Jahr 73 n. Chr. begingen die von den Römern eingeschlossenen Hebräer in der Festung Massada lieber Selbstmord, als daß sie sich ergaben. In Israel werden alle Kriege als Kämpfe ums Überleben angesehen und gelten deshalb als Verteidigungskriege, auch wenn Israel wie 1956 und 1967 den Angriff führte.

Mit beiden Angriffen reagierte Israel in der Tat auf immer lauter werdende arabische Drohungen: 1956 war es die Verstaatlichung des Suezkanals durch Ägypten unter Nasser, 1967 die Blockade des Golfs von Akaba. Die Furcht vor der totalen Vernichtung ist allgegenwärtig, so daß der Sieg als Notwendigkeit erscheint.

Diese Sorge verweist die Vorstellung vom »neuen israelischen Menschen«, der Bauer und Soldat zugleich ist, ins Reich der Mythen. Dieser neue Mensch ist das genaue Gegenteil des traditionellen Juden, dem diese beiden Tätigkeitsbereiche – Armee und Landwirtschaft – verschlossen waren. Dies erklärt, warum die Armee als ein Faktor des nationalen Zusammenhalts, Prestiges und Stolzes eine so herausragende Stellung in der israelischen Gesellschaft einnimmt und warum der Wehrdienst obligatorische Voraussetzung für den sozialen Aufstieg ist.

Die veränderte weltpolitische Konstellation hat die Israelis gezwungen, sich mit der schwelenden Palästinenserfrage zu befassen, die der Kristallisationspunkt des Kalten Krieges gewesen war. Israel mußte seine strategischen Vorstellungen revidieren. Trotz des »freundschaftlichen Druckes« seitens der Vereinigten Staaten, die ihren Verbündeten aufforderten, sich ernsthaft auf den Friedensprozeß einzulassen, blieb Israel zutiefst gespalten, und in der Debatte über den Friedensprozeß, die heute das Land erschüttert, spielen Verteidigungsfragen nach wie vor eine herausragende Rolle.

Eine neue strategische Konstellation

Der Golfkrieg hatte eine schwere psychologische Schockwirkung. Er demonstrierte, daß der strategische Schutz durch die besetzten Gebiete (mit einer Tiefe von weniger als 50 Kilometern) eine Illusion war.

Im übrigen hat Israel nach dem Ende des Kalten Krieges erheblich an geopolitischer Bedeutung eingebüßt. Saudi-Arabien und Ägypten hatten Israel bereits zuvor seine Position als Klient der Vereinigten Staaten streitig gemacht, aber immer noch unterhielt Israel privilegierte Beziehungen zu den Amerikanern. Lange Zeit mißtraute Israel den Europäern, weil sie vermeintlich proarabisch eingestellt waren, und auch der UNO, weil sie Israel in Resolutionen mehrfach verurteilt hatte. In Israel ist man sich der amerikanischen Rückzugstendenzen bewußt und hat sich auf eine veränderte Rolle Israels in den strategischen Überlegungen der Amerikaner eingestellt, aber Israel ist und bleibt der zuverlässigste Partner Amerikas im Nahen Osten. Letzten Endes jedoch kann Israel nur auf sich selbst und seine Überlegenheit zählen.

Die langfristigen sicherheitspolitischen Ziele können indes nicht für alle Ewigkeit garantiert werden. Eine militärische Hegemonie ist ausgeschlossen, weil eine weitere Verbreitung von Atomwaffen sehr wahrscheinlich ist. Die Zerstörung des irakischen Atomreaktors Osirak durch israelische Kampfflugzeuge im Jahr 1981 hat den Irak in seinem Atomprogramm zurückgeworfen, aber hat es nicht beendet. Syrien hat auf strategische Parität mit Israel verzichtet, aber Saudi-Arabien verfügt über ein ähnlich großes Waffenarsenal wie Israel, allerdings vermag es seine Waffen nicht so effektiv einzusetzen. Absoluten Schutz für das israelische Staatsgebiet kann es nicht geben, das hat der Golfkrieg gezeigt, da in den benachbarten Staaten immer mehr Raketensysteme mit großer Reichweite zur Verfügung stehen. Solche Raketen wurden im Golfkrieg vom Irak abgefeuert und schlugen in Israel ein. Schließlich läßt sich eine totale Sicherheit der Staatsbürger vor Terroranschlägen nicht garantieren.

In dieser Situation muß Israel seine Taktik überdenken und sich die Frage stellen, ob die traditionellen Verteidigungskonzepte noch zeitgemäß sind. Die Golanhöhen, deren Besetzung vor einem syrischen Überraschungsangriff schützen sollte, werden wahrscheinlich demnächst an Damaskus zurückgegeben. Die Höhenzüge im Westjordanland, von wo aus alle Bewegungen am anderen Ufer des Jordan kontrolliert werden konnten, gehen nach dem Friedensabkommen teilweise in palästinensische Verwaltung über. Die am Jordan, der »natürlichen Grenze«, stationierten Truppen wurden in letzter Zeit beträchtlich reduziert. Israel gibt nach und nach strategische Kontrollpunkte am Boden auf und baut dafür seine Lufthoheit – der es die Siege von 1967 und 1973 verdankt – aus und die Kontrolle über die Seewege, beides mit Hilfe des Einsatzes von elektronischen Überwachungssystemen. Damit folgt Israel dem strategischen Vorbild der Vereinigten Staaten.

Die gegenwärtig zu beobachtenden Entwicklungen gehen jedoch von gewagten Prämissen aus und setzen bestimmte Vorsichtsmaßnahmen voraus. Es ist die Rede davon, auf dem Golan ähnliche Systeme zu installieren wie auf dem Sinai (der Sinai ist entmilitarisierte Zone und Frühwarnzone, um die Reaktionszeit im Falle eines Angriffs zu verlängern), aber der Golan ist nur ein Zehntel so breit wie der Sinai und folglich als Frühwarnzone nicht gerade geeignet. Wenn Israel nach der verwaltungsmäßigen Abtrennung des Westjordanlandes dort weiterhin strategische Punkte besetzt halten sollte, könnte das zu einer politisch schwierigen Situation führen, vor allem wenn die Punkte in einem besonders weit von Israel entfernten Teil des Westjordanlandes liegen sollten. Nach dieser Strategie müßten die Palästinenser es hinnehmen, daß ihr Luft- und Seeraum unter israelischer Kontrolle verbleibt; über kurz oder lang werden die Palästinenser mit Sicherheit freien Zugang zu den internationalen Gewässern fordern. Es ist auch wahrscheinlich, daß die Palästinenser nach der erfolgreichen Gründung eines eigenen Staates eine eigenständige Armee mit allen drei Waffengattungen werden aufstellen wollen.

Die verantwortlichen israelischen Politiker haben von Anbeginn des Friedensprozesses von Oslo eine palästinensische Armee kategorisch abgelehnt. Ungeachtet der internationalen Mißbilligung ist es ihnen bis heute gelungen, den nationalen Konsens darüber zu erhalten, daß Israel Atomwaffen besitzt. Sollten in die entmilitarisierten Zonen (heute ein Teil der Sinaihalbinsel, morgen vielleicht der Golan) eines Tages wieder Soldaten einrücken, könnten die Israelis sich gezwungen sehen, auf Gewalt zu setzen. Sie hoffen, im Notfall die Zustimmung der Vereinigten Staaten zu finden, da sie wenig Vertrauen in die internationale Staatengemeinschaft haben.

Die Stunde der Entscheidungen

Die Israelis sind gespalten in der Frage, ob der Friedensprozeß sinnvoll ist oder nicht. Während in der öffentlichen Diskussion kultureller und religiöser Fragen nur eingeschränkt von der konkreten Lebenssituation der Bevölkerung die Rede ist, bilden Sicherheitsfragen den Hintergrund der Debatte. Die Mehrheit der Israelis ist nicht mit den Zugeständnissen einverstanden, die der Friedensprozeß Israel in punkto Sicherheit abverlangt. Fundament des Friedens wird nicht der Status quo sein, der die Illusion der Sicherheit vermittelt, sondern der Abbau von Frustration und Haß bei Arabern und Palästinensern – und ob es gelingt, dieses Ziel langfristig zu erreichen, ist ungewiß. Der Friedensvertrag mit Jordanien sieht anders als der Vertrag mit Ägypten überhaupt keine entmilitarisierte Zone vor, und anders als es wahrscheinlich im Vertrag mit Syrien geregelt sein wird, wird auch keine Überwachung stattfinden. Statt dessen ist vereinbart, daß die Schulbücher beider Staaten einer gründlichen Überarbeitung unterzogen werden. Beide Seiten haben bereits Kommissionen eingesetzt, deren Aufgabe es ist, die Geschichtsbücher neu zu schreiben und das bislang negative Bild des jeweils anderen Staates zu korrigieren.

Wenn man versucht, die Standpunkte auf einen einfachen Nenner zu bringen, könnte man sagen, daß die Arbeiterpartei der Meinung ist, der Kriegszustand sei auf Dauer untragbar angesichts der demographischen Entwicklung, des technologischen Fortschritts in einigen arabischen Ländern und der

Israels Sicherheit

Libanon

El-Kuneitra

GOLAN

Syrien

Akko

Haifa

GALILÄA

Nazareth

Israel

Jenin

Natanja

Tulkarm

14 km

Kalkilja

Nablus

Tel Aviv

SAMARIA

WESTJORDANLAND

Amman

Ashdod

Ramallah

Jericho

Jerusalem

Jordanien

Ashkelon

Bethlehem

Kirjat Gat

JUDÄA

Gaza

Hebron

Beersheba

Moab

Dimona

NEGEV

Ägypten

SINAI

Elat

Akaba

Bodengestalt:
über 500 m

Legend

Grenze der von Israel
kontrollierten Gebiete

International anerkannte Grenzen
Israels

Besetzte Gebiete

Von der UNO kontrollierte Gebiete

»Strategische« Siedlungen

Palästinensische Autonomiegebiete
im Westjordanland und im
Gazastreifen

Übrige Gebiete im
Westjordanland

Arabische Staaten

Lebenswichtige Gebiete

Gebiet, in dem mehr als 80 %
der Bevölkerung Israels leben

Wasserkraftwerk

Militärisches Entscheidungs-
oder Forschungszentrum

Hafen

Unwägbarkeiten der künftigen Entwicklung der Weltlage. Für die israelische Linke gibt es jedoch nur einen einzigen, primär politischen Weg zur Sicherheit, und der heißt Frieden.

Umgekehrt geht der Likud davon aus, daß man den Nachbarstaaten nicht vertrauen kann, vor allem nicht den Feinden, selbst wenn sie auf internationalem politischem Parkett inzwischen gesellschaftsfähig sind. Die weitere Entwicklung der arabischen Staaten ist aus Sicht des Likud unberechenbar, die Herrschaftsstrukturen könnten sich ändern, die Verhandlungspartner könnten ihre Positionen revidieren. Deshalb gilt es, einmal erworbene strategische Vorteile zu halten und stets wachsam zu bleiben.

Die Welle von Selbstmordanschlägen in Israel in den Jahren 1994–1996 verstärkte das Gefühl elementarer Unsicherheit, führte aber paradoxerweise dazu, daß ein impliziter Konsens zwischen Likud und Arbeiterpartei aufgedeckt wurde. Die Idee einer räumlichen Separation von Israelis und Palästinensern drängte sich auf. Zu dieser Vorstellung gehört auch der Bau einer Mauer, die Kontakte weitgehend verhindern würde. Der Zugang von Palästinensern nach Israel würde noch genauer kontrolliert, als es heute schon der Fall ist. Solche Mauern gibt es bereits in Gaza und Jericho, die Gebiete sind mit Minen und Stacheldraht abgeriegelt. Doch eine hundertprozentige Garantie für Sicherheit wird es nie geben, insbesondere nicht in den israelischen Siedlungen.

Die Idee der Separation stößt bei den Palästinensern zunehmend auf Sympathie. Die Mehrheit von ihnen arbeitet nur in Israel, weil ihnen keine andere Wahl bleibt. Nach Bekanntwerden eines Anschlags in Israel im Juli 1995 verließen die Palästinenser auf der Stelle ihre Arbeitsplätze, weil sie Repressalien fürchteten. Nach dem Anschlag von Natanja (23. Januar 1995) war es vorgekommen, daß Palästinenser niedergeknüppelt wurden, allerdings nicht in Israel selbst, sondern in den besetzten Gebieten.

Likud und Arbeiterpartei sind in unterschiedlichem Umfang zu Zugeständnissen bereit, stimmen aber insoweit überein, als sie eine Reduzierung der Schutzmaßnahmen ablehnen. Aus arabischer Sicht dürfte der »sakrosankten« Sicherheit Israels nicht mehr Gewicht gegeben werden als den entsprechenden Bedürfnissen der anderen Staaten in der Region, und es ist damit zu rechnen, daß die Palästinenser eines Tages die gleichen Garantien verlangen werden wie Israel.

Der hebräische Staat wird sich überdies möglicherweise einer weiteren, diesmal internen Gefahr gegenübersehen. Die Ermordung von Yitzhak Rabin hat gezeigt, wie gefährlich die anti-arabischen Exzesse des extremistischen Teils der Bevölkerung sein können. Der Mörder des Premierministers rechtfertigte seine Tat mit einem rabbinischen Gesetz, nach dem es die Pflicht eines jeden Juden ist, Tyrannen zu beseitigen. Für diesen jungen Fanatiker war Rabin ein Tyrann, weil seine Politik die vitalen Interessen Israels bedrohte. Solche extremistischen Anschauungen sind eine Gefahr für die israelische Demokratie, und nach einer eventuellen Räumung des Westjordanlandes könnten sie zu einer ähnlichen Situation führen wie in Algerien von 1958 bis 1962.

Gleichwohl hat der Friedensprozeß die Rahmenbedingungen der israelischen Sicherheit grundlegend verändert. Die Siedler und die in den Siedlungen stationierten Soldaten bilden nicht mehr allein die vorderste Front, und ihre Sicherheit ist größer geworden durch die Präsenz der Armee in den besetzten Gebieten. Umgekehrt sind die in Israel lebenden Zivilisten heute mehr denn je Zielscheibe von Attentaten, und ihr Gefühl der Unsicherheit ist dementsprechend gewachsen.

Die PLO angesichts der Herausforderung der Macht

Für die PLO, die Palästinensische Befreiungsorganisation, war es ein großer Schritt, sich auf den Friedensprozeß mit Israel einzulassen. Gegründet als Organisation der Fedaijin (der »Opferbereiten«), die den Judenstaat bekämpften, wandelte sie sich zum Verhandlungspartner der israelischen Regierung. Der Kondolenzbesuch Yassir Arafats bei Lea Rabin, der Witwe von Yitzhak Rabin, nach dessen Ermordung im November 1995 war ein wichtiger symbolischer Akt. Die Israelis hatten ihn gebeten, nicht an den offiziellen Trauerfeierlichkeiten teilzunehmen, aber Yassir Arafat wollte dem Privatmann Rabin die Ehre erweisen, dem Mann, der mit ihm zusammen den Friedensnobelpreis bekommen hatte. Diese Geste brachte zum Ausdruck, daß sich der Führer der Palästinenser persönlich zu einem »Frieden der Tapferen« bekannte, der gegenseitigen Respekt voraussetzt.

Die bemerkenswerte Wandlung der PLO ging nicht ohne Schwierigkeiten vonstatten. Yassir Arafat lenkte die gesamte PLO auf den Weg des Friedens, und die Gegner des Friedens innerhalb der Organisation traten in Opposition zu ihm. In den Augen der internationalen Staatengemeinschaft ist Arafat die Galionsfigur des palästinensischen Nationalismus, und so war es ganz selbstverständlich, daß er Präsident des Palästinensischen Autonomierates wurde, in dessen Händen die Verwaltung der Autonomiegebiete liegt. Der »Alte« holte Mitstreiter aus seiner Mannschaft in Tunis und aus seiner Partei, der Fatah, die der Kern der PLO ist, in die Regierung. Die Wahlen im Januar 1996 wurden von den Islamisten und vom linken Flügel der Palästinenser boykottiert. Das Wahlergebnis bestätigte die Position des Chefs der Autonomiebehörde und sicherte der Fatah eine komfortable Mehrheit im Autonomierat.

In Anbetracht dieses uneingeschränkten Sieges ist eine wie auch immer geartete, tiefgreifende Reform der PLO unwahrscheinlich. Die führenden Politiker der PLO sammelten ihre Erfahrungen im Exil und bringen keinerlei Kenntnisse mit, wie man ein Land regiert und verwaltet. Sie sind in einer paramilitärischen Struktur groß geworden, in der die Entscheidungsbefugnis in den Händen einer kleinen Gruppe lag und in der es keine demokratische Beschränkung der Macht gab. Den Gepflogenheiten der »Großen« in der PLO entspricht es, ihre Machtpositionen mit Hilfe ihrer Klientel zu sichern.

Der bisherige Weg der PLO

Die Palästinensische Befreiungsorganisation wurde 1964 auf Initiative des ägyptischen Präsidenten Nasser gegründet. Der Rais wollte sich die Vorherrschaft über die arabische Welt sichern. Zu diesem Zweck machte er die Palästinenserfrage zum Kitt der panarabischen Bewegung. Yassir Arafat übernahm 1967 die Führung der PLO und verschaffte ihr eine gewisse Unabhängigkeit von den arabischen Regierungen, indem er deren Rivalitäten ausnützte und sie gegeneinander ausspielte. Die arabischen Staaten sorgten jedoch weiterhin für die finanzielle Absicherung der Zentrale der Palästinenser.

Die PLO ist eine Dachorganisation, in der unterschiedliche Gruppierungen vertreten sind. Yassir Arafats Fatah ist die wichtigste Bewegung, doch seit Mitte der siebziger Jahre sind mehrere kleine Gruppierungen aus der PLO ausgetreten, und einflußreiche linke Parteien wie die PFLP und die DFLP bilden eine innerorganisatorische Opposition. Noch stärker fällt ins Gewicht, daß in den achtziger Jahren mehrere Organisationen außerhalb der PLO entstanden wie die Hamas und der Islamische Djihad, die bis 1995 beträchtlichen Zulauf hatten.

Trotz dieser Differenzen erreichte es die PLO, daß die Arabische Liga und de facto auch die internationale Staatengemeinschaft sie als die einzige legitime Vertretung des palästinensischen Volkes anerkannten (1974). Sie baute eine regelrechte Exilregierung auf, die bis 1970 von Amman aus agierte. Bis 1983 hatte sie ihren Sitz in Beirut und von 1983 bis 1993 in Tunis. Die PLO war von Anfang an ein vollwertiges Mitglied der Arabischen Liga, die sie auch finanziert, und bekam Beobachterstatus bei der UNO. In gewisser Weise war sie also eine »Regierung ohne Staatsgebiet«. Im Jahr 1988 proklamierte sie den »unabhängigen Staat Palästina« mit eigenen Ministerien, einem Parlament, Gewerkschaften und weiteren Institutionen.

Oberstes Ziel der PLO war zunächst die Vernichtung Israels und die Errichtung eines Palästinenserstaates auf dem gesamten Gebiet Palästinas. 1986 leitete sie einen schrittweisen politischen Kurswechsel ein und erklärte, künftig die Resolution 242 der UNO zu beachten, in welcher das Existenzrecht Israels garantiert wird. Als nächsten Schritt erklärte die PLO ihre Abkehr vom Terrorismus. Diese Wende stieß bei den entschiedensten Verfechtern der palästinensischen Sache auf scharfe Ablehnung. In diesem Konflikt bewies Yassir Arafat abermals beachtliche politische Überlebensfähigkeit wie bereits 1970 nach den als »Schwarzer September« in die Geschichtsbücher eingegangenen Ereignissen. Damals wurden seine Gefolgsleute von der jordanischen Armee dezimiert. Auch während der Belagerung seines Hauptquartiers in Beirut im Jahr 1983 hatte er Härte gezeigt. Heute ist er jedoch bemüht, seine Wandlung zum Staatsmann und politischen Partner des Erzfeindes Israel glaubhaft zu machen.

Die schwierige Einigung der Palästinenser

Die Palästinensische Autonomiebehörde, die seit 1994 die Autonomiegebiete kontrolliert, ist aus der PLO hervorgegangen. Dies ist der Grund zahlreicher Probleme und Spannungen.

Nach dem Friedensabkommen von Oslo tauchte die Frage auf, ob die PLO aufgelöst werden sollte, denn nachdem es nunmehr ein palästinensisches »Staatsgebiet« gebe, sei die wichtigste Rechtfertigung für die Existenz der PLO entfallen. Bei dieser Debatte überlagern sich zwei Probleme: Für die »Technokraten«, die Arafat kritisch gegenüberstehen, hat die PLO so lange eine Existenzberechtigung, bis die Frage der palästinensischen Diaspora gelöst ist. Die PLO bleibt folglich die Vertretung des palästinensischen Volkes, muß aber klar von der Palästinensischen Autonomiebehörde unterschieden werden, die zur Verwaltung der besetzten Gebiete geschaffen wurde. Für die Verbündeten Arafats ist die PLO als einzige legitime Vertretung des palästinensischen Volkes berechtigt, sich in Richtung auf staatliche Strukturen zu verändern und folglich den Kern der Palästinensischen Autonomiebehörde zu bilden. Diese Konstruktion stößt bei vielen Palästinensern in Israel und den besetzten Gebieten auf Widerspruch, weil ihr die demokratische Legitimation fehlt. Gleichwohl hat sie sich bis heute durchgesetzt.

Die politische Führung der PLO kommt aus der Diaspora und ist von der Alltagsrealität der Palästinenser abgeschnitten, die in den besetzten Gebieten leben. Im Verlauf von 30 Jahren militärischer Besetzung, davon sieben Jahre Intifada, haben sich die politischen Kulturen der Palästinenser in den besetzten Gebieten und der Palästinenser in der Diaspora divergent entwickelt. Die Gegensätze kamen im August 1993 ans Licht, als die aus Israel stammenden Mitglieder der jordanisch-palästinensischen Verhandlungsdelegation in Madrid, Hannan Ashrawi und Faisal Husseini, mit ihrem Rücktritt drohten. In der Folgezeit nahmen sie Yassir Arafat gegenüber eine zunehmend kritische Haltung ein.

Die Fatah und die anderen im Exil entstandenen Parteien kämpfen mit den gleichen Problemen. Da sie von ihrer Basis abgeschnitten sind, ist ein autoritärer, zentralisierter Führungsstil üblich geworden. Im August 1994 schlugen von Jordanien aus Mitglieder der DFLP-Führung vor, eine neue palästinensische Institution als Verbindungsglied zwischen den verkrusteten Organisationen und der Autonomiebehörde zu schaffen. Daraufhin wurden sie aus ihrer Partei ausgeschlossen.

Yassir Arafat ist ein Mann des Krieges, Führer einer paramilitärischen Organisation, der sich in einen Staatsmann verwandeln muß – in gewisser Weise erinnert dies an den Lebensweg David Ben Gurions. Yassir Arafat mag sich zwar in der Rolle des Staatsmannes gefallen, aber er ist nicht bereit, bestimmte Gepflogenheiten für diese Aufgabe abzulegen. Beispielsweise hat er die Gewohnheit, in der Nacht zu arbeiten und einen Teil des Tages zu schlafen, was anderen Menschen die Zusammenarbeit mit ihm erschwert. Zu seinen Gewohnheiten gehört auch, daß er treue Gefolgsleute mit ehrenvollen Posten belohnt. In seiner Anfangsphase an der Spitze der Palästinensischen Autonomiebehörde führte dies zu einigen Komplikationen, weil »der Alte« für ein und denselben Posten mehrere Personen ernannte. Er machte aus Unachtsamkeit einige Dutzend solcher Fehler, bis sie schließlich abgestellt wurden. Anders als die meisten Guerillaführer, die Staatsmänner wurden, weigert sich Arafat bis heute, seine militärische Bekleidung mit Zivilkleidung zu vertauschen. Allerdings hat er, als er sich auf palästinensischem Boden niederließ, einen Hausstand gegründet und Suha al-Tawil, die Tochter einer seiner Freundinnen, geheiratet.

Neben der umstrittenen Person Yassir Arafat ist

die Konkurrenz palästinensischer Netzwerke, die in den besetzten Gebieten gebildet wurden, eine weitere Belastung für die Errichtung eines Palästinenserstaates mit der Palästinensischen Autonomiebehörde (PNA, *Palestinian National Authority)* als Vorstufe. In den besetzten Gebieten gibt es ungefähr 300 palästinensische NGOs (Nicht-Regierungsorganisationen). Sie verhandeln in der Regel direkt mit einem ausländischen Gesprächspartner. Eine kleine Krankenstation auf dem Land schließt beispielsweise einen Kooperationsvertrag mit einem europäischen Krankenhaus über die Ausbildung eines Arztes, die Lieferung von Medikamenten oder eine dringend benötigte finanzielle Unterstützung. Wenn die Finanzabteilung der Palästinensischen Autonomiebehörde, die Pecdar, jedoch verlangt, daß die Gelder über sie laufen, lehnen die Geldgeber dies ab und stellen die Zahlungen ein.

Im Zuge des Aufbaus staatlicher Strukturen müssen diese Netzwerke entweder aufgelöst oder in neue Institutionen integriert werden. Allem Anschein nach fürchtet die Palästinensische Autonomiebehörde, daß ihr eine Reihe von Aufgaben entgleiten könnten; deshalb will sie die Kontrolle über die bestehenden Netzwerke möglichst selbst übernehmen und diejenigen auflösen, die sich ihr nicht unterstellen wollen. Wenn die ausländischen Partner gezwungen werden, nicht mehr direkt mit den palästinensischen NGOs zu verhandeln, sondern alle Kontakte über die Pecdar laufen zu lassen, dann führt dies zum Zerfall bestehender Netzwerke, und sie können nicht kurzfristig durch ebensogut eingespielte staatliche Einrichtungen ersetzt werden. Zu diesen bereits bestehenden Hemmnissen kommen noch erschwerend die Unwägbarkeiten des Friedensprozesses hinzu. Unmittelbar bedeutet dies für die Palästinenser in den besetzten Gebieten, daß Einrichtungen geschlossen werden, die ihnen das tägliche Leben erleichterten (Krankenstationen, schulische Einrichtungen und karitative Organisationen). Das wiederum schwächt die legitime Autorität der PNA, die als Zwangssystem wahrgenommen wird.

Die Gefahr des Abgleitens in eine autoritäre Herrschaft

Die Klientelwirtschaft, wie es sie im Mittelmeerraum häufig gibt, ist für die Palästinenser im Exil gewissermaßen die normale Struktur geworden. In der PNA spielt sie jedoch eine weniger wichtige Rolle; die PNA vermittelt vor allem den Eindruck einer starken Personalisierung der Macht. Bei Ernennungen spielt in der Tat die Loyalität gegenüber Arafat eine größere Rolle als die Kompetenz. Einige palästinensische Politiker sehen darin ein mafia-ähnliches System. Sie werfen den Verantwortlichen in der PNA vor, beim Abschluß von Verträgen Provisionen zu kassieren, und sie kritisieren die mangelnde Transparenz bei der Verwendung der Gelder, die von der PLO oder von internationalen Fonds gezahlt werden. Im März 1995 erhob einer der Gründer der Fatah, Faruk Kaddumi, gegen Arafat selbst den Vorwurf, er habe Gelder der PLO sowie rund 450 Millionen Schekel, die die israelische Regierung der PNA als Ausgleich für die von palästinensischen Arbeitnehmern in Israel bezahlten Steuern überwiesen hatte, auf private Geheimkonten umgeleitet.

Gleichzeitig gingen führende palästinensische Politiker wie Mahmud Darwisch, Haidar Abdel Shafi und Hannan Ashrawi auf Distanz zur PNA. Da sie nach wie vor im Licht der internationalen Öffentlichkeit stehen, mußten sie im Gegensatz zu vielen anderen Oppositionellen keine Gewalt als Vergeltungsmaßnahme fürchten.

Repressalien trafen zuerst alle diejenigen, die mit Israel zusammengearbeitet hatten. Im Sommer 1994 wurden elf Menschen erschossen, drei starben unter der Folter. In einer zweiten Phase richteten sich die Vergeltungsmaßnahmen gegen die Hamas: Hunderte Hamas-Mitglieder wurden festgenommen. Darüber hinaus übte die PNA regelmäßig Druck auf die Presse aus. So wurde die (projordanische) Tageszeitung *El Nahar* in Gaza verboten und später wieder zugelassen, gleiches widerfuhr der Zeitung des islamischen Djihad, *Istiklal* (Unabhängigkeit). Alle Zeitungen, die berichteten, wieviele Demonstranten nach den Zusammenstößen am 18. November 1994 dem Protestaufruf der Hamas gefolgt waren (nach Schätzungen rund 300 000), wurden am Kontrollpunkt Eretz zwischen Israel und dem Gazastreifen beschlagnahmt. Palästinensische Journalisten, die für internationale Nachrichtenagenturen arbeiten, klagen darüber, daß sie von den Sicherheitskräften der PNA behindert würden, daß man ihnen häufig Filme abnehme und daß Journalisten einen Passierschein vorlegen müßten, um in den Gazastreifen zu gelangen. Die zur Überwachung der Wahlen im Januar 1996 entsandten ausländischen Beobachter berichteten über zahlreiche Schikanen gegen Journali-

Wahlen zum Palästinensischen Autonomierat
(20. Januar 1996)

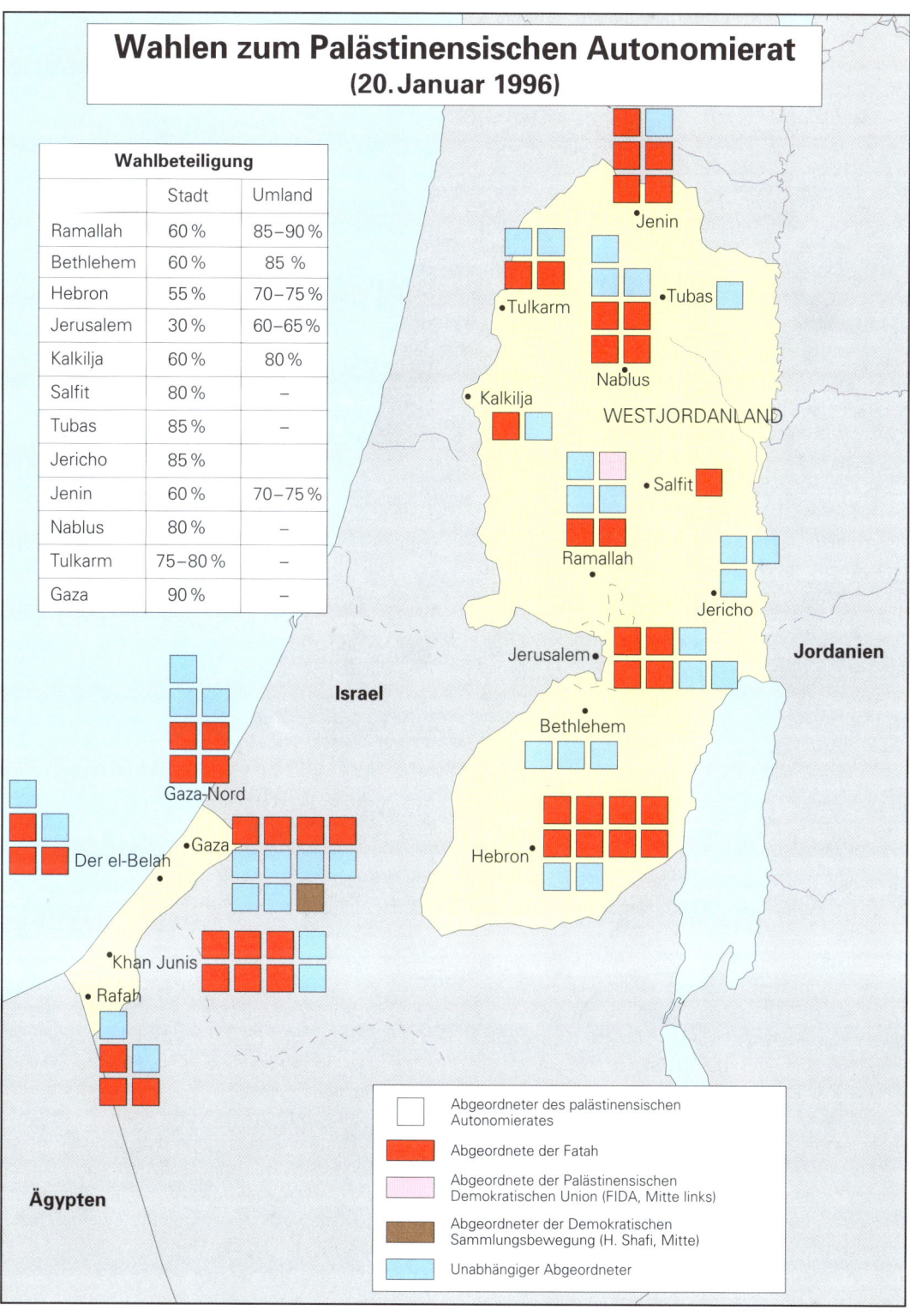

Wahlbeteiligung		
	Stadt	Umland
Ramallah	60 %	85–90 %
Bethlehem	60 %	85 %
Hebron	55 %	70–75 %
Jerusalem	30 %	60–65 %
Kalkilja	60 %	80 %
Salfit	80 %	–
Tubas	85 %	–
Jericho	85 %	
Jenin	60 %	70–75 %
Nablus	80 %	–
Tulkarm	75–80 %	–
Gaza	90 %	–

Jenin

Tulkarm · Tubas

Kalkilja

Nablus

WESTJORDANLAND

Salfit

Ramallah

Jericho

Israel

Jerusalem · Jordanien

Bethlehem

Gaza-Nord

Der el-Belah · Gaza

Hebron

· Khan Junis

· Rafah

Ägypten

Abgeordneter des palästinensischen Autonomierates

Abgeordnete der Fatah

Abgeordnete der Palästinensischen Demokratischen Union (FIDA, Mitte links)

Abgeordneter der Demokratischen Sammlungsbewegung (H. Shafi, Mitte)

Unabhängiger Abgeordneter

sten, bestätigten aber im übrigen die ordnungsgemäße Durchführung der Wahlen.

Die Gefahr, daß die PNA in eine autoritäre Herrschaft nach dem Muster Syriens abgleiten könnte, besteht durchaus, zumal es innerhalb der PNA so gut wie keine demokratischen Strukturen gibt. Die führenden Funktionsträger der Sicherheitskräfte wurden im Sudan, in Syrien oder im Irak ausgebildet, wo sie viele Jahre verbrachten. Während die israelische Verwaltung in juristischen Belangen sehr pedantisch verfährt (allerdings ist die Gesetzgebung oft so sibyllinisch, daß man Palästinensern ganz im Einklang mit den Gesetzen bestimmte Rechte verweigern kann), hat die PNA bis zum jetzigen Zeitpunkt keinerlei klare rechtliche Regelungen erlassen. Es gibt praktisch kein Recht und keine Zivilgerichte in den Autonomiegebieten. Im Februar 1995 nahm ein Militärgericht die Arbeit auf. Dort werden die Angeklagten bei Nacht abgeurteilt, ohne Anwalt und ohne gesetzliche Grundlage. Eine Anekdote macht deutlich, zu welchen Auswüchsen dies führen kann: Ragis Surani, Vorsitzender einer Menschenrechtsorganisation, berichtete, er habe einmal von der Verhaftung dreier junger Palästinenser erfahren. Daraufhin habe er ihnen zwei Anwälte geschickt, die sie verteidigen sollten. Die palästinensischen Polizisten, die sie festgenommen hatten, warfen ihnen vor, sie hätten einen Artikel eines »Gesetzbuches« verletzt, und legten dieses »Gesetzbuch« vor den Anwälten auf den Tisch – es handelte sich um die Lagerordnung des Flüchtlingslagers im Jemen, aus dem sie soeben eingetroffen waren. Die Menschenrechtsorganisation von Ragis Surani wurde im April 1995 in Gaza verboten. Hannan Ashrawi, die nach ihrem Bruch mit Yassir Arafat ebenfalls eine Menschenrechtsorganisation gegründet hat, sagte im Januar 1995 in Genf: »Das wichtigste interne Problem, dem sich die Palästinenser stellen müssen, ist die Errichtung eines Staates. Dazu müssen Rechtsgrundlagen und demokratische Strukturen geschaffen werden. [...] Zum gegenwärtigen Zeitpunkt gehen die Palästinenser nicht gut mit diesem Problem um. Die Politiker von der PLO sagen, es sei eine Frage des Geldes. Geld ist gewiß ein Faktor, aber nicht der einzige.«

Die zwischen der PNA und den israelischen Behörden entstandenen Verbindungen könnten die Gefahr des Abgleitens in ein autoritäres Regime noch verstärken. Für die Israelis hat die Sicherheit ihres Landes Priorität gegenüber den Fortschritten im Friedensprozeß, und sie haben objektiv ein Interesse daran, daß die Autonomiegebiete eine schlagkräftige Polizei bekommen, zumal sie von der PNA fordern, die islamistische Bedrohung zu beseitigen. Der diesbezügliche Druck auf die PNA hat sich nach den Selbstmordattentaten (60 Tote) im Februar/März 1996 verstärkt. Im übrigen haben die Israelis einen Großteil der palästinensischen Sicherheitskräfte ausgebildet, mit denen sie Tag für Tag zusammenarbeiten. Die israelische Regierung hält es zudem für einfacher, mit einem einzigen, starken Verhandlungspartner zusammenzuarbeiten statt mit einer kollektiven Behörde. Umgekehrt kann die PNA Übergriffe der palästinensischen Polizei mit dem Hinweis auf das wachsende israelische Sicherheitsbedürfnis rechtfertigen. Die Sicherheitskräfte sind hypertrophiert. Mittlerweile kontrollieren sechs verschiedene Organisationen die Menschen in den besetzten Gebieten.

Auf längere Sicht besteht die Gefahr einer »Milizionierung« der Autonomiegebiete. Um ein Gegengewicht gegen den bewaffneten Arm der Hamas, Assedin el-Kassam, zu schaffen, ließ Arafat die Miliz der Fatah, die Falken, wiederbewaffnen. Konflikte in den Autonomiegebieten werden seltener politisch und häufiger bewaffnet ausgetragen. Im Vorfeld der Wahlen zum Autonomierat, der parlamentarischen Vertretung, im Januar 1996 wurde allerdings eine Waffenruhe ausgehandelt und auch eingehalten, obwohl die Islamisten die Wahl boykottierten.

Aus Mangel an Alternativen hat die PLO eine starke Position

Von der Polarisierung der palästinensischen Politik mit der Hamas auf der einen und der Fatah auf der anderen Seite profitiert letztlich die Fatah. Selbst die ehemaligen Freunde Arafats, die ihm inzwischen besonders kritisch gegenüberstehen, waren Ende 1995 gezwungen, mit ihm zusammenzuarbeiten, weil sie andernfalls politisch marginalisiert worden wären. Der dritte Flügel, die linken Parteien, bieten bislang keine glaubhafte Alternative zu den beiden Polen Hamas und Fatah.

Nachdem die erste Begeisterung über die Rückkehr Arafats nach Palästina verflogen war, schadete sein umstrittener Führungsstil seiner Popularität ganz erheblich. Unterdessen trug das Klientelsystem allmählich Früchte. Viele Honoratioren hatten begriffen, daß sie ihre Macht am besten schützten, wenn sie sich dem starken Mann loyal erwiesen, und sie kooperierten mit Arafat. Zugleich erschien Arafat vielen Palästinensern als das beste Bollwerk gegen den islamischen Fundamentalismus, und sie ergriffen aus diesem Grunde für ihn Partei.

Angesichts dieser Entwicklung sieht es so aus, als tue sich eine Kluft auf zwischen durchschnittlichen Palästinensern und kritischen Intellektuellen, die Arafat besonders argwöhnisch gegenüberstehen. Ein beträchtlicher Teil der palästinensischen Intellektuellen ist allem Anschein nach in Defätismus verfallen. Sie kritisieren zwar Arafats Politik immer heftiger, waren aber bislang nicht in der Lage, brauchbare Alternativen zu entwickeln. Viele, die das nötige Geld haben, betätigen sich in der Wirtschaft und haben sich zumindest offiziell von der Politik abgewendet. Andere ließen sich als unabhängige Kandidaten in den Autonomierat wählen und bilden dort heute den harten Kern der Opposition innerhalb der Organisation. Denkfabriken der Opposition sind die Universität Bir Seit und das *Center for Palestinian Research Studies* (CPRS, Zentrum für Palästinaforschung) in Nablus.

Paradoxe Hoffnungen als Ergebnis der Wahlen

Einige Faktoren sprechen dafür, daß die PLO der Nutznießer der noch ungewissen Entwicklungen sein wird. Yassir Arafat hat durch den Urnengang politische Legitimität gewonnen, obschon das Wahlergebnis in Ermangelung eines Herausforderers von Format eher an stalinistische Verhältnisse denken läßt als an den Wahlausgang in einer westlichen Demokratie. Arafat ist widersprüchlichem Druck ausgesetzt, das schränkt seinen Handlungsspielraum ein, schwächt ihn politisch und hat ihn gezwungen, Reformen auf die Zeit nach den Wahlen zu vertagen. Das Wahlsystem mit der Vergabe von vier oder fünf Sitzen pro Wahlkreis sollte Arafat vor unliebsamen Überraschungen schützen: der Zersplitterung des Parlaments, wie bei Anwendung eines reinen Verhältniswahlrechts etwa nach israelischem Muster zu erwarten gewesen wäre, und einem Zweiparteienparlament als Folge einer Mehrheitswahl in Einerwahlkreisen, aus der die Islamisten als zweitstärkste Kraft und damit mächtige Opposition hervorgegangen wären. Das schließlich praktizierte Listenwahlsystem hatte den Vorteil, daß die Honoratioren, die in das Parlament einziehen wollten, auf die Gunst Arafats

angewiesen waren und damit nach der Wahl in seiner Schuld standen: Da sehr viel mehr Bewerber kandidierten, als Sitze zu vergeben waren (zehn Bewerber für jeden Sitz), konnten sich nur die vom Chef der Autonomiebehörde vorgestellten Spitzenkandidaten auf den Listen ihres Wahlsieges sicher sein. In Anbetracht der politischen Kräfteverhältnisse ging es bei der Wahl vom Januar 1996 daher weniger um die Mehrheit – der Sieg der Fatah stand von vornherein fest –, als um den zumindest teilweisen Wechsel der Amtsinhaber. Als eine Art Wandel unter Erhaltung der Stabilität kann die Wahl der Auftakt zu einer tiefgreifenden Reform des Umgangsstils der palästinensischen politischen Klasse werden. Tatsächlich hat es die Wahl Arafat ermöglicht, sich auf durch und durch demokratischem Weg jener Führungskräfte aus dem PLO-Hauptquartier in Tunis zu entledigen, die Reformen im Interesse des Aufbaus funktionsfähiger staatlicher Strukturen besonders ablehnend gegenüberstanden. Überdies brachten die Wahlen den Intellektuellen und den traditionellen Honoratioren eine institutionelle Verankerung, und von den in Israel und in den besetzten Gebieten lebenden Palästinensern sind diese beiden Gruppen am ehesten in der Lage, die Errichtung eines Rechtsstaates, der von der Bevölkerung akzeptiert wird, zu bewerkstelligen.

Trotz dieser hoffnungsvollen Anzeichen und obwohl die palästinensische Gesellschaft ein besonders hohes politisches Bewußtsein besitzt, ist nicht gewiß, ob sie ein in der arabischen Welt sehr verbreitetes politisches Problem meistern wird: die Gefahr der Dominanz eines charismatischen Führers, der sich auf einen bestimmten Clan stützt. Die Herrschaft über den Staat ist dann häufig nichts anderes als der Ausdruck der Tatsache, daß ein Clan (eine Familie, eine Religionsgemeinschaft oder eine politische Gruppierung) die Macht, den Reichtum und das Gewaltmonopol an sich gerissen hat. In einem solchen politischen System gilt jeder Machtwechsel als totaler Bruch mit der bestehenden Ordnung, und die politische Opposition ist ein Feind, der um jeden Preis vernichtet werden muß.

Die meisten palästinensischen Führungskräfte und Intellektuellen aber wollen eine Demokratie nach dem Vorbild des jüdischen Staates errichten, den die Palästinenser zwar überwiegend hassen, an dem sie sich jedoch gleichwohl in politisch-organisatorischer Hinsicht orientieren. Wenn die PLO nicht zu inneren Reformen in der Lage ist, wird die palästinensische Gesellschaft implodieren.

Was will die Hamas?

Der Aufstieg der Hamas

Die Hamas, Abkürzung für *Harakat el-Mukawama el-Muslima*, die islamische Widerstandsbewegung, ist aus der islamischen Bewegung der Muslimbruderschaft hervorgegangen. Die Muslimbruderschaft entstand in der Zeit zwischen den beiden Weltkriegen in Ägypten und breitete sich in den achtziger Jahren in den besetzten Gebieten aus. Ihre Aktivitäten beschränkten sich zunächst auf die religiöse Mobilisierung der palästinensischen Gesellschaft durch ein Netz unterschiedlicher Einrichtungen (Moscheen, Kindergärten, Krankenstationen). Im Gazastreifen ist die Muslimbruderschaft sehr präsent. Dort profitiert sie vom Einfluß ihres Anführers Scheich Ahmad Yassin. Eine weniger große Rolle spielt sie im Westjordanland, dessen religiöse Strukturen nach wie vor von Jordanien dominiert werden.

Als der islamische Djihad die Intifada auslöste, sahen sich die Muslimbrüder vor die Entscheidung gestellt, entweder weiterhin politisch stillzuhalten oder sich an dem Aufstand zu beteiligen. Bis dahin waren die Muslimbrüder von den Israelis kaum behelligt worden, denn in den Augen der Israelis waren sie eine religiöse Bewegung, die die Palästinenser eher von politischen Kämpfen ablenkte. Dieses bedingte Wohlwollen erlaubte es den Muslimbrüdern, ihren Einfluß auszudehnen, stürzte die Islamisten aber in Konflikte. Sie mußten sich der israelischen Unterdrückung widersetzen, wollten sie nicht Gefahr laufen, durch ihre Zurückhaltung ihre Legitimität in der palästinensischen Gesellschaft zu verlieren. Einige Monate lang glaubten die Islamisten, sie könnten zwei Eisen im Feuer halten. Ende 1987 beschlossen sie, eine Organisation eigens zur Unterstützung der Intifada ins Leben zu rufen: die Hamas. Auf diese Weise hofften sie, die begünstigte Stellung der Muslimbrüder erhalten zu können. Doch in den letzten Monaten des Jahres 1988 zogen sämtliche in der Muslimbruderschaft gebündelten Kräfte unter dem Banner der Hamas gegen die Israelis zu Felde, und seit Februar 1989 ist die Hamas eine terroristische Organisation. Um den Eindruck zu erwecken, es handle sich um den Kampf einer Armee gegen eine andere, griff die Hamas bevorzugt militärische

Ziele an: Soldaten töteten andere Soldaten, keine Zivilisten. In den Augen der Hamas stellte sie damit ihre moralische Überlegenheit gegenüber den Israelis unter Beweis, die gegen palästinensische Zivilisten vorgingen. Die Verhaftung von Scheich Yassin, seine Verurteilung zu einer lebenslangen Freiheitsstrafe und die Verhaftung Hunderter führender Hamas-Mitglieder demonstrierten den Kurswechsel der Israelis im Umgang mit der Hamas, die sie künftig als terroristische Organisation betrachteten. Nachdem Israel lange Zeit geglaubt hatte, durch die Förderung der Muslimbrüder die PLO schwächen zu können, bemühte es sich nun um eine Annäherung an die PLO-Zentrale, um die Ausbreitung des islamischen Fundamentalismus zu verhindern. Die Hamas setzte sich binnen kurzem an die Spitze der Aufstandsbewegung, und es gelang ihr, Bastionen zu besetzen, die die PLO nicht kontrollierte. Die PLO-Zentrale war von 1983 bis 1988 in erster Linie bemüht gewesen, internationale Glaubwürdigkeit zu gewinnen. Dementsprechend hatte sie ihre Aktivitäten auf internationale Bereiche konzentriert mit der Folge, daß in der Mobilisierung vor Ort ein Vakuum entstanden war, das die Islamisten nun bereitwillig ausfüllten. Darüber hinaus profitierte die Hamas von den Rückschlägen der PLO, deren politische Konzessionen (etwa die *de-facto*-Anerkennung von Israel 1988) noch zu keinen entsprechenden Zugeständnissen der Gegenseite geführt hatte. Die Intifada brachte der PLO zwar wieder Auftrieb, doch in der Bevölkerung setzte sich gleichwohl der Eindruck durch, die PLO laufe den Ereignissen lediglich hinterher. Daß Arafat im Golfkrieg (1990–1991) Saddam Hussein unterstützte, machte ihn in den Augen der Palästinenser wieder glaubwürdiger, denn die überwältigende Mehrheit der Palästinenser stand auf der Seite des irakischen Regimes. Die Popularität der Hamas blieb jedoch ungebrochen, zumal sie der PLO bei ihrem pro-irakischen Kurs zuvorgekommen war.

Der Aufschwung der Hamas wurde durch die Eröffnung der Friedenskonferenz von Madrid im Jahr 1991 vorübergehend gebremst, doch als die Gespräche ins Stocken gerieten, bekamen die Islamisten, die sich als entschlossene Feinde Israels präsentier-

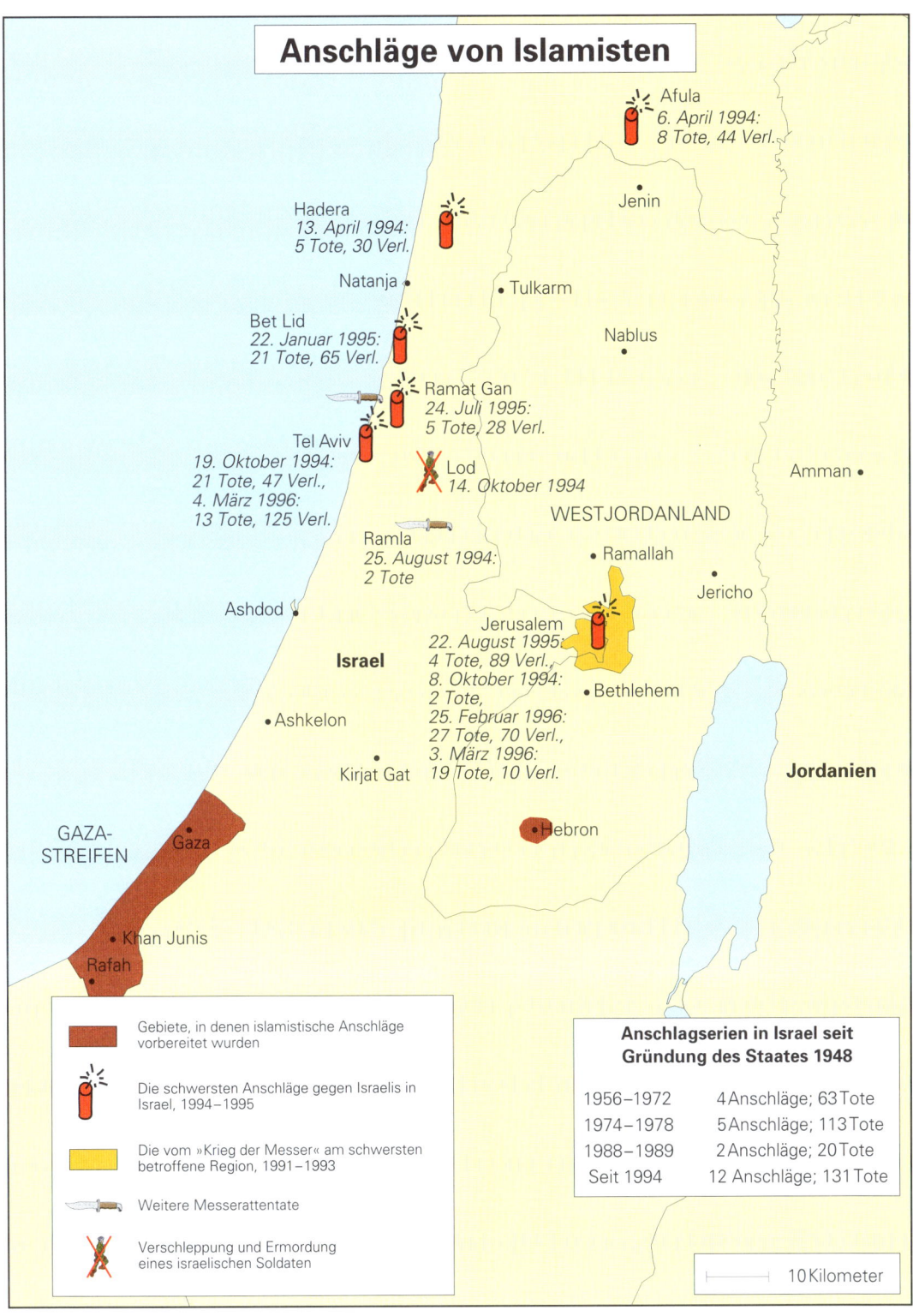

Anschläge von Islamisten

Afula
6. April 1994:
8 Tote, 44 Verl.

Jenin

Hadera
13. April 1994:
5 Tote, 30 Verl.

Natanja •

• Tulkarm

Nablus

Bet Lid
22. Januar 1995:
21 Tote, 65 Verl.

Ramat Gan
24. Juli 1995:
5 Tote, 28 Verl.

Tel Aviv
19. Oktober 1994:
21 Tote, 47 Verl.,
4. März 1996:
13 Tote, 125 Verl.

Lod
14. Oktober 1994

WESTJORDANLAND

Ramla
25. August 1994:
2 Tote

Amman •

• Ramallah

Jericho •

Ashdod •

Israel

Jerusalem
22. August 1995:
4 Tote, 89 Verl.
8. Oktober 1994:
2 Tote,
25. Februar 1996:
27 Tote, 70 Verl.,
3. März 1996:
19 Tote, 10 Verl.

• Bethlehem

Jordanien

• Ashkelon

Kirjat Gat •

• Hebron

GAZA-
STREIFEN

Gaza

• Khan Junis

Rafah

Gebiete, in denen islamistische Anschläge
vorbereitet wurden

Die schwersten Anschläge gegen Israelis in
Israel, 1994–1995

Die vom »Krieg der Messer« am schwersten
betroffene Region, 1991–1993

Weitere Messerattentate

Verschleppung und Ermordung
eines israelischen Soldaten

**Anschlagserien in Israel seit
Gründung des Staates 1948**

1956–1972	4 Anschläge;	63 Tote
1974–1978	5 Anschläge;	113 Tote
1988–1989	2 Anschläge;	20 Tote
Seit 1994	12 Anschläge;	131 Tote

10 Kilometer

ten, erneut Zulauf. Im Dezember 1992 verbannte Israel als Reaktion auf die Entführung und Ermordung eines israelischen Soldaten 413 Islamisten in den Südlibanon, die daraufhin dort in Kontakt mit der Hisbollah traten und sich im Umgang mit Sprengsätzen übten. Die Deportation erlaubte es der Hamas, als Märtyrer aufzutreten, aber sie hatte zugleich eine Schwächung ihrer Strukturen und Einschränkung ihrer Handlungsmöglichkeiten im sozialen und organisatorischen Bereich zur Folge.

Das Autonomieabkommen von Oslo hatte auf die Popularität der Hamas ähnliche Auswirkungen wie die Eröffnung der Konferenz von Madrid. Nachdem die erste Verblüffung und die überschwengliche Begeisterung über den Einzug Arafats in Gaza verflogen waren, spekulierte die Hamas darauf, daß der Vorsitzende des Autonomierates scheitern würde. Die Hamas sah in dem Friedensprozeß von Anfang an eine Falle und warf Israel vor, die Palästinenser in einem kleinen Teil Palästinas einsperren zu wollen. Unter Hinweis auf verschiedene Rückschläge, insbesondere die bis 1995 vergeblichen Bemühungen der Palästinensischen Autonomiebehörde, den weiteren Ausbau der jüdischen Siedlungen zu stoppen, stellte die Hamas Arafat als einen Mann dar, dessen Zeit vorüber und der eine Marionette der Israelis geworden sei. Der Anschlag eines jüdischen Fanatikers auf betende Muslime am Grab des Patriarchen in Hebron kam ihr ganz besonders gelegen. Zum einen fielen die Schüsse an einer heiligen Stätte, so konnte sie laut über gotteslästerlichen Frevel klagen und in der Rolle der einzig rechtmäßigen Verteidigerin des Islam auftreten. Zum zweiten wurde nach dem Attentat aus Sicherheitsgründen der den Muslimen für Gebete vorbehaltene Raum zugunsten des Raumes der Juden verkleinert. Schließlich starben während der zweimonatigen Ausgangssperre, die im Anschluß an das Massaker von den Israelis verhängt wurde, mehr Menschen als bei dem Anschlag selbst, und jeder Tote war für die Hamas ein weiterer Märtyrer.

Angesichts der Zusammenarbeit zwischen der Palästinensischen Autonomiebehörde und Israel nahm die Hamas für sich in Anspruch, als einzige Organisation die Rechte der Palästinenser in den besetzten Gebieten gegen den Judenstaat, aber auch gegen die Leute Arafats zu verteidigen, die aus Tunis kamen.

Verschiedene Strömungen innerhalb der Hamas

Da die Hamas das Image der Widerstandsbewegung kultiviert, haben sich ihr viele Palästinenser angeschlossen, die den Friedensprozeß ablehnen. Dadurch hat sie Rückhalt in ganz verschiedenen Gruppen der Bevölkerung gefunden. Zu Anfang wurde sie vor allem von frommen, der Gewalt abgeneigten Männern unterstützt, doch bildete sich schon bald ein harter Kern militanter Islamisten heraus, die zu allem entschlossen waren. Zu ihnen gesellten sich viele von der PLO enttäuschte Palästinenser. Die meisten waren keine gläubigen Muslime und kamen nicht aus religiösen Gründen zur Hamas, sondern weil sie in ihr die einzige glaubwürdige Alternative zu Arafat sahen. Sollte Arafat scheitern, könnten auch die Ränder der palästinensischen Gesellschaft in Bewegung geraten: Traditionell stehen sie der PLO nahe, doch hegen sie eine gewisse Sympathie für die Hamas, vor allem deshalb, weil die Islamisten in sozialer Hinsicht konservative Positionen vertreten. Zu den Anhängern der Hamas zählen sogar viele Christen aus dem Gazastreifen. Sie stehen auf der Seite der Hamas, weil sie eine rigorose soziale und moralische Ordnung vertritt, während Arafat in ihren Augen ein gefährlicher Abenteurer ist.

In der Hamas sind unterschiedliche politische Einstellungen versammelt, und sie ist intern in rivalisierende Strömungen gespalten. Die wichtigsten sind der aus der Muslimbruderschaft hervorgegangene historische Arm und der militärische Arm. Der historische Arm wird früher oder später offen mit der PLO und auch direkt mit den Israelis verhandeln müssen. Die Theoretiker der Hamas vertreten im Vergleich zum militärischen Arm Issedin el-Kassem gemäßigte Positionen. Die terroristischen Gruppen, die sich vom militärischen Arm abgespalten haben, bestehen nahezu ausschließlich aus jungen Leuten, für die es als individuelles wie als kollektives Anliegen nichts Wichtigeres gibt als den Kampf für das Vaterland. Die Religion folgt dabei erst an zweiter Stelle, das politische Schicksal der palästinensischen Führer an dritter. Diese jungen Extremisten sind *a priori* zu keinerlei Kompromiß bereit.

Die Verlockung der Macht

Die Haltung der Hamas zu den Wahlen im Januar 1996 zeigte deutlich ihr Dilemma. Wenn sie sich an der palästinensischen Autonomieverwaltung beteiligt, läuft sie Gefahr, bei den radikalen Teilen ihrer Basis an Glaubwürdigkeit zu verlieren. Wenn sie systematisch Opposition betreibt, riskiert sie, aus dem politischen Prozeß ausgeschlossen zu werden. Die politische Führung der Hamas entschied sich für einen Mittelweg zwischen diesen beiden Extremen, weil sie darauf spekulierte, daß Arafat und seine Leute langfristig scheitern würden.

Arafat verfolgte gegenüber der Hamas die Strategie von Zuckerbrot und Peitsche. 1993 verhielt er sich eine Zeitlang abwartend, ab 1994 bezog er eine klare Gegenposition und ließ viele militante Islamisten verhaften. Im März 1996, nachdem militante Hamas-Anhänger eine Serie von Anschlägen verübt hatten, verfügte er auf Druck der israelischen Regierung die Verhaftung der bekanntesten Hamas-Kämpfer. Mit mehr oder weniger offener Unterstützung der israelischen Sicherheitskräfte wurden zahlreiche Einschüchterungskampagnen und regelrechte Menschenjagden veranstaltet. Die Unterdrückungsmaßnahmen gegenüber der militanten Basis hatten hauptsächlich zum Ziel, die Hamas-Führung zu Zugeständnissen zu bewegen. Die Hamas versuchte, Arafats Repressalien dadurch zu unterlaufen, daß sie jeden ermorden ließ, der im Verdacht stand, ein Informant der Sicherheitskräfte zu sein. Gleichzeitig verstärkte sie die Gewalt gegen die Israelis, indem sie Anschläge gegen israelische Zivilisten im Kernland organisierte, unterstützte oder zumindest die Verantwortung für sie übernahm. Um zu zeigen, daß sie von der Verfolgung durch die Israelis letztlich nur politisch profitierte, organisierte sie trotz Zensur und Ausgangssperre am 18. November 1994 eine Massenkundgebung in Gaza. Diese Demonstration der Stärke war jedoch der Höhepunkt des Einflusses der Hamas. In den darauffolgenden Monaten verschanzte sie sich hinter extremen Positionen, die ihr schadeten.

Da die Hamas sich als einzige Alternative zu Arafat verstand, schlug sie den Kurs der entschlossenen Opposition zum Friedensprozeß ein, ungeachtet möglicher Vorteile, die der Frieden für die Palästinenser haben könnte. Hamas-Kämpfer legten Zeitbomben oder begingen Selbstmordattentate, bei denen die Täter sich mit ihrer Bombe selbst in die Luft sprengten. Nach jedem derartigen Attentat riegelte Israel die besetzten Gebiete ab und hinderte somit die Tagelöhner, nach Israel zur Arbeit zu kommen. Die wiederholten Abriegelungen und die häufig damit verbundenen Ausgangssperren brachten einen Teil der Palästinenser gegen die Hamas auf.

Zu diesem Verlust an Unterstützung kam im Verlauf des Jahres 1995 noch die zunehmende Effektivität der palästinensischen Sicherheitskräfte, und es wuchs der Druck auf die Hamas, zu kooperieren. Die israelische Regierung machte die Palästinensische Autonomiebehörde für die Überwachung der Terroristen in ihrem Einflußbereich verantwortlich, und Arafat rang der Hamas das Zugeständnis ab, von den palästinensischen Autonomiegebieten aus keine Anschläge auf Israel durchzuführen. Dieser Kompromiß verringerte den Rückhalt der Hamas weiter. Die islamistische Bewegung erkannte damit *de facto* an, daß Arafat über die Mittel verfügte, ihr seine Positionen aufzuzwingen, und umgekehrt entlastete sie den Präsidenten der Palästinensischen Autonomiebehörde von der Verantwortung für die Leiden der Palästinenser, für die jede Abriegelung der palästinensischen Gebiete nach einem Attentat Einkommensverluste bedeutete.

Im Anschluß an dieses erste Abkommen wurden weitere Gespräche zwischen der Hamas und den Männern um Arafat über die Aufteilung der Macht geführt. Obgleich die Gespräche geheim waren, machten sie die gegensätzliche Strömungen innerhalb der islamistischen Widerstandsbewegung offenkundig. Wie kann die Bewegung die Beteiligung an einer von Israel unterstützten palästinensischen Regierung in Erwägung ziehen, wenn ihre ganze Rhetorik in Anlehnung an Argumente der palästinensischen Terrorbewegungen der siebziger Jahre darum kreist, die Existenzberechtigung des Judenstaates zu negieren? Der »historische« Arm der Hamas forderte einen Anteil von 40 Prozent an den Parlamentssitzen. Im Jahr 1994 entsprach das vielleicht der öffentlichen Meinung zumindest im Gazastreifen, doch für das Jahr 1995 war es eindeutig zu hoch gegriffen. Es folgten monatelange Verhandlungen, Diskussionen innerhalb der Hamas und Druck auf die Kämpfer und die politische Führung der Hamas, bisweilen auch mit physischen Mitteln. Im Oktober 1995 schloß die PNA dann eine Vereinbarung mit der Hamas, worin die Islamisten sich bereit erklärten, den Weg durch die Institutionen zu nehmen und sich an den Wahlen im Januar 1996 zu beteiligen. Allerdings enthielten die Abkommen zwischen Arafat und der

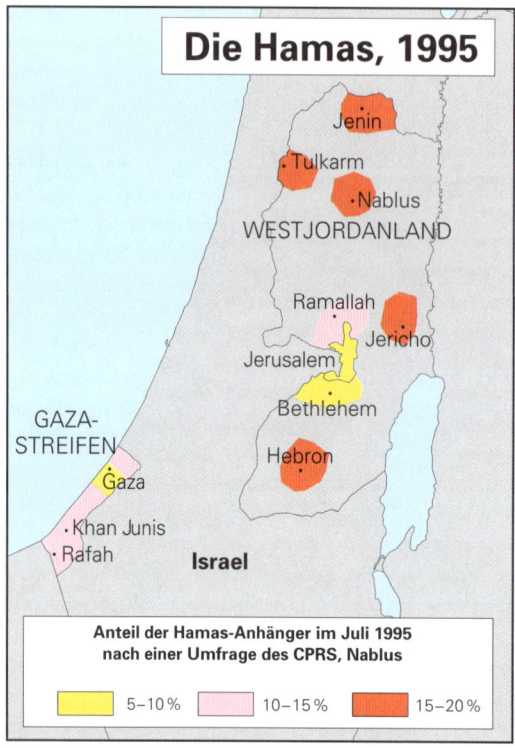

Die Hamas, 1995

Jenin
· Tulkarm
· Nablus
WESTJORDANLAND

Ramallah
· Jericho
Jerusalem
Bethlehem
Hebron

GAZA-
STREIFEN
· Gaza
· Khan Junis
· Rafah

Israel

**Anteil der Hamas-Anhänger im Juli 1995
nach einer Umfrage des CPRS, Nablus**

5–10 %   10–15 %   15–20 %

israelischen Regierung den Passus, daß kein Abgeordneter in den Autonomierat einziehen dürfe, der die Zerstörung Israels fordere. Die Hamas entschied sich schließlich dafür, für die Wahl des Vorsitzenden des Autonomierates keinen Kandidaten aufzustellen. Sie mußte befürchten, daß ihr tatsächliches Ergebnis nicht wesentlich anders ausfallen würde als die Umfragen vom November 1995, die für Scheich Yassin, der als prominente Führungspersönlichkeit ins Rennen geschickt werden sollte, einen Stimmenanteil von nur 10 bis 15 Prozent ergeben hatten. Für die Wahlen zum Autonomierat konnten sich die verschiedenen Flügel der Hamas nicht auf eine gemeinsame Linie einigen. Die Hamas ahnte, daß die Beteiligung bei dieser ersten Wahl in der Geschichte der Palästinenser hoch sein würde, und rief darum nicht offen zum Boykott auf, übte aber Druck auf die islamistischen Kandidaten aus, ihre Kandidatur zurückzuziehen. Die daraus resultierende Verwirrung schadete den Kandidaten, und sie zogen, obschon Mitglieder der Hamas, als unabhängige Bewerber in den Wahlkampf.

Die Unentschlossenheit der Hamas könnte radikaleren Bewegungen wie dem Islamischen Djihad

zugute kommen. Hamas und Djihad konkurrieren um dasselbe Segment der Wählerschaft und darum, wer von beiden mehr »Märtyrer« vorweisen kann. Eine solche makabre gegenseitige Aufrechnung kennzeichnete bereits die Auseinandersetzungen rivalisierender Clans während des Bürgerkriegs im Libanon. Im Gazastreifen konnte die Hamas den Djihad zwischen 1988 und 1995 weitgehend ausschalten, weil sie ihren Einfluß über das karitative Netzwerk der Muslimbruderschaft ausübte. Dieser Vorteil wird in dem Maße schwinden, wie es der Palästinensischen Autonomiebehörde gelingt, das Sozial- und Bildungssystem in den Griff zu bekommen.

Hin und her gerissen zwischen der Verlockung der Macht und ideologischer Kompromißlosigkeit, hat die Hamas vielleicht die Gelegenheit verpaßt, die Wahlen ihr geboten hätten. Die Furcht vor einem islamistischen Regime hat viele angesehene Mitglieder in die Arme Arafats getrieben. Die Israelis ihrerseits machten jedesmal Zugeständnisse, wenn der Palästinenserführer sich in einer kritischen Situation befand, wie besonders am Vorabend der Wahlen im Januar 1996, und ermöglichten ihm so, der palästinensischen Bevölkerung Erfolge zu präsentieren: So zog sich die israelische Armee unmittelbar vor den Wahlen aus Palästinensergebieten zurück, und dadurch wurde für drei Viertel der Palästinenser die israelische Militärverwaltung beendet.

Dennoch ist die Zeit der Hamas noch nicht abgelaufen. Aller Wahrscheinlichkeit nach wird sie versuchen, zwei Eisen im Feuer zu behalten und ihre Ziele auf parlamentarischem Weg wie mit terroristischen Mitteln weiter zu verfolgen. Im übrigen hat die Hamas über arabische Israelis als Mittelsmänner selbst Kontakte zu Israel geknüpft. Die Hamas findet die Unterstützung vieler arabischer Israelis, die sich doppelt ausgeschlossen fühlen: zum einen vom Wohlstand der jüdischen Israelis, zum anderen vom politischen Leben der Palästinenser. Die israelische Gemeinde Um el-Fakhm in Galiläa ist in die Verwaltung der Islamisten übergegangen. Ihre politischen Führer wirken als offizielle Vermittler zwischen der israelischen Regierung und der Hamas, ihre relativ gemäßigten Positionen könnten die islamistische Bewegung zu einer neuen Haltung bringen. Die Wiederaufnahme der Anschläge im Februar 1996 nach siebenmonatigem Waffenstillstand deutet allerdings in eine andere Richtung. Es muß entweder mit einer Spaltung der islamistischen Bewegung oder mit einer Radikalisierung gerechnet werden.

Die jungen Palästinenser:
Welche soziale Normalität?

Wenn ein junges palästinensisches Paar aus der Gegend um Jerusalem Arm in Arm spazierengehen will, ohne mißbilligende Blicke der Passanten auf sich zu ziehen, fährt es nach Ost-Jerusalem. Dieses Beispiel illustriert anschaulich den Grad der sozialen Kontrolle innerhalb der palästinensischen Gesellschaft.

Die palästinensische Gesellschaft besitzt alle für Gesellschaften im Mittelmeerraum typischen Merkmale: Sie ist konservativ und von starken patrilinearen Bindungen und einer strengen sozialen Hierarchie geprägt. Mittelpunkt der Familie ist der Vater, der über seine Söhne herrscht. Die älteren Söhne herrschen über die jüngeren, der Mann herrscht über die Frau. Daß man sich dieser Hierarchie unterwirft, gebietet die »Achtung«.

Die *Schebab*, »die Jungen«, machen die große Mehrheit innerhalb der palästinensischen Gesellschaft aus. Die Hälfte der Palästinenser sind jünger als 18 Jahre, sie kennen nur das Leben unter israelischer Besatzung. Die Jungen sind die weitaus aktivsten Kämpfer der Intifada und mißtrauen jeglicher Autorität. In der palästinensischen Gesellschaft mit ihren in vielen Bereichen konservativen Strukturen finden sie keinen rechten Platz. Sie stellen eine unberechenbare, für terroristische Bewegungen anfällige Bevölkerungsgruppe dar.

Die Intifada: Das Gebiet der Jungen und der Frauen

Die Intifada ist nicht nur ein Aufstand gegen die Besetzung und Beherrschung durch eine fremde Macht. Für die Jungen, die Frauen und die Unterschichten bietet sie auch Gelegenheit, ein wenig an den Strukturen einer Gesellschaft zu rütteln, die sie zu einem Dasein am unteren Ende der sozialen Hierarchie be-

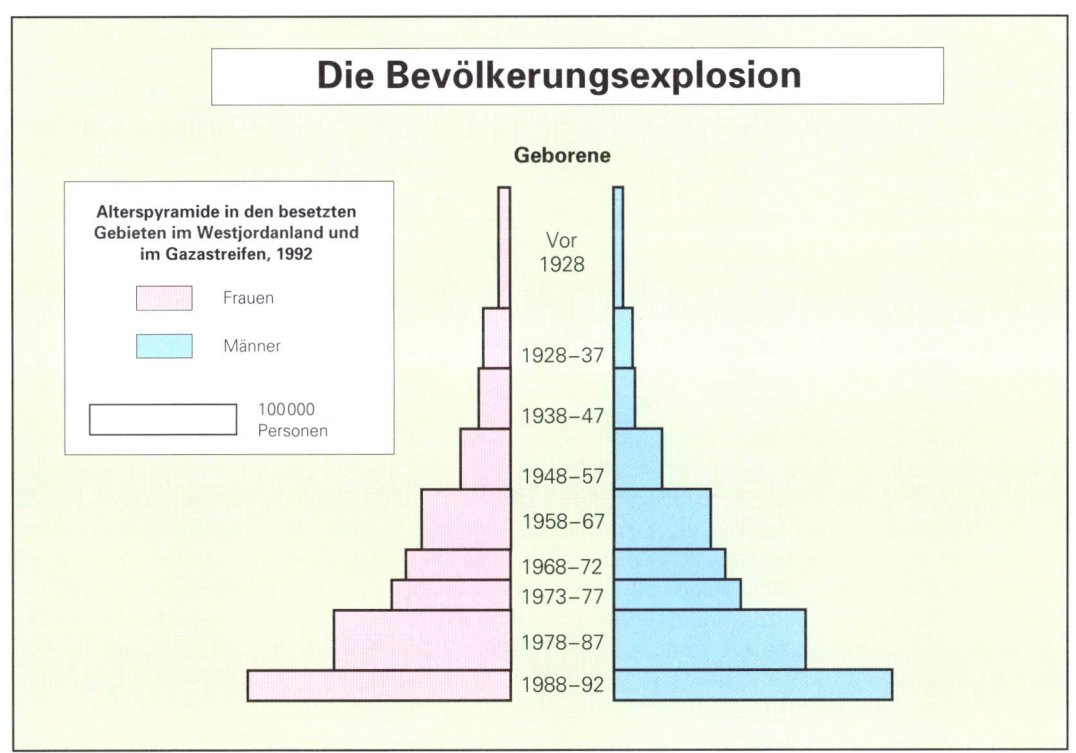

Die Bevölkerungsexplosion

Geborene

Alterspyramide in den besetzten Gebieten im Westjordanland und im Gazastreifen, 1992

Frauen

Männer

100000 Personen

Vor 1928
1928–37
1938–47
1948–57
1958–67
1968–72
1973–77
1978–87
1988–92

stimmt hat. Indem die jungen Leute aus den armen Familien und den Lagern auf die Straße gehen und gegen israelische Soldaten kämpfen, schieben sie die Älteren beiseite und führen ihnen den Bankrott ihrer Ideologien vor. Die Väter der *Schebab*, die der Generation der über Vierzigjährigen angehören, stehen in der Regel dem gemäßigten Flügel der PLO nahe. Die »älteren Brüder«, die Dreißig- bis Vierzigjährigen, fühlen sich eher den linken Bewegungen wie der DFLP und der PFLP verbunden.

Am stärksten hat die Intifada jedoch die Legitimität der zumeist pro-jordanischen lokalen Honoratioren beschädigt. Während der gesamten Intifada führten die *Schebab* die direkte Auseinandersetzung mit der Besatzungsmacht, während die traditionellen politischen Kräfte tatenlos zusahen. Dies hatte den Nebeneffekt, daß das Gewicht der Jungen innerhalb der palästinensischen Gesellschaft größer wurde und sie aus der Position der Beherrschten heraustraten. Während die Väter und die Mitglieder der Honoratiorenfamilien zu Hause blieben und die »Hitzköpfe« insgeheim verwünschten, erlangten die jungen Leute aus der Unterschicht ein soziales Ansehen, das sie unter normalen Umständen nie gewonnen hätten. Sie ergriffen innerhalb der Familie und vor lokalen Respektspersonen das Wort und wurden zunehmend ernst genommen. So wurde der Kampf gegen die Besatzungsmacht für die jungen Leute zum Vehikel ihrer gesellschaftlichen Emanzipation.

Die Palästinenserinnen spielten bei der Intifada ebenfalls eine wichtige Rolle und traten damit in den besetzten Gebieten erstmals öffentlich in Erscheinung. Zu Beginn der Intifada kämpften auf palästinensischer Seite Frauen und Männer Seite an Seite, und oft standen die Mütter in der vordersten Reihe, um die israelischen Soldaten an Gewalttaten zu hindern. Für viele Frauen war eine den Männern ebenbürtige oder noch aktivere Rolle ein Mittel, ihren Platz in der palästinensischen Gesellschaft zu behaupten, die unmittelbar vor Ausbruch der Intifada als Folge des wirtschaftlichen Niedergangs Mitte der achtziger Jahre von einer Welle des Konservatismus erfaßt worden war. Die Frauen kämpften gegen israelische Soldaten, bauten Widerstandszellen auf, wurden vom Inlandsgeheimdienst Shin Bet verhaftet, organisierten Frauenkomitees und richteten neue Schulen ein, an denen die Kinder nach Schließung ihrer Schulen durch die Israelis weiter unterrichtet werden konnten. So konnten sie sich einen

sozialen Status verschaffen, der bisher Männern vorbehalten gewesen war. Sie waren aktiv wie die Männer und den gleichen Repressionen ausgesetzt, eroberten sich damit aber auch neue Rechte. Sie wurden ins Gefängnis geworfen wie ihre Männer und Brüder, nahmen sich nun aber auch das Recht, Leichenzügen bis zum Friedhof zu folgen, was den Frauen im Islam traditionell verboten ist.

Das Ende der Intifada und das Verlöschen der sozialen Reformbewegung

Die jungen Leute stellten zum Teil die alten gesellschaftlichen Bindungen in Frage und versuchten, neue, für sie adäquate Bindungen zu knüpfen. Da das israelische Militärrecht jegliche öffentliche Versammlung untersagte, um Demonstrationen zu verhindern, trafen sie sich bei folkoristischen Veranstaltungen. Die traditionellen Tänze zu tanzen wurde zum Symbol des Widerstands.

In dem Maße, wie die Intifada an Kraft einbüßte, verloren auch die neuen Strukturen wieder an Bedeutung, und der Straßenkampf rückte in den Vordergrund. Die jungen Palästinenser zahlten einen hohen Preis: Hunderttausende wurden verhaftet, 1200 Menschen starben, Tausende erlitten Verletzungen, viele werden ihr Leben lang behindert sein (im Jahr 1988 befahl der damalige Verteidigungsminister Rabin seinen Soldaten, Aufrührern Arme und Beine zu brechen).

Die aufgebrachte und geschundene Jugend wurde indes um ihren Sieg gebracht. In »militärischer« Hinsicht ist die Intifada gescheitert. In politischer Hinsicht profitierten davon die traditionellen Eliten und die Männer im PLO-Hauptquartier in Tunis. In sozialer Hinsicht mußten die jungen Leute wieder in den Hintergrund zurücktreten. Die Veränderungen der palästinensischen Gesellschaft durch die Intifada erwiesen sich als weder tiefgreifend noch beständig.

Die jungen Leute sind in ihrer Enttäuschung über das Scheitern der Intifada, ihrer einzigen Hoffnung auf Befreiung, heute leicht durch die Rhetorik der islamistischen Parteien verführbar, die Erfüllung und Zukunft versprechen und scheinbar für alles eine Lösung anzubieten haben. Die Parteien beuten die politische Ratlosigkeit der Jugendlichen und ihre Verzweiflung angesichts der starren und unbeweglichen gesellschaftlichen Verhältnisse aus. Allerdings müssen sie auch die unangenehme Erfahrung machen, daß diese jungen Leute, die mittlerweile jede Autorität ablehnen und keinen Respekt mehr vor irgendwelchen Vaterfiguren haben, oft genug gar nicht zu lenken sind.

Für die meisten Palästinenserinnen bedeutete das Ende der Intifada die Rückkehr an den heimischen Herd. Mit zunehmender Institutionalisierung ihrer Vereinigungen wuchs der Einfluß bürgerlicher intellektueller Frauen. Die neuen Führerinnen lösten sich rasch von ihrer Basis und richteten ihr Hauptaugenmerk auf internationale Anerkennung.

Die doppelte Enttäuschung – der Kampf gegen die Besatzungsmacht blieb ebenso erfolglos wie der Kampf für soziale Veränderungen – trieb viele zu selbstmörderischen Aktionen gegen die Israelis. Die Zahl der Selbstmordattentate ist seit 1993 rapide angestiegen; während der Intifada gab es keinen einzigen solchen Anschlag. Die jungen Kämpfer aus dem »Krieg der Steine« werfen den palästinensischen Eliten Verrat und Kollaboration mit dem Feind vor.

Welche gesellschaftliche Normalität im Frieden?

Während der Intifada galt es als unmoralisch, sich zu amüsieren, solange andere Menschen ihre Toten beklagten oder im Gefängnis saßen. Alle Orte, an denen man die Freizeit verbringen und sich entspannen konnte, wurden nach und nach geschlossen, die Islamisten geißelten sie später als Stätten der Verdammnis. Je länger die Intifada dauerte und je mehr sie an Schwung verlor, desto mehr versank die Gesellschaft in Freudlosigkeit und Erstarrung. Alkohol wurde knapp, es wurde immer weniger gefeiert, immer mehr Frauen trugen den Schleier.

Nach dem Ende der Intifada zogen sich die erschöpften Menschen in die private Sphäre zurück und konzentrierten sich auf ihre Familien. Der seit 1985 spürbare konservative Schub verstärkte sich nach 1991, und es besteht die Gefahr sozialer Lähmung und Apathie. Die palästinensische Gesellschaft könnte sich in die gleiche Richtung entwickeln wie die traditionelleren arabischen Gesellschaften. Die konservative Revolution hat breite Bevölkerungsschichten erfaßt und sie zu einer schweigenden, aber verläßlichen Basis der Islamisten gemacht. Liberale Vorstellungen findet man nur noch in den Städten bei wohlhabenden Palästinensern, die nach

einer raschen Modernisierung der Gesellschaft streben.

Solche Anliegen sind in den Augen der am stärksten unterprivilegierten Schichten die Wünsche einer mehr oder minder diskreditierten Elite. Diese Elite engagiert sich auch in besonderem Maße für die Fortführung des Friedensprozesses. Die Aussicht auf eine Normalisierung des Verhältnisses von Israelis und Palästinensern bringt für die *Schebab* besondere Probleme mit sich. Sie haben die Beziehung zu den Israelis, ihren Nächsten im wahrsten Sinn des Wortes, bisher nur als militärische Konfrontation erlebt. Die ältere Generation hingegen hat in den siebziger Jahren in einer friedlicheren Form der Koexistenz mit den Israelis gelebt, und die lokalen Eliten standen immer im Austausch mit den Israelis. Die *Schebab* haben weniger als alle anderen Palästinenser eine Vorstellung davon, was Leben im Frieden bedeutet. Die Palästinensische Autonomiebehörde hat bezeichnenderweise Schwierigkeiten, eine Nationalhymne zu finden. *Biladi*, die Hymne der PLO, ist ein anti-israelischer Kriegsgesang, und alle anderen in Frage kommenden Lieder sind entweder Schlachtenmusik oder melancholische Gesänge eines unterdrückten Volkes.

Die palästinensische Gesellschaft ist von 30 Jahren militärischer Besetzung gezeichnet. Positiv besetzte Werte haben mit den Idealen von Kampf, Schlacht und Widerstand zu tun. Der Friedensprozeß hat die Gesellschaft in tiefe Verunsicherung gestürzt. Sie muß sich neu orientieren, doch es fehlen die Bezugspunkte. Für die Mehrheit der Palästinenser hat sich im Alltagsleben nichts verändert. Die Menschen brauchen ein großes Ziel, sonst werden sie in Selbstmitleid versinken und sich ganz in sich zurückziehen. Die einzig konkreten Alternativen sind gegenwärtig die Islamisten, die den Kampf mehr oder weniger direkt fortsetzen wollen, und die Palästinensische Autonomiebehörde, deren Worte und Taten allerdings häufig in Widerspruch zu stehen scheinen.

Die palästinensische Gesellschaft muß sich genauso tiefgreifend verändern wie die israelische Gesellschaft, auch wenn die Art der Veränderung jeweils eine andere ist. Da die Unterprivilegierten in der palästinensischen Gesellschaft zahlenmäßig so stark ins Gewicht fallen, haben Projekte in kleinem Maßstab (das heißt Projekte, die sich nur an eine kleine Zahl von Menschen richten wie etwa Ausbildungsprogramme) unvermeidlich nur eine geringe,

Intifada und Gewaltakte

Jenin

Natanja •
Tulkarm

Nablus

WESTJORDANLAND

Tel Aviv •
Jaffa •

Amman •

Ramallah

Jericho

Ashdod •

Jerusalem •

Israel

Bethlehem

Ashkelon •

Kirjat Gat •

Hebron

Jabalia
GAZA-
STREIFEN
Gaza •

Khan Junis •
Rafah •

Beersheba •

Ägypten

Ausbruch der Intifada am
9. Dezember 1987

Am stärksten von der
Intifada betroffene Gebiete

Weniger stark betroffene Gebiete

Übrige palästinensische Gebiete

10 Kilometer

schlimmstenfalls sogar eine kontraproduktive Wirkung. Wenn die Gesellschaft insgesamt in Ratlosigkeit und Verzweiflung abgleitet, könnte dies die »Umerziehung« einiger weniger im Rahmen eines bestimmten Projektes zunichte machen. So war einer der beiden Selbstmordattentäter bei dem Anschlag in Bet Lid in der Nähe von Natanja ein junger Mann aus dem Gazastreifen, der eine von einer NGO getragene Ausbildung (zum Krankengymnasten) durchlaufen und anschließend in Gaza eine feste Anstellung gefunden hatte. Dieser konkrete Fall veranlaßte viele NGOs, über ihr Engagement neu nachzudenken, denn offensichtlich können Hilfsprogramme vor dem Hintergrund einer verzweifelten Situation nicht verhindern, daß die Menschen, denen sie eine Zukunft bieten, sich irrational verhalten.

Parallel dazu ist seit der Unterzeichnung des Abkommens von Oslo eine neue Entwicklung zu beobachten: Immer mehr Palästinenser wandern aus. Die Menschen verlassen das Land, weil sie eine Perspektive für sich suchen, die sie in den besetzten Gebieten offenbar nicht mehr finden. Sie wollen sich für keine der beiden Alternativen entscheiden, die sich ihnen bieten: unter dem Banner der Islamisten Widerstand zu leisten oder sich Arafat zu unterwerfen. In dieser Hinsicht ist es sehr bezeichnend, daß Arafat bei den Wahlen im Januar 1996 keinen Gegenkandidaten von Format hatte. Seine einzige Gegenkandi-

Die Toten der Intifada

Zahl der Palästinenser, die während der Intifada von israelischen Soldaten oder jüdischen Siedlern getötet wurden

datin war die Vertreterin einer Menschenrechtsorganisation, Samiha Khalil. Ihre Kandidatur hatte angesichts der Gefahr, daß die palästinensische Gesellschaft sich überhaupt von Reformen abwenden könnte, vor allem symbolische Bedeutung.

Palästinensische Honoratioren: Ein dritter Weg?

Den palästinensischen Honoratioren fällt eine Schlüsselrolle im Aufbau eines gesellschaftlichen Konsenses zu. In der Tat sind die traditionellen Eliten, ungeachtet ihrer kleinbürgerlichen Verhältnissen entstammenden Konkurrenten, nach wie vor die Garanten eines Mindestmaßes an innergesellschaftlicher Stabilität.

Alteingesessene Familien

Die Macht der »großen Familien« beruht in erster Linie auf Landbesitz. Zu Beginn des Jahrhunderts war das Ackerland in Palästina in große Ländereien aufgeteilt, die teilweise verpachtet wurden. Der Besitz konzentrierte sich in den Händen einiger großer Clans, die in eine religiöse Hierarchie eingebettet waren. An der Spitze standen die Clans, aus denen der lokale Imam hervorging. Dieselbe hierarchische Ordnung galt für Gesamtpalästina. Das Amt des Muftis von Jerusalem war von allerhöchster politischer Bedeutung und bis in die dreißiger Jahre Gegenstand von Kämpfen zwischen den Clans der Nashashibi und der Husseini. Die Husseini trugen schließlich den Sieg davon und erlangten damit zugleich das Amt des Bürgermeisters von Jerusalem; die Nashashibi verbündeten sich daraufhin mit König Abdallah von Jordanien. Die damals aufgerissenen Gräben sind heute noch spürbar.

Wie in den meisten traditionellen arabischen Gesellschaften war es ein Machtfaktor, wenn jemand Geld und Kredite gewähren konnte, und auf diesem Weg entstand ein Netz von Klientelbeziehungen. Doch unabängig von der Größe des Vermögens konnte in der Politik nur jemand eine Rolle spielen, der als »seriös« galt und bestimmte Regeln respektierte: Er mußte an religiösen Festtagen in die Moschee gehen, durfte nicht stehlen, nicht lügen, mußte Versprechen halten und so weiter. Letztendlich hatte eine Familie jedoch nur dann wirklich politischen Einfluß, wenn die osmanische Verwaltungsbehörde oder die Vertreter der westlichen Herren, der Franzosen, Briten und Deutschen, ihren Einfluß anerkannten.

Wer diese fünf Voraussetzungen erfüllte – Landbesitz, Ansehen, Verbindungen zum Ausland, ein Netz von Klientelbeziehungen und die richtige religiöse Haltung –, hatte in der palästinensischen Gesellschaft ungeheure Macht. Ein eindrucksvolles Beispiel dafür ist der Einfluß Hajj Amin el-Husseinis, des Muftis von Jerusalem, in der Zeit vor dem Zweiten Weltkrieg.

Die Rivalität der »großen Familien« der Region ist Jahrhunderte alt. Die Osmanen und nach ihnen die Briten haben sie noch verstärkt durch die wohlüberlegte Zuteilung von Ämtern in der Verwaltung und durch eine geschickte Politik bei der Ernennung zu religiösen, muslimischen wie christlichen Ämtern.

Der Fortbestand der traditionellen Eliten

Trotz aller Erschütterungen, denen die palästinensische Gesellschaft ausgesetzt war, spielen die alteingesessenen großen Familien bis heute eine herausragende Rolle. Die Honoratioren sind weiterhin einflußreich sowohl im Westjordanland wie in Jordanien, wo viele sich niedergelassen haben. Allerdings ist diese Elite immer kleiner geworden. Einerseits haben die meisten christlichen Familien (nur etwa fünf Prozent der Palästinenser sind Christen) ihre Bedeutung auf lokaler Ebene verloren, andererseits sind die neuen Honoratioren – die Palästinenser, die im Ausland ein Vermögen gemacht haben oder die das Prestige von Intellektuellen genießen – nicht in die traditionelle Elite integriert.

Die meisten traditionell einflußreichen Clans konnten ihre Stellung unter jordanischer Herrschaft und unter israelischer Besatzung gleichermaßen behaupten. Von 1950 bis 1967 profitierten die Eliten im Westjordanland von der Funktionsweise des jordanischen Herrschaftssystems, das sich auf die traditionellen Eliten als feste Basis stützte. Die Herrschaft der Haschemiten gründete auf Strukturen, die den palästinensischen Eliten vertraut waren: Klientelbeziehungen, die für die Menschen am unteren Ende der sozialen Leiter eine gewisse Umverteilung des Reichtums brachten und für die Menschen an der Spitze eine Entschädigung in Form von Ehre.

Von 1967 bis Mitte der siebziger Jahre erfreuten die palästinensischen Eliten sich eines gewissen Wohlwollens seitens der Israelis. Diese betrachteten die palästinensische Gesellschaft mit einiger Berechtigung als traditionelle arabische Gesellschaft. Den lokalen Honoratioren kam in ihren Augen deshalb eine doppelte Funktion zu: Sie sollten die Garanten der sozialen Stabilität sein und als Transmissionsriemen zwischen der Militärverwaltung und der Bevölkerung wirken. Ohne daß die Honoratioren in irgendeiner Weise »kollaboriert« hätten, wurden sie bei der Erteilung von Baugenehmigungen oder der behördlichen Genehmigung von Unternehmensgründungen bevorzugt. Weil an solchen Genehmigungen Arbeitsplätze und damit Einkommen hingen, konnten sie ihr jeweiliges Netz von Klientelbeziehungen und damit ihre Machtposition erhalten.

Die deutliche Verschlechterung der Beziehungen zwischen den israelischen Behörden und den palästinensischen Honoratioren infolge einer forcierten israelischen Siedlungspolitik seit Ende der siebziger Jahre hat die Macht der traditionellen Eliten nicht wirklich geschwächt. Die israelischen Behörden vermieden es, Land von Honoratioren zu beschlagnahmen (die nach wie vor Großgrundbesitzer sind), allerdings stießen die Israelis bei den Honoratioren trotzdem auf entschlossenen Widerstand. Die Honoratioren verteidigten die Interessen der breiten Masse, die ihre Basis darstellten und die alles verloren, wenn die Israelis ihnen Land für den Bau von Siedlungen wegnahmen. In dieser Zeit setzten die Israelis palästinensische Bürgermeister ab. Besonders bekannte oder besonders aktive Bürgermeister wurden ausgewiesen oder nach Jordanien verbannt, so etwa der Bürgermeister von Ramallah, Saleh Abdeljawad Saleh; er durfte nach dem Abkommen von Oslo zurückkehren.

In dieser neuen Situation zeigten die Eliten eine bemerkenswerte Anpassungsfähigkeit. Nachdem sie ihre öffentlichen Ämter verloren hatten und keine Posten mehr verteilen konnten, gründeten und leiteten sie Vereinigungen der unterschiedlichsten Art, bei denen es erneut Posten zu verteilen gab, und es entwickelten sich neue Klientelbeziehungen. Um 1980 schossen karitative Organisationen und palästinensische NGOs förmlich aus dem Boden.

Die Konkurrenz der »neuen« Honoratioren

Die israelische Besatzung oder vielmehr die politischen und wirtschaftlichen Veränderungen, die sie ausgelöst hat, führten zur Entstehung neuer Eliten, die in Konkurrenz zu den traditionellen Eliten treten. Zugleich entstand eine neue Schicht von Kleinunternehmern, und eine neue Generation von Politikern betrat die Bühne.

Um die besetzten Gebiete fest mit Israel zu verbinden, förderten die israelischen Politiker seit den siebziger Jahren die enge Verflechtung der palästinensischen Wirtschaft mit der israelischen. Das neuentstehende Subunternehmertum kam in erster Linie den traditionellen Eliten zugute. Doch auch allgemein wurde der Lebensstandard im Westjordanland gehoben, und somit entwickelte sich innerhalb der palästinensischen Gesellschaft ein Markt für Konsumgüter. Auf diesem Markt etablierten sich bald kleine Unternehmer aus einfachen Verhältnissen, die versuchten, unabhängig von den Strukturen des Subunternehmertums die Grundlagen für eine eigenständige palästinensische Kleinindustrie und für Dienstleistungsunternehmen zu legen (Produktion von Seife oder Baumaterial, aber auch Architekturbüros).

Der unternehmerische Schwung dieser sozialen Schicht wurde allerdings gebremst durch Schwierigkeiten beim Zugang zu Krediten, durch die generelle Liquiditätsschwäche der palästinensischen Volkswirtschaft und durch die wachsende Verschuldung der einzelnen. Oft endete die Verschuldung damit, daß ein Kleinunternehmer das bescheidene Stück Land seiner Familie verkaufen mußte. Doch heute verlangen die jungen Unternehmer ihren Anteil an der Macht, auch wenn ihre politischen Ambitionen auf ihr Dorf oder ihr Wohnviertel und das Amt des Bürgermeisters oder eines Stadtrates beschränkt bleiben.

Die Intellektuellen verfolgen indes ehrgeizigere politische Ziele. Manche Lehrer oder Forscher sind während der Intifada politisch aktiv geworden und haben sich wie Hannan Ashrawi der PLO angeschlossen. Diese »neue palästinensische Elite« entstammt dem Kleinbürgertum und ist bei der Friedenskonferenz von Madrid erstmals auf der politischen Bühne erschienen. Ihre Vertreter wurden von der PLO ausgewählt, weil sie nach außen ein positives Bild vermittelten und vertrauenswürdig wirkten. Die Intellektuellen glaubten, sie könnten einen ande-

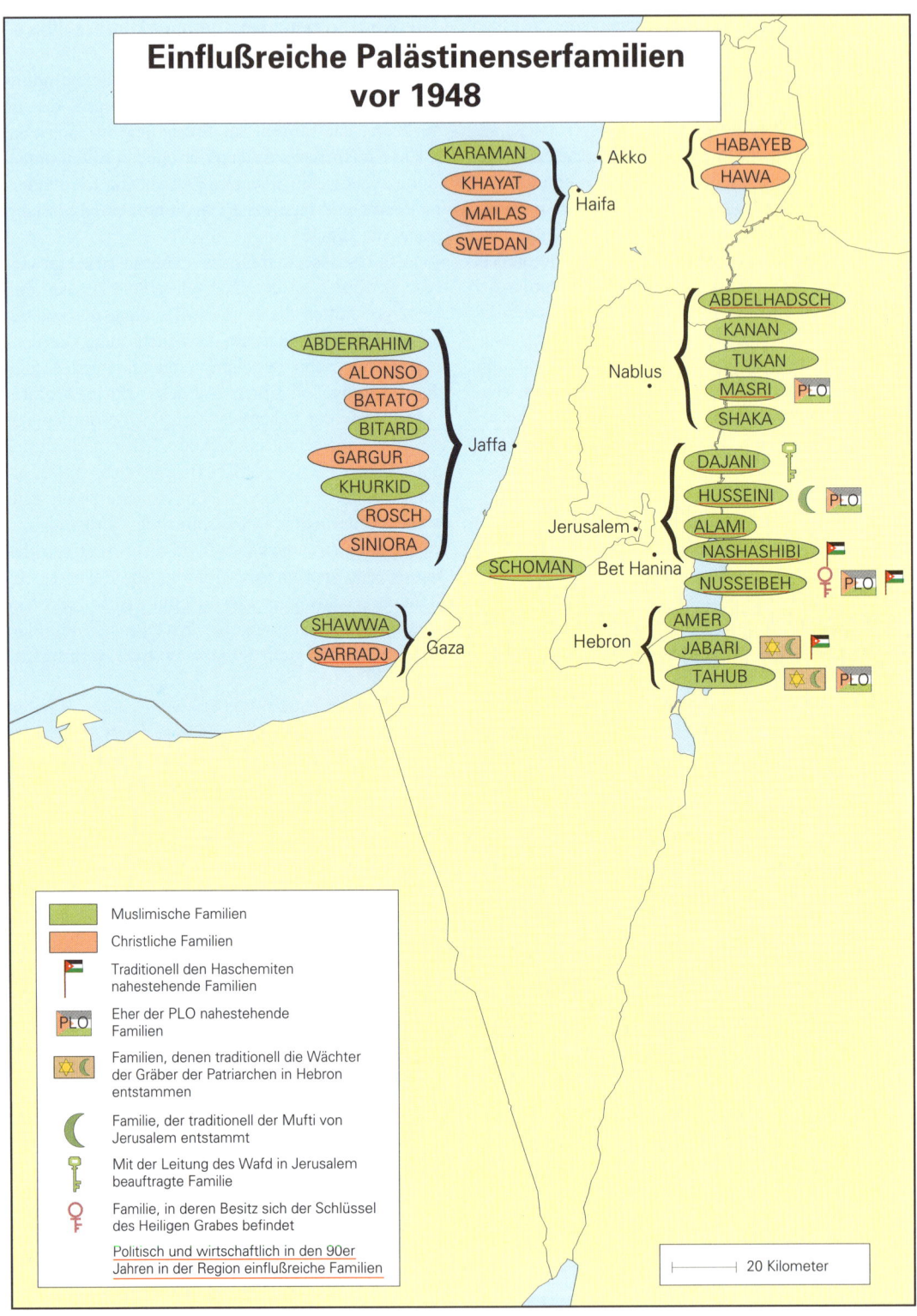

Einflußreiche Palästinenserfamilien vor 1948

KARAMAN
KHAYAT
MAILAS
SWEDAN

HABAYEB
HAWA

Akko

Haifa

ABDELHADSCH
KANAN
TUKAN
MASRI PLO
SHAKA

Nablus

ABDERRAHIM
ALONSO
BATATO
BITARD
GARGUR
KHURKID
ROSCH
SINIORA

Jaffa

DAJANI
HUSSEINI PLO
ALAMI
NASHASHIBI
NUSSEIBEH PLO

Jerusalem

SCHOMAN

Bet Hanina

SHAWWA
SARRADJ

Gaza

Hebron

AMER
JABARI
TAHUB PLO

Legende:

- Muslimische Familien
- Christliche Familien
- Traditionell den Haschemiten nahestehende Familien
- PLO Eher der PLO nahestehende Familien
- Familien, denen traditionell die Wächter der Gräber der Patriarchen in Hebron entstammen
- Familie, der traditionell der Mufti von Jerusalem entstammt
- Mit der Leitung des Wafd in Jerusalem beauftragte Familie
- Familie, in deren Besitz sich der Schlüssel des Heiligen Grabes befindet
- Politisch und wirtschaftlich in den 90er Jahren in der Region einflußreiche Familien

20 Kilometer

ren Führungsstil verkörpern, doch mußten sie die Erfahrung machen, daß weder die palästinensische Basis noch die traditionellen politischen Führungspersönlichkeiten es registrierten, als sie von Arafat abrückten. Heute besteht ihr Hauptproblem darin, in der Bevölkerung eine Basis zu finden, die ihrer internationalen Reputation adäquat ist. Einige kandidierten zwar im Januar 1996 für den Autonomierat, doch ist ihr Gewicht gegenwärtig deutlich geringer als das der Politiker aus der Generation vor ihnen, die in der Diaspora und in den Fedaijin-Organisationen groß geworden sind: Männer wie Abu Djihad (der 1988 ermordete Mitbegründer der Fatah), Yassir Abed Rabbo (Mitbegründer der PFLP, später der FIDA und in der Autonomiebehörde Minister für Kultur und Informationswesen) und Yassir Arafat, die sich ihren Führungsanspruch mit Waffen erkämpft haben.

Der palästinensische Mikrokosmos

Die verschiedenen sozialen Gruppen rivalisieren miteinander, und jede Gruppe ist von inneren Konflikten gespalten. Die Rivalitäten zwischen Unternehmern, »großen Familien« und Politikern destabilisieren die palästinensische Gesellschaft. In den besetzten Gebieten leben nicht einmal zwei Millionen Menschen, aber mehrere hundert Personen beanspruchen mit unterschiedlichen Begründungen die Führung in dieser oder jener Hinsicht.

Soziale Spaltungen werden von gewichtigen regionalen Rivalitäten überlagert, denn obgleich die Entfernungen nicht groß sind, werden regionale Besonderheiten als sehr ausgeprägt empfunden. Jede Stadt scheint ihre eigene Identität zu haben, und der entsprechende Ruf begleitet ihre Einwohner auch noch in den Flüchtlingslagern und im Ausland. Die Einwohner von Hebron gelten als stur und konservativ. Sie sind ausschließlich Muslime, größtenteils sehr fromm, und halten auf Ehrlichkeit und gegenseitige Hilfe. Den Menschen aus Nablus sagt man nach, sie seien offener und weniger religiös; sie stehen im Ruf, gute Geschäftsleute zu sein, und sind in Israel beliebter als die anderen Palästinenser. Die Araber aus Jerusalem gelten als friedliebend, ein wenig begriffsstutzig, und halten sich an das, was das Leben ihnen beschert (die Einkünfte des Wakf – religiöser Besitz – und die Pilgerfahrten). Die Einwohner von Ramallah sehen sich selbst als gemäßigt,

modern und offen (darum zieht die Stadt, die sich gleichwohl sehr intensiv an den Kämpfen während der Intifada beteiligte, besonders viele gemischte Paare an, in denen ein Partner Muslim, der andere Christ ist). Die »Menschen in Gaza«, die sich vor 1948 dort niedergelassen haben, sind traditionell Landarbeiter, die zahlenmäßig unbedeutende Elite der Landbesitzer zeigte wenig Unternehmungsgeist.

Gleichgültig ob solche Urteile der Phantasie entspringen oder der Realität entsprechen, sie haben auf jeden Fall beträchtliche Auswirkungen auf das politische Leben der Palästinenser. Die Wahlen im Januar 1996 haben gezeigt, daß die Verankerung der Honoratioren nach wie vor entscheidend dafür ist, daß die palästinensische Bevölkerung eine politische Führung als legitim anerkennt. Dies kam eindeutig den traditionellen Eliten zugute.

Die wirtschaftlichen Eliten: Garanten der sozialen Stabilität

Die Bevölkerung hatte jedoch lange Zeit ein negatives Bild von den traditionellen Eliten. Die Privilegien, die die Israelis ihnen gewährten, schadeten ihrem Ruf: Die Honoratioren erhielten eher die Erlaubnis, sich im Land bewegen zu dürfen, sie wurden seltener verhaftet und kamen seltener ins Gefängnis; Durchsuchungen an den Kontrollpunkten gingen rascher und weniger demütigend vonstatten. Dennoch wurden die Honoratioren selten zu Kollaborateuren, eher zu Renegaten, die um des materiellen Wohlergehens willen das Ideal von Kampf und Befreiung aufgaben.

Die Menschen neigen dazu, Führungspersönlichkeiten zu folgen, die sich aus eigener Kraft hochgearbeitet haben und deren Legitimität auf wirtschaftlichem Erfolg oder auf einer politischen Laufbahn gründet (auch wenn ihre ideologischen Ziele umstritten sind). Überaus positiv besetzt ist bei den Palästinensern das Bild des Selfmademan, der mit Öl aus dem Golf ein Vermögen gemacht hat und wie die Familien Schoman oder Masri einen amerikanischen Paß besitzt.

Die Palästinensische Autonomiebehörde mußte erleben, daß die erfolgreichen Geschäftsleute ihr mit Mißtrauen begegneten, und suchte daraufhin Rückhalt bei den traditionellen Eliten. Diese waren während der Intifada von der politischen Szene verdrängt worden zugunsten lokaler Anführer wie dem

Chef eines Lagers oder dem Anführer einer Gruppe junger Leute, die im Verlauf der Auseinandersetzungen mit der israelischen Armee in den Vordergrund traten. Arafat stützte sich nun wieder auf die traditionellen Eliten, denn sie schienen ihm verläßlicher als die jungen Leute mit ungewisser Zukunft. Die Palästinensische Autonomiebehörde benötigte die Unterstützung der Honoratioren, um ihre Macht abzusichern. Darüber hinaus ist es für sie einfacher, mit einer Gruppe zu verhandeln, die ihre Interessen wahren möchte, als mit einer widerspenstigen Basis. So ernannte Arafat ungeachtet des Widerstands der Bevölkerung den Sohn des abgesetzten Bürgermeisters von Gaza, ein Mitglied der Familie Shawwa, zum neuen Bürgermeister. Im Januar 1995 wurden die Wahlen für die Führungspositionen in der Fatah unterbrochen, nachdem die ersten Ergebnisse gezeigt hatten, daß die altgedienten Kämpfer von jungen Leuten überrundet wurden, die sich während der Intifada hervorgetan hatten.

In der gegenwärtigen Situation ist es für die Honoratioren von Vorteil, mit Arafat zu kooperieren, aber sie werden ihn und einen etwaigen Nachfolger nur so lange unterstützten, wie er zur sozialen Stabilität beiträgt. Arafat behauptet seit langem, er sei entfernt mit dem Clan der Husseini verwandt, was diese allerdings bestreiten. Letztlich könnte der Fall eintreten, daß die traditionellen Eliten, die sich den Haschemiten verbunden fühlen, mit großer Mehrheit die jordanische Option wählen. Es ist aber auch denkbar, daß sie das jordanische Regime für zu in-stabil oder dominant halten und einen dritten Weg favorisieren, der sie direkt an die Macht führen würde: Sie könnten die Palästinenser aus den besetzten Gebieten gegen die Palästinenser in Tunis ausspielen, Stabilität und Wohlstand gegen Abenteurertum, paternalistische Klientelstrukturen gegen fundamentalistischen Rigorismus.

Im übrigen sind die Honoratioren das beste Bollwerk gegen eine soziale Explosion, weil dies ihre Stellung aufs Äußerste bedrohen würde. Die Klientelbeziehungen bedeuten eine starke soziale Bindung. Wahrscheinlich haben sie die Implosion der palästinensischen Gesellschaft verhindert und ermöglicht, daß sie sich von selbstzerstörerischen Tendenzen wieder befreien konnte, wie sie insbesondere in den Selbstmordattentaten auf Israelis und in der Welle von Mordanschlägen im Gazastreifen zutage traten.

Mittelfristig werden die palästinensischen wirtschaftlichen Eliten, die traditionellen Honoratioren ebenso wie die neue Elite der Geschäftsleute, mehr für die Entwicklung des Westjordanlandes tun können als Arafat oder ein anderer einzelner Politiker. Sollte es eines Tages ein unabhängiges palästinensisches Staatsgebilde geben, werden sehr wahrscheinlich die verschiedenen Beziehungsgeflechte, die von den Eliten ausgehen, seine Basis bilden. Sollte der derzeit im Gange befindliche Prozeß in eine politische Sackgasse führen, dann könnten wohl nur diese Strukturen den Suizid der palästinensischen Gesellschaft verhindern.

Welchen Status sollen die Palästinenser aus der Diaspora erhalten?

Die Frage, welchen Status die Palästinenser erhalten sollen, die außerhalb des ehemaligen Mandatsgebietes (Israel und die besetzten Gebiete) leben, ist außerordentlich vielschichtig. In dem Grundlagenabkommen von Oslo wurde vereinbart, diese Frage erst in der Endphase der Verhandlungen zu erörtern.

Bis zum jetzigen Zeitpunkt konnten sich Israelis und Palästinenser nicht einmal über die Begriffe einigen: Wer von »Flüchtlingen« spricht, assoziiert, daß die betreffende Person ein Herkunftsland hat, aus dem sie nicht freiwillig weggegangen ist, und daß sie ein Recht hat, dorthin zurückzukehren. Uneinig sind sich Israelis und Palästinenser auch darüber, was das Herkunftsland ist, warum jemand weggegangen und unter welchen Umständen eine Rückkehr möglich ist. Der Begriff »Herkunftsland« verweist auf ein konkretes Gebiet. Aber wie soll man es definieren? Handelt es sich um ein bestimmtes Dorf, um eine Region, um ganz Palästina, um die arabische Welt? Wollten die Israelis die Palästinenser 1948 vertreiben, wie das Massaker an den Bewohnern des Dorfes Der Yassin durch die Stern-Gruppe vermuten läßt? Wurde der Exodus der Palästinenser durch die arabischen Staaten ausgelöst, die den neugegründeten Judenstaat angriffen und die Menschen zur Flucht drängten, oder war er eine nicht beabsichtigte Folge des Krieges? Was würde aus dem Staat Israel, wenn man den Palästinensern das Recht der Rückkehr an einen ganz bestimmten Ort zubilligte? Was würde aus dem Palästinenserstaat, wenn man das Recht auf Rückkehr gänzlich verneinte, da sich die Palästinenser in ihrem Kampf doch gerade auf diesen Gedanken berufen?

Unterschiedlicher Status

Die Zahl der Palästinenser, definiert als die Araber, die 1947 in Palästina lebten, und deren Nachkommen, beläuft sich schätzungsweise auf sechs Millionen. Manche leben immer noch in Israel, andere sind über die Demarkationslinie des Waffenstillstandes von 1948 ausgewichen, wieder andere haben den Gazastreifen und das Westjordanland 1967 verlassen. Weniger als zwei Millionen haben den offiziellen Status von Flüchtlingen: Die meisten davon haben 1948 ihre Heimat verlassen und sind 1967 im Gazastreifen und im Westjordanland geblieben, oder sie leben in angrenzenden Ländern (Jordanien, Libanon, Syrien). Manche Palästinenser haben sich im Westen oder in anderen arabischen Staaten niedergelassen; die Zahl der Palästinenser in den Ölstaaten ist seit dem Golfkrieg von fast einer Million auf weniger als 200 000 gesunken.

Die Lebenssituation der Palästinenser ist je nach Land sehr verschieden. Schätzungen zufolge haben 300 000 Palästinenser im Libanon den Status von Flüchtlingen. Da sie in Lagern leben, können sie nicht die libanesische Staatsangehörigkeit bekommen, und das bedeutet, daß sie nicht arbeiten, kein Land erwerben und sich nicht frei bewegen dürfen. Die Libanesen beschuldigen die Palästinenser zudem, sie hätten den Bürgerkrieg ausgelöst, und machen ihre militärischen und politischen Organisationen dafür verantwortlich, daß die Israelis den Südlibanon besetzt haben. Die palästinensische Bevölkerung zahlt heute den Preis für den Zorn, der sich gegen ihre Führung richtet.

In Syrien sollen gleichfalls 300 000 Flüchtlinge leben. Sie genießen die gleichen sozialen Rechte wie die Syrer (Rechte auf Arbeit, Besitz, Leistungen des Gesundheitswesens und Bildung), aber der Weg zur syrischen Staatsangehörigkeit bleibt ihnen verschlossen. Anders als die Flüchtlingslager im Libanon wurden die Lager in Syrien nach und nach in die jeweiligen Städte integriert: Heute sind sie Stadtviertel, die sich kaum von anderen Vierteln unterscheiden.

In Jordanien leben allem Anschein nach mehr Palästinenser als auf der gegenüberliegende Seite des Jordans. Nach Schätzungen der Vereinten Nationen haben etwas mehr als 800 000 Palästinenser in Jordanien den Status von Flüchtlingen, ihre Gesamtzahl dürfte sich auf zwei Millionen belaufen, nach der Ausweisung von Palästinensern aus den Golfstaaten könnten es mittlerweile sogar zweieinhalb Millionen sein. Die Palästinenser mit dem Status von Flüchtlingen leben in Lagern, die sich von anderen Stadtvierteln lediglich dadurch unterscheiden, daß die Gebäude nur eine bestimmte Zahl von Stockwerken haben dürfen. Nur in kleinen Orten

Die palästinensische Diaspora

Kanada

USA

Brasilien

Chile

Argentinien

Palästinensischer Bevölkerungsanteil

- Über 50 %
- 15–30 %
- 1–5 %
- Unter 1 %
- 50 000 Palästinenser

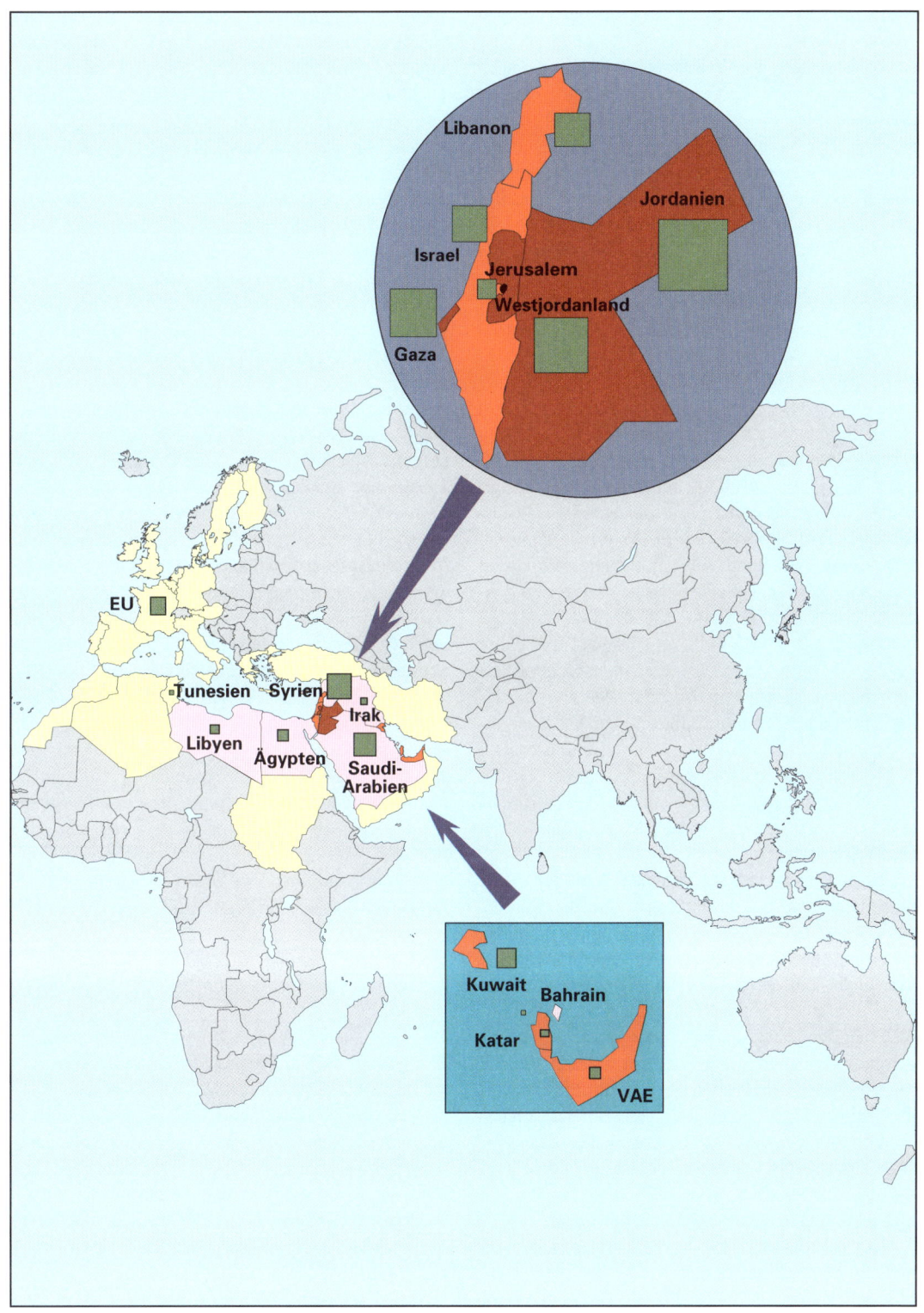

Libanon

Jordanien

Israel

Jerusalem
Westjordanland

Gaza

EU

Tunesien Syrien

Libyen Ägypten Irak

Saudi-
Arabien

Kuwait Bahrain

Katar

VAE

wie Ajlun und Djerash gibt es noch Lager im engen Sinn des Wortes.

Palästinenser, die 1948 Israel verließen und nach Jordanien oder ins Westjordanland kamen, erhielten die jordanische Staatsbürgerschaft. Die Palästinenser, die 1967 kamen, bekamen die Staatsbürgerschaft nicht automatisch. Einige wurden jordanische Staatsbürger, andere mußten sich mit einem speziellen Paß zufriedengeben, der alle zwei Jahre neu zu beantragen ist. Mit diesem Paß besitzen sie zwar die gleichen sozialen Rechte wie die Jordanier, aber keinerlei staatsbürgerliche Rechte. Nach dem Bruch der verwaltungsmäßigen Verbindungen zwischen Jordanien und dem Westjordanland im Jahr 1988 erlebten viele Palästinenser, die 1967 gekommen waren, die Staatsbürgerschaft erhalten hatten und deren Paß bisher fünf Jahre lang gültig gewesen war, daß sie bei der Beantragung einer Verlängerung nur ein zwei Jahre gültiges Dokument bekamen; dies bedeutete *de facto* den Verlust der jordanischen Staatsbürgerschaft. Auf Proteste erwiderte die jordanische Verwaltung, seinerzeit sei ein Fehler unterlaufen und die jordanische Staatsbürgerschaft sei zu Unrecht verliehen worden. Im Oktober 1995 wurde die Gültigkeitsdauer der Zweijahrespässe auf fünf Jahre verlängert, ohne daß damit die Staatsbürgerschaft verbunden gewesen wäre. Im Jahr 1988 wurde übrigens auch das Ministerium für Palästinensische Angelegenheiten aufgelöst. Es stellte allerdings seine Arbeit nicht ein, sondern wurde in das Ministerium für Auswärtige Angelegenheiten integriert. Dort ist es eine Abteilung, die gewissermaßen die Strukturen der PLO »verdoppelt«.

Nach den Kriterien der Vereinten Nationen haben die verstreut auf der ganzen Welt lebenden Palästinenser den Status von Staatenlosen. Als Staatenlose haben sie Anspruch auf eine »Identitätskarte« als Ersatz für den Paß, den das aufnehmende Land nach den jeweiligen gesetzlichen Bestimmungen ausgibt. Soweit möglich haben die Palästinenser die Staatsbürgerschaft des Landes angenommen, in dem sie sich niedergelassen haben, doch war dies das Ergebnis individueller Bemühungen und nicht internationaler Vereinbarungen. In der Praxis verweigerten die arabischen Staaten mit Ausnahme Jordaniens in der Regel die Staatsbürgerschaft, während es in den westlichen Staaten und in Lateinamerika keine Probleme gab.

Der rechtliche Status der Palästinenser, die innerhalb der palästinensischen Grenzen von 1947 blieben, ist gleichfalls kompliziert. Im Westjordanland haben die meisten die jordanische Staatsbürgerschaft, zumindest diejenigen, die 1948 geflohen sind und die Mehrheit der Bevölkerung ausmachen, ebenso die Gruppen, die sich bereits vor der Gründung des Staates Israel dort niederließen.

Die Ägypter, die von 1948 bis 1967 den Gazastreifen kontrollierten, verliehen Personen, die als Flüchtlinge dorthin gekommen waren, keinerlei Rechte. Die 1948 geflohenen Palästinenser haben den Status von staatenlosen Flüchtlingen. Die ursprünglichen Bewohner des Gazastreifens bilden eine sehr kleine Minderheit, ihr Status ist nach israelischer Terminologie – und in diesem Fall gilt nur die israelische Terminologie – von »unbestimmter« Nationalität.

Die arabischen Einwohner Ost-Jerusalems haben aus israelischer Sicht rechtlich den Status »dauerhaft ortsansässiger« Ausländer, und fast alle besitzen die jordanische Staatsbürgerschaft. Die Araber, die innerhalb der international anerkannten Grenzen Israels geblieben sind, sind Israelis, dürfen aber keinen Wehrdienst leisten, wodurch ihnen in der Praxis der Zugang zu bestimmten Funktionen versperrt ist, für die eine Ableistung des Wehrdienstes die obligatorische Voraussetzung darstellt. Sie haben *per definitionem* nicht den Status von Flüchtlingen.

Die Palästinenser, die den Nahen Osten ganz verlassen haben, waren in der Regel erfolgreicher als ihre Landsleute. Insgesamt sind die Palästinenser eine außerordentlich heterogene Gruppe: Einige Palästinenser mit saudi-arabischer oder amerikanischer Staatsangehörigkeit gehören zu den reichsten Männern der Welt, die Menschen in den Flüchtlingslagern im Libanon und im Gazastreifen hingegen zählen zu den ärmsten auf unserem Planeten.

Israelische und palästinensische Vorschläge

Das Grundlagenabkommen von Oslo unterscheidet zwei Gruppen von Palästinensern, je nachdem ob sie das Land 1948 oder 1967 verlassen haben; die erstgenannten sind »Flüchtlinge«, die letztgenannten heimatlose »displaced persons«. Diese Unterscheidung hat weitreichende Folgen. Der Status der Palästinenser von 1967 muß von einem israelisch-palästinensischen Komitee geklärt werden, dem auch Vertreter von Ägypten und Syrien angehören sollen. Hingegen steht der Status der Palästinenser von 1948 nicht auf der Verhandlungsagenda.

Israel möchte erreichen, daß die »Flüchtlinge« (1948) definitiv in die Aufnahmeländer integriert werden, das heißt auch die jeweilige Staatsangehörigkeit erhalten; über die Rückkehr der »Heimatlosen« (1967) soll unter humanitären Gesichtspunkten verhandelt werden, was bedeuten würde, daß nicht grundsätzlich alle Palästinenser von 1967 (und ihre Nachkommen) zurückkehren, sondern Einzelfälle nach Kriterien der Familienzusammenführung geregelt werden.

Die Regelung, daß bestimmte »Heimatlose« nach Kriterien der Familienzusammenführung zurückkehren können, wirft allerdings die Frage auf, wie »Familie« definiert wird. Die Israelis verstehen darunter die Kernfamilie nach westlichem Muster, die Palästinenser fassen den Begriff »Familie« im orientalischen Sinn sehr viel weiter.

Der Gedanke, die Palästinenser zu integrieren, stößt in etlichen arabischen Ländern auf wenig Gegenliebe. Die große Mehrheit der Palästinenser im Libanon sind sunnitische Muslime. Ihre Integration würde das fragile Gleichgewicht zwischen den Religionsgemeinschaften durcheinanderbringen. Im Libanon stehen sich Christen und Schiiten gegenüber. Das gleiche Problem stellt sich in abgeschwächtem Maße in Syrien, wo die Mehrheit der palästinensischen Flüchtlinge ebenfalls Sunniten sind. Ihre Integration würde die Gruppe weiter stärken, die bereits die zahlenmäßig stärkste im Land ist, während das Land von der alewitischen Minderheit kontrolliert wird. Abgesehen von diesen speziellen Problemen betrachten alle arabischen Staaten die Präsenz der Palästinenser als eine politische Bedrohung – der PLO wurde bereits vorgeworfen, sie sei in Jordanien und im Libanon ein Staat im Staate –, aber auch als eine wirtschaftliche Bedrohung. Die Palästinenser haben in der Tat ein ausgeprägteres politisches Bewußtsein und ein höheres Bildungsniveau als der Durchschnitt der anderen Araber. Mit Ausnahme der Palästinenser in den Lagern sind sie daher eine Schicht, die mit den bürgerlichen Schichten des jeweiligen Landes konkurriert.

Die Palästinensische Autonomiebehörde hat darauf verzichtet, das Recht auf Rückkehr an einen bestimmten Herkunftsort zu fordern; dies hätte zur Folge, daß Städte wie Jaffa oder Haifa wieder arabische Städte würden, und würde die Existenz Israels in Frage stellen. Die PNA verlangt aber das Recht auf Rückkehr in den im Entstehen begriffenen Palästinenserstaat. Dieses Rückkehrrecht soll allen Palästi-

nensern zustehen, gleichgültig ob sie Flüchtlinge sind oder »Heimatlose«. Die PNA hat es sich in der Tat auf die Fahnen geschrieben, daß alle Palästinenser überall in der Diaspora die palästinensische Staatsbürgerschaft erhalten sollen und daß zugleich jeder Palästinenser die Staatsbürgerschaft des Landes erhalten soll, in dem er lebt.

Dies schwächt allerdings die Position der Palästinenser. Wenn im selben Atemzug gefordert wird, daß möglichst vielen Palästinensern ein Rückkehrrecht zuerkannt wird und die Interessen derjenigen vertreten werden sollen, die es vorziehen, in der Diaspora zu bleiben, kann das widersprüchlich erscheinen. Die doppelte Staatsbürgerschaft ist freilich kein grundsätzliches Problem, und die Palästinenser erinnern in diesem Zusammenhang daran, daß auch viele Israelis einen zweiten Paß besitzen.

Die Haltung der Palästinenser ist nicht eindeutig. Auf der einen Seite hat die PLO mit der Unterzeichnung des Grundlagenabkommens von Oslo darauf verzichtet, die Frage der Flüchtlinge von 1948 in den Friedensprozeß mit einzubeziehen. Auf der anderen Seite hat die Palästinensische Autonomiebehörde den Palästinensern in den besetzten Gebieten – mehrheitlich Flüchtlinge von 1948 – und den Palästinensern in Lagern im Ausland zugesichert, daß sie sich um eine Lösung der Rückkehrfrage bemühen werde.

Die Palästinenser in Israel und den besetzten Gebieten (die gegenüber den Palästinensern in der Diaspora die Minderheit darstellen) sind im übrigen dagegen, daß die Palästinenser der Diaspora in einem Palästinenserstaat das Wahlrecht bekommen. In der Tat haben die Palästinenser in den besetzten Gebieten andere Anliegen und Prioritäten als die Palästinenser im Ausland. Eine Lösung dieses Problems könnte sein, sich am Vorbild Israels zu orientieren: Jeder Jude hat das Recht, sich in Israel niederzulassen, aber israelischer Staatsbürger wird er erst an dem Tag, an dem er in Israel eintrifft.

Ausblick

Die Geheimverhandlungen zwischen den Vereinigten Staaten, Israel und verschiedenen Staaten der Region haben zum Ziel, eine möglichst große Zahl von Palästinensern in die Länder zu integrieren, die sie aufgenommen haben. Als finanzielle Gegenleistung für die Verleihung der Staatsbürgerschaft er-

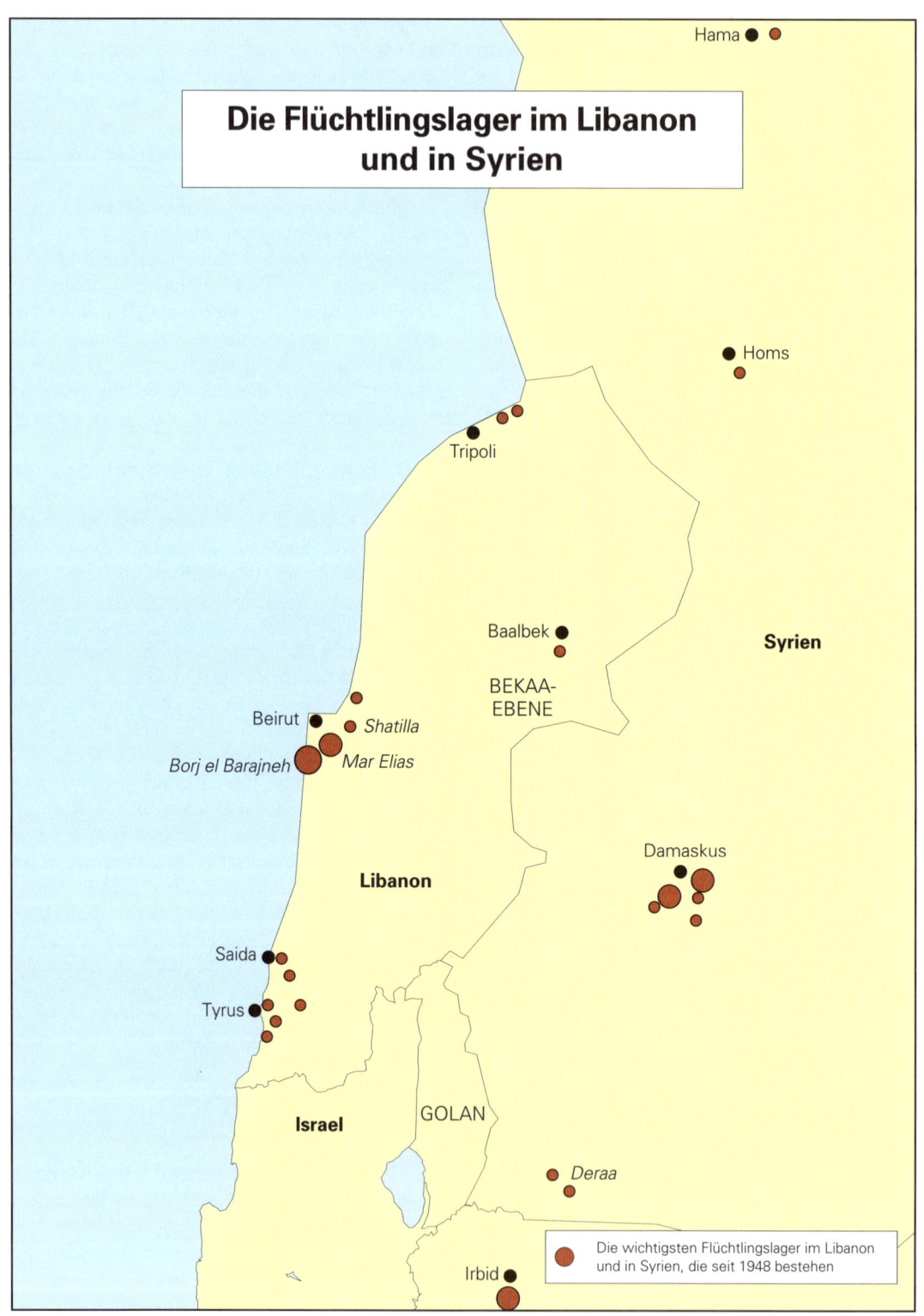

Die Flüchtlingslager im Libanon und in Syrien

Hama

Homs

Tripoli

Baalbek

Syrien

BEKAA-
EBENE

Beirut *Shatilla*

Borj el Barajneh *Mar Elias*

Damaskus

Libanon

Saida

Tyrus

Israel GOLAN

Deraa

Die wichtigsten Flüchtlingslager im Libanon und in Syrien, die seit 1948 bestehen

Irbid

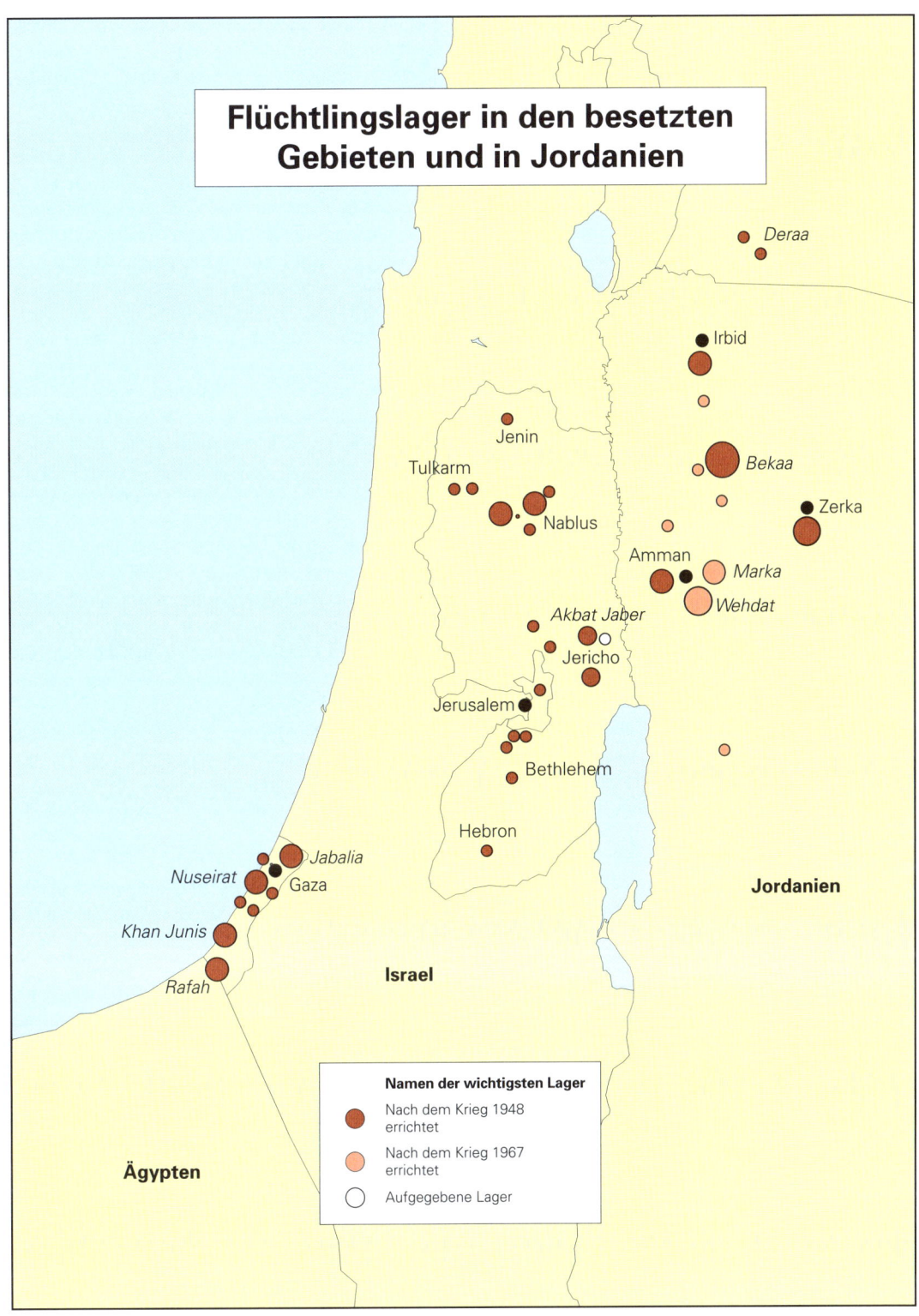

Flüchtlingslager in den besetzten Gebieten und in Jordanien

Deraa

Irbid

Bekaa

Zerka

Amman

Marka

Wehdat

Jenin

Tulkarm

Nablus

Akbat Jaber

Jericho

Jerusalem

Bethlehem

Hebron

Jabalia

Nuseirat

Gaza

Khan Junis

Rafah

Jordanien

Israel

Ägypten

Namen der wichtigsten Lager

Nach dem Krieg 1948 errichtet

Nach dem Krieg 1967 errichtet

Aufgegebene Lager

59

halten die betreffenden Staaten eine Reduktion ihrer Schulden oder gar einen völligen Schuldenerlaß. Der Irak ist daran interessiert, Palästinenser aus dem Libanon aufzunehmen, und strebt im Gegenzug die Aufhebung des Embargos an.

Für die Palästinensische Autonomiebehörde ist die Rückkehr der Palästinenser kein vorrangiges Anliegen. Die besetzten Gebiete sind von einer schweren Wirtschaftskrise betroffen (die Arbeitslosenquote liegt im Gazastreifen bei über 50 Prozent, im Westjordanland bei 35 Prozent), und ihre Infrastruktur reicht nicht einmal für die gegenwärtig dort lebenden Menschen aus. Es fehlen Wohnungen, Schulen und Krankenhäuser, die Stromversorgung ist völlig unzureichend, die Telefonleitungen sind bereits überlastet. Die Gebiete könnten einen weiteren Zustrom von Menschen nicht verkraften.

Bis heute hat niemand die Palästinenser in der Diaspora nach ihren Wünschen gefragt, und es wäre im übrigen technisch unmöglich, eine solche Befragung durchzuführen. Da die Israelis keinerlei Daten besitzen, fürchten sie, die Zahl der rückkehrwilligen Palästinenser könnte sehr groß sein. Die politische Führung der Palästinenser ist gespalten. Mit Blick auf die Verhandlungen fürchtet sie, die Palästinenser in der Diaspora könnten sich dafür aussprechen, dort zu bleiben, wo sie sind; das würde die palästinensische Verhandlungsposition schwächen. Doch umgekehrt würde es die Führung vor große Probleme stellen, wenn sie plötzlich mit Millionen neuer Immigranten konfrontiert wäre. In den Verhandlungen taktiert jeder mit den Ängsten der anderen Seite: Arafat behauptet, alle Palästinenser wollten zurückkehren, was in Wahrheit nicht der Fall ist, die Israelis rühmen die positiven Auswirkungen der Integration in den jeweiligen Aufnahmeländern, ohne selbst daran zu glauben.

Will man auf diese Frage eine schlüssige Antwort finden, muß man sie vielleicht unter sozio-ökonomischem Gesichtspunkt und weniger zugespitzt betrachten. Die Palästinenser der Diaspora, die in der Lage waren – oder denen die Möglichkeit gegeben wurde –, sich im jeweiligen Aufnahmeland ein neues Leben aufzubauen, ziehen es wohl eher vor, dort zu bleiben, als in einen Palästinenserstaat überzuwechseln, wo sie noch einmal ganz von vorne beginnen müßten. Ein Arzt, der 20 Jahre lang seine Praxis in Amman aufgebaut hat, wird sie kaum verkaufen, um im Gazastreifen bei Null anzufangen. Aber es kann durchaus sein, daß er von Zeit zu Zeit dorthin reisen oder vielleicht auch eine Gemeinschaftspraxis mit dort ansässigen Ärzten eröffnen möchte, vor allem wenn seine Familie aus dem Gazastreifen stammt.

Die palästinensischen Bevölkerungsgruppen hingegen, die in schwierigen sozio-ökonomischen Verhältnissen oder gar unter der Armutsgrenze leben, scheinen eher an Rückkehr zu denken, womit dann allerdings die Rückkehr an den konkreten Herkunftsort gemeint ist (zum Beispiel in das Haus des Großvaters), der oft als verlorenes Paradies erscheint. Sie haben sich in den jeweiligen Aufnahmeländern nichts aufgebaut und haben daher auch nichts zu verlieren. Als die Palästinenser in den syrischen und libanesischen Flüchtlingslagern die Nachricht vom Abschluß der Osloer Abkommen hörten, packten sie ihre Sachen, weil sie glaubten, sie könnten in allernächster Zeit nach Akko oder Jaffa zurückkehren. Diese Gruppen müssen noch in erheblichem Umfang »Trauerarbeit« leisten, und im Unterschied zu den in der Diaspora erfolgreichen Palästinensern haben sie die Existenz Israels noch nicht akzeptiert. Die Palästinensische Autonomiebehörde hat weder ein politisches noch ein wirtschaftliches Interesse daran, daß diese sich selbst überlassenen Menschen zurückkehren, denn da sie völlig mittellos sind, würden sie abhängige Fürsorgefälle bleiben.

Ein weiteres Problem sind die Bevölkerungsgruppen, die kein Rückkehrrecht haben. Sie sind von den Aufnahmeländern bis heute nicht integriert worden. Die arabischen Staaten haben 1948 beschlossen, sie nicht zu integrieren, um die Palästinenserfrage als Kristallisationspunkt des arabischen Nationalismus zu erhalten und als willkommenes Alibi für die Regierungen, um die Menschen von internen Problemen des jeweiligen Landes abzulenken. Da der Friedensprozeß nun offensichtlich auf die Integration in den Aufnahmeländern hinausläuft, treten die damit verbundenen Probleme voll zutage. Im Verlauf von 50 Jahren hat sich ein starkes palästinensisches Identitätsbewußtsein herausgebildet, auch bei den Palästinensern, die eine neue Staatsbürgerschaft bekommen haben. Wenn man von den Palästinensern verlangt, ganz in der nationalen Identität des Aufnahmelandes aufzugehen, dann setzt das auf der anderen Seite voraus, daß sie vollkommen gleich behandelt werden. Noch sieht es nicht so aus, als wären in allen Ländern die Eliten bereit, die dafür nötigen Mittel aufzubringen und ihre Beziehungen zu den Palästinensern zu überdenken.

Welche Rolle kann Jordanien spielen?

»Palästina, das ist Jordanien«, hat der israelische General Ariel Sharon einmal gesagt. In den sechziger Jahren teilten die israelischen Politiker diese Auffassung. Die Palästinenser stellten in Jordanien die Bevölkerungsmehrheit, von 1948 bis 1967 kontrollierte Jordanien das Westjordanland, und bis 1988 unterhielt es noch institutionelle Bindungen. »Die jordanische Option« würde darin bestehen, das Westjordanland dem Haschemitenkönigreich zurückzugeben und damit die Gründung eines unabhängigen Palästinenserstaates zu vermeiden. Die jordanische Option umfaßt mehrere Varianten eines palästinensisch-jordanischen Bundesstaates oder Staatenbundes, die alle darauf hinauslaufen, daß die Palästinenser dem König von Jordanien unterstehen würden.

Kein anderer Staat ist so stark in den israelisch-palästinensischen Friedensprozeß involviert wie Jordanien, das vielschichtige Beziehungen sowohl zur PLO als auch zu Israel unterhält. Das Haschemitenkönigreich hat nach dem israelisch-ägyptischen Abkommen von Camp David als erster arabischer Staat ein Friedensabkommen mit Israel geschlossen. Der jordanische König Hussein hat auf eine rasche Normalisierung der Beziehungen zu Israel gesetzt, und sollte der Friedensprozeß scheitern, befände sich sein Regime gegenüber der mehrheitlich palästinensischen Bevölkerung in einer mißlichen Lage.

Beständige Beziehungen

Die Regionen, die das Staatsgebiet des heutigen Königreichs Jordanien bilden, orientierten sich wirtschaftlich schon immer zur Küste von Palästina, wie die uralten Handelsstraßen von Akko über Nablus nach Es-Salt, von Jaffa über Kerak nach Hebron oder von Gaza nach Akaba zeigen. Güter und Menschen konnten unter der osmanischen Herrschaft ebenso wie unter britischer Mandatsherrschaft stets frei zirkulieren, und in den Jahren zwischen den beiden Weltkriegen arbeiteten jordanische Tagelöhner zur Erntezeit auf den großen Gütern an der Küste.

Viele einflußreiche jordanische Familien stammen aus Palästina. Um nur einige Beispiele zu nennen: Die Nabulsis, ein bedeutender Clan von Händlern in Salt, sind vor mehreren Jahrhunderten aus Nablus eingewandert; der Vater des ehemaligen jordanischen Premierminister Said el-Rifai ist als leitender Mitarbeiter der englischen Firma *Iraki Petroleum* in den dreißiger Jahren nach Jordanien gekommen; die verstorbene Königin Alia stammte aus der Familie Tukan, die sich zu Beginn des Jahrhunderts in Salt niederließ und ursprünglich aus Nablus kam, wo die verbliebenen Familienangehörigen immer noch eine beherrschende Position innehaben; die Familie des ehemaligen Premierministers Majali ist im 19. Jahrhundert von Hebron nach Kerak ausgewandert.

Durch den Zustrom von Flüchtlingen in den Jahren 1948 und 1967 hat dieses Phänomen eine ganz neue Dimension erhalten. Mitglieder ein und derselben Familie leben diesseits und jenseits des Jordans, teils in Lagern, teils inmitten der übrigen Bevölkerung.

Israel, die Haschemiten und das Westjordanland

In den 1949 abgeschlossenen Waffenstillstandsabkommen von Rhodos wurde eine erste Aufteilung des palästinensischen Mandatsgebietes zwischen Israelis und Haschemiten vereinbart. Der jordanische König Abdallah erkannte die Waffenstillstandslinien als Grenzen Israels an, Israel überließ Jordanien im Gegenzug das Westjordanland und Ost-Jerusalem. Im Jahr 1950 organisierte Jordanien in Jericho ein »Gipfeltreffen« von Honoratioren aus dem Westjordanland, und die Gipfelteilnehmer verlangten den Anschluß des Westjordanlandes an Jordanien. Ben Gurion sagte damals voraus, die Palästinenser würden in den Aufnahmeländern »aufgehen«, allen voran in Jordanien.

In den sechziger Jahren mußten die Israelis indes feststellen, daß die palästinensische Identität nicht in einer umfassenden arabischen Identität aufgegangen war, sondern daß der Kampf sie vielmehr verstärkt und deutlicher konturiert hatte. In jener Zeit, als der Panarabismus seinen Höhepunkt erreichte, sahen sich alle arabischen Führer unabhängig von ihren ei-

Die Haschemiten

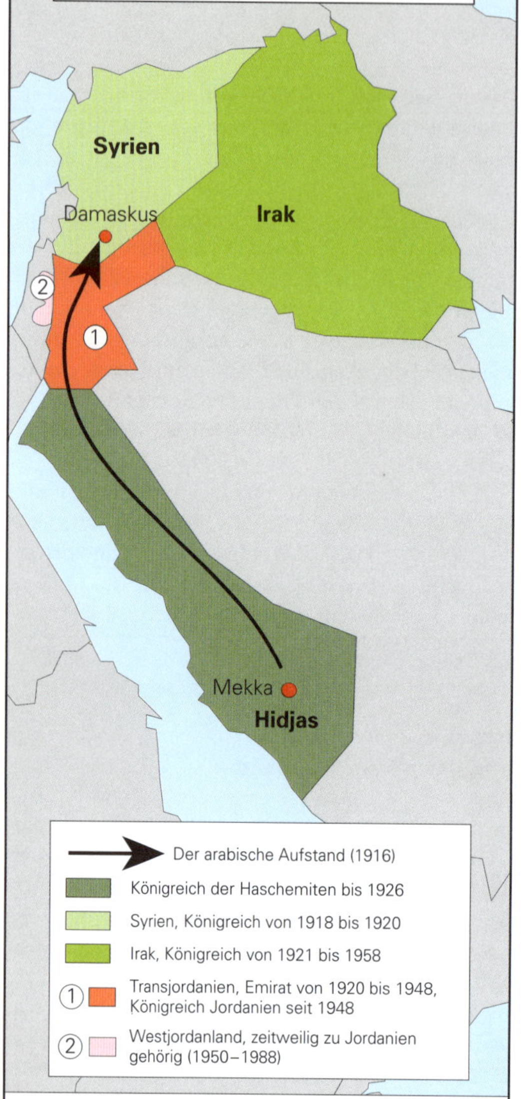

Syrien

Damaskus

Irak

② ①

Mekka ●

Hidjas

→ Der arabische Aufstand (1916)

Königreich der Haschemiten bis 1926

Syrien, Königreich von 1918 bis 1920

Irak, Königreich von 1921 bis 1958

① Transjordanien, Emirat von 1920 bis 1948, Königreich Jordanien seit 1948

② Westjordanland, zeitweilig zu Jordanien gehörig (1950–1988)

Hussein Ibn Ali, Scherif von Mekka (1853–1931)

Abdallah Ibn Hussein (1882–1951);
Emir von Transjordanien 1920/1946;
König von Transjordanien 1946/1950;
König von Jordanien 1950/1951

Faisal Ibn Hussein;
König von Syrien 1920;
König des Irak 1921/1958

Talal Ibn Abdallah (1909–1972);
König von Jordanien 1951/1952

Hussein Ibn Talal (1935);
König von Jordanien 1952–

Palästinenser in der Mehrheit

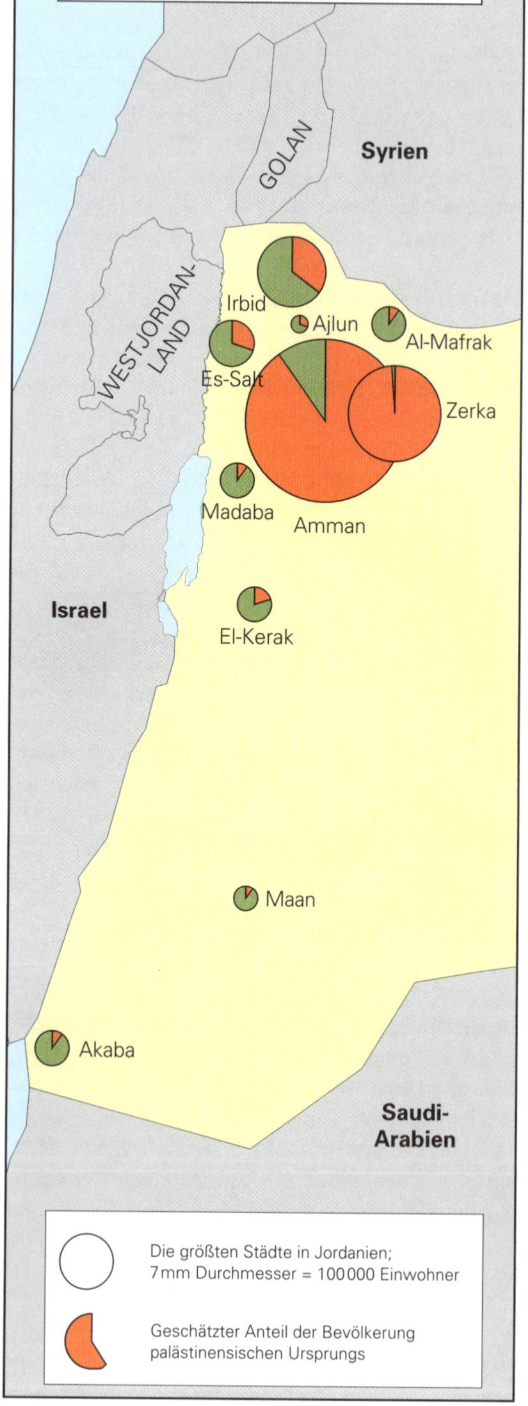

GOLAN

Syrien

WESTJORDAN-LAND

Irbid

Ajlun

Al-Mafrak

Es-Salt

Zerka

Madaba

Amman

Israel

El-Kerak

Maan

Akaba

Saudi-Arabien

○ Die größten Städte in Jordanien;
7 mm Durchmesser = 100 000 Einwohner

Geschätzter Anteil der Bevölkerung palästinensischen Ursprungs

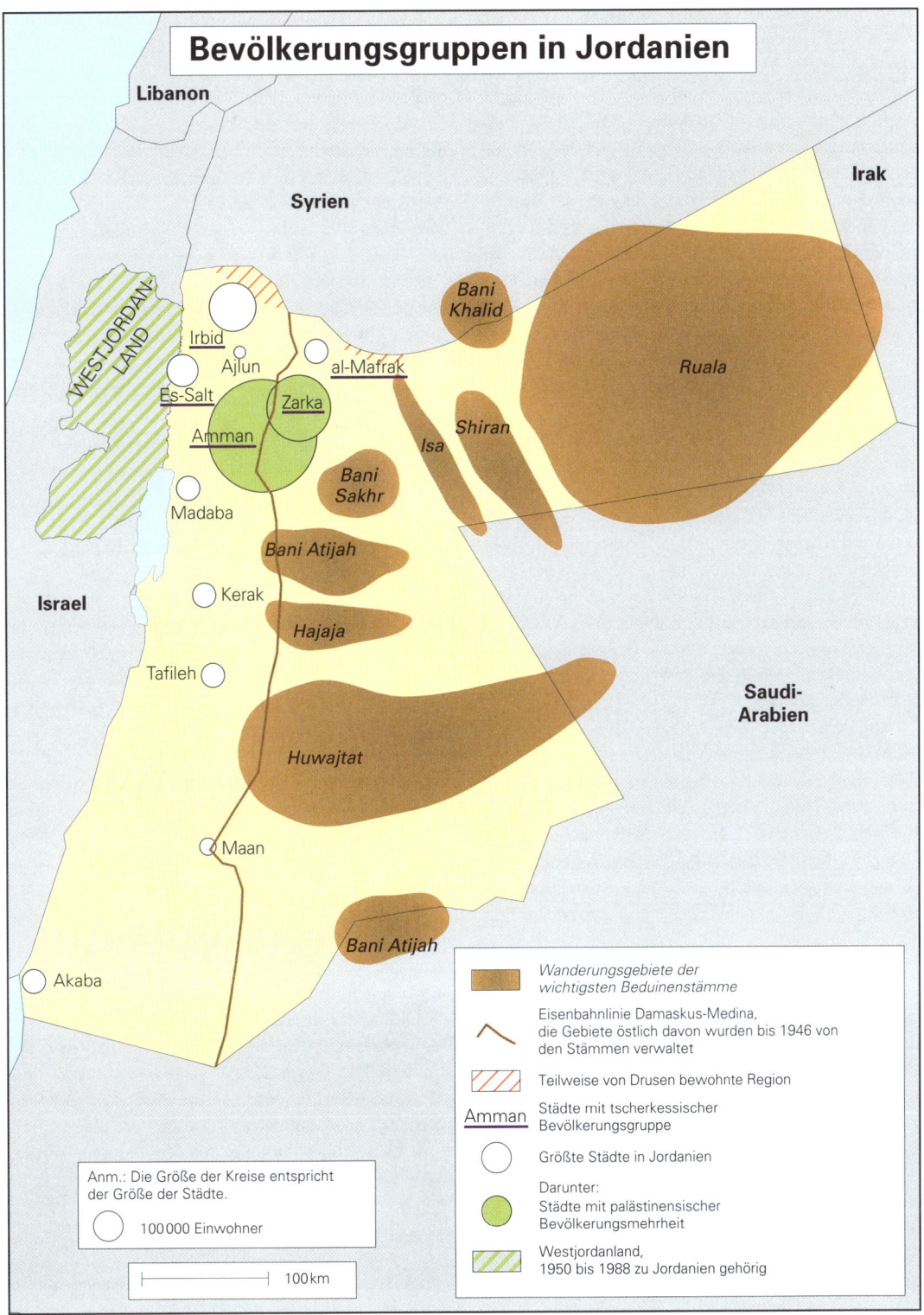

Bevölkerungsgruppen in Jordanien

Libanon

Irak

Syrien

Bani Khalid

Ruala

WESTJORDAN-LAND

Irbid

Ajlun

al-Mafrak

Es-Salt

Zarka

Amman

Isa

Shiran

Bani Sakhr

Madaba

Bani Atijah

Israel

Kerak

Hajaja

Tafileh

Saudi-Arabien

Huwajtat

Maan

Bani Atijah

Akaba

Legende:

Wanderungsgebiete der wichtigsten Beduinenstämme

Eisenbahnlinie Damaskus-Medina, die Gebiete östlich davon wurden bis 1946 von den Stämmen verwaltet

Teilweise von Drusen bewohnte Region

Amman — Städte mit tscherkessischer Bevölkerungsgruppe

Größte Städte in Jordanien

Darunter: Städte mit palästinensischer Bevölkerungsmehrheit

Westjordanland, 1950 bis 1988 zu Jordanien gehörig

Anm.: Die Größe der Kreise entspricht der Größe der Städte.

100 000 Einwohner

100 km

gentlichen Überzeugungen gezwungen, öffentlich eine pro-palästinensische Haltung einzunehmen; andernfalls wären sie gestürzt worden. Im Verlauf der fünfziger und sechziger Jahre verlor das jordanische Regime allmählich die Kontrolle über die politischen Vorgänge im Westjordanland, und das kam nationalistischen und panarabischen Palästinenserorganisationen zugute. Unter dem doppelten Einfluß des Panarabismus und der palästinensischen Ideologie wurde Jordanien zu einer Gefahrenquelle für Israel, und das um so mehr, als Israel in Anbetracht der kurzen Entfernungen einen »sicherheitspolitischen Alptraum« durchlebte. Die Unfähigkeit des Haschemitenregimes, die Attacken der Fedajin auf Israel zu unterbinden, war einer der Gründe dafür, daß Israel den Sechstagekrieg auslöste.

Nach der Besetzung des Westjordanlandes und des Gazastreifens 1967 suchten die israelischen Politiker, nachdem sie das Palästinenserproblem erkannt hatten, nach Ländern, welche die betroffenen Menschen aufnehmen konnten. Der Sharon-Plan sah in Umkehrung des früheren israelischen Vorschlags folgendes vor: Da die Palästinenser nicht in Jordanien aufgehen können, muß Jordanien das Vaterland der Palästinenser werden, und die Haschemiten müssen abdanken, damit die Palästinenser die Macht übernehmen können.

Im Jahr 1970, nach den Ereignissen des »Schwarzen September«, als jordanische Truppen bewaffnete Palästinenserorganisationen auslöschten, mußten die Israelis diesen Plan aufgeben. Bis 1974 glaubten sie, sie könnten mit Jordanien über die Rückgabe des Westjordanlandes als Gegenleistung für einen Friedensschluß verhandeln. Doch die Anerkennung der PLO als »einzige legitime Vertretung des palästinensischen Volkes« durch das Gipfeltreffen der Arabischen Liga in Rabat machte diese Aussicht zunichte; es war für Israel damals undenkbar, mit der PLO zu verhandeln. Die Israelis mußten also notgedrungen mit der Situation fertig werden, die sie geschaffen hatten, mit der militärischen Besetzung dichtbevölkerter Gebiete. Die Entscheidung, diese Gebiete mit den dort ansässigen Menschen zu behalten, bedeutete für Israel, daß sie ökonomisch integriert werden mußten. Ausschlaggebend für die Entscheidung waren soziale Gründe – Befriedung der Region – und territoriale Gründe – Einverleibung der Gebiete. Die Kolonisierung im eigentlichen Sinn, das heißt der Bau von Siedlungen, begann erst später, im Jahr 1979.

Auch nach der Besetzung der Gebiete durch Israel 1967 gab die jordanische Führung die Hoffnung nicht auf, das Westjordanland und Ost-Jerusalem zurückzubekommen. Die 1967 amtierenden Funktionsträger behielten ihre Posten und wurden weiterhin von Jordanien bezahlt. Im Jahr 1974 mußte Jordanien auf dem Gipfeltreffen von Rabat auf Druck der Arabischen Liga die PLO als einzige legitime Vertretung des palästinensischen Volkes anerkennen; diesen Titel hatte die PLO bereits seit geraumer Zeit beansprucht. Doch vor Ort war Jordanien weiterhin genauso präsent wie die israelische Regierung, weigerte sich, die PLO anzuerkennen, und untersagte ihr jegliche finanzielle Transfers in die besetzten Gebiete. Israel war es damals viel lieber, wenn Jordanien weiter Einfluß in den besetzten Gebieten ausübte, als daß die PLO eine wie auch immer geartete offizielle Rolle spielte.

Der Bruch im Gefolge der Intifada

Im Jahr 1988 brach König Hussein von Jordanien als Reaktion auf die Intifada die offiziellen administrativen Beziehungen zwischen Jordanien und dem Westjordanland ab; damit blieb für Israel auf der Suche nach einer Lösung nur die PLO als Verhandlungspartner. Die Palästinenser beiderseits des Jordans protestierten mit dem Argument, die PLO sei nicht in der Lage, innerhalb so kurzer Zeit die Funktionen Jordaniens zu übernehmen; praktisch bedeute diese Entscheidung, daß die Palästinenser in den besetzten Gebieten der israelischen Armee ausgeliefert würden. Gestärkt durch das Plebiszit der Palästinenser zugunsten des jordanischen Einflusses, bezahlte der jordanische König den palästinensischen Funktionären weiter ihre Gehälter, auch denen, die von den israelischen Militärbehörden abgesetzt worden waren.

Daß die Intifada kein vorübergehendes Feuer war, sondern andauerte, stellte Jordanien vor ein Problem. Die Träger des Aufstands, die jungen Leute, waren unter der israelischen Besatzung geboren worden. Sie kannten die jordanische Herrschaft nicht mehr und setzten sie mit den anderen Formen der »Fremdherrschaft« gleich, die Palästina im Laufe des Jahrhunderts erlebt hatte: die der Osmanen, der Briten, Jordaniens und schließlich Israels. 70 Prozent der palästinensischen Bevölkerung im Westjordanland und in Ost-Jerusalem sind jünger als 30 Jahre. Diejenigen, die die von ihren Vätern und älteren Brüdern vertretene jordanische Lösung ablehnen, sind heute also die breite Mehrheit.

Die jordanische Führung ist sich der Dimension des Problems bewußt. Zu Anfang fürchtete sie ein Übergreifen der Intifada auf Jordanien, wo die Altersstruktur ganz ähnlich ist wie in den besetzten Gebieten. Später, nach dem Ende der Intifada, versuchte sie, die Jungen für sich zu gewinnen, indem sie die traditionellen Netzwerke und Bindungen reaktivierte, die den einzelnen in Klientelbeziehungen integrieren, in der Hoffnung, daß die Jungen sich den Älteren unterordnen würden, die Jordanien positiv gegenüberstehen. Die aktuelle Entwicklung begünstigt diese Strategie. Die Krise des Friedensprozesses macht die Funktionsprobleme der palästinensischen Gesellschaft deutlich und fördert traditionelle Formen des Zusammenhalts wie Netzwerke, Familienbindungen und Klientelbeziehungen.

Der Friedensprozeß und die jordanische Option

Durch den Friedensprozeß ist die jordanische Option wieder aktuell geworden. Die Probleme bei der Einrichtung der palästinensischen Autonomieverwaltung haben die Besorgnis der Palästinenser verstärkt und das Gewicht der Honoratiorenfamilien erhöht, die traditionell Jordanien wohlwollend gegenüberstehen, weil dort ein Zweig der Familie hohe politische oder wirtschaftliche Ämter innehat.

Die Israelis und ein Teil der internationalen Staatengemeinschaft könnten sich mit der jordanischen Lösung arrangieren, wenn das Westjordanland und Ost-Jerusalem dabei eine hinreichend unbestimmte Zwitterstellung erhalten, so daß einerseits nicht zu viele Siedlungen aufgelöst werden müßten und man sich andererseits nicht mit einem Palästinenserstaat würde abfinden müssen, der als instabil erschiene. Jordanien könnte mit einem unbestimmten Status des Westjordanlandes und Ost-Jerusalems einverstanden sein, die Palästinenser hingegen lehnen das entschieden ab. Sie kämpfen für die Errichtung eines eigenen Staates und dementsprechend für die Übertragung aller Bestandteile der Souveränität (Land, Integrität des Staatsgebietes, keine Einmischung Dritter in innere Angelegenheiten des Staates und so weiter).

Mittelfristig ist nicht auszuschließen, daß es zur jordanischen Lösung kommt, und sie könnte sich im Hinblick auf den Frieden sogar als die beste erweisen. Allerdings ist diese Lösung nicht von einem Tag auf den anderen umsetzbar, und damit sie umgesetzt werden kann, muß zum einen die Bevölkerung zustimmen, zum anderen Arafat abtreten. Im Hinblick darauf läge es im gemeinsamen Interesse von Israel und Jordanien, wenn die Palästinensische Autonomiebehörde eine Zeitlang so wohldosiert mit Schwierigkeiten zu kämpfen hätte, daß es weder zu einer Explosion käme, noch ihr Wirken uneingeschränkt von Erfolg gekrönt wäre. Die Palästinensische Autonomieverwaltung läuft oft Gefahr, sich durch autoritäre Entscheidungen unbeliebt zu machen; das wiederum könnte die Palästinenser in den Gebieten in die Arme Jordaniens treiben. Diese Taktik birgt allerdings das Risiko, daß die Palästinenser sich auch einer extremistischen Alternative vom Typ Hamas oder Djihad zuwenden könnten. Von Ende 1994 bis Mitte 1995 war zu beobachten, daß die islamistischen Bewegungen im gleichen Maße Zulauf hatten, wie auch die Zustimmung zur jordanischen Lösung wuchs. Im Januar 1996 haben die Bewohner des Westjordanlandes allerdings für Arafat votiert, obgleich der jordanischen Lösung immer noch bestimmte Sympathien gehören.

Zu Lebzeiten Arafats ist die jordanische Lösung allerdings nicht durchsetzbar. An Arafat führt kein Weg vorbei. Kein anderer palästinensischer Politiker von Format wäre bereit, in der gegenwärtigen Situation weiterzuverhandeln, während der Bau von Siedlungen vorangetrieben wird, und Arafats Gegner spekulieren darauf, daß kein Nachfolger für ihn in Sicht ist. Die palästinensische Bevölkerung könnte aus Angst vor dem Chaos und einem Machtkampf zwischen rivalisierenden palästinensischen Gruppen nach dem Tod des Palästinenserführers den König von Jordanien zu Hilfe rufen.

Unsicherheitsfaktoren in Jordanien

Doch auch das Schicksal Jordaniens ist ungewiß. König Hussein steht am Ende seiner Regierungszeit, und obgleich er seine Nachfolge gut vorbereitet hat, ist nicht sicher, daß der Machtwechsel reibungslos vonstatten geht. Der Machtwechsel könnte vielmehr für verschiedene soziale Gruppen eine Gelegenheit sein, über ihre Loyalität zum Regime neu zu verhandeln. Die Palästinenser könnten eine ihrem wirtschaftlichen Gewicht entsprechende politische Vertretung verlangen (Schätzungen zufolge befinden sich 80 Prozent der jordanischen Volkswirtschaft in den Händen von Palästinensern). Die Tscherkessen könnten darauf dringen, daß ihre überproportionale Präsenz in Armee und Politik nicht angetastet wird; die Beduinen und die verschiedenen jordanischen Stämme könnten eine bevorzugte Berücksichtigung bei der Vergabe öffentlicher Ämter fordern. Da die Ziele der verschiedenen Gruppen, die den Staat Jordanien bilden, unterschiedlich sind, wäre der Ausgang einer solchen Neuverteilung der Macht ungewiß.

Die Israelis müssen darauf gefaßt sein, daß sie Jordanien eines Tages sehr schnell das zugestehen müssen, was sie der Palästinensischen Autonomiebehörde bislang verweigern: Verzicht auf weitere Beschlagnahme von Land, Rückzug der israelischen Armee, Aufgabe bestimmter, insbesondere religiöser Siedlungen, die die größte Bedrohung für den Frieden darstellen. Vor den israelischen Parlamentswahlen 1996 war noch nicht abzusehen, ob der Likud-Block im Falle eines Wahlsiegs zu derartigen Zugeständnissen bereit sein würde oder ob ihm nicht der Fortbestand der palästinensischen Autonomieverwaltung mit ihren beschränkten Mitteln lieber wäre.

Jerusalem: Das heilige Feuer

Jerusalem, Yerushalayim oder El-Kuds ist ein Ort, der drei Weltreligionen heilig ist und in der Region eine einzigartige symbolische Bedeutung besitzt. Im Jahr 1981 erklärte die Knesset Jerusalem zur »ewigen« Hauptstadt Israels; Jerusalem gilt im Judenstaat als die ur-jüdische Stadt. Auf der einen Seite ist es die Stadt des Tempels und des antiken jüdischen Reiches. Auf der anderen Seite hat die Stadt König Davids israelischen Statistiken zufolge seit Mitte des 19. Jahrhunderts wieder eine mehrheitlich jüdische Bevölkerung. Und während die beiden anderen monotheistischen Religionen über religiöse Stätten von ähnlicher (Rom für die Katholiken) oder noch größerer Bedeutung (Mekka für die Muslime) verfügen, hat Jerusalem für die Juden einen ganz besonderen Stellenwert. Ein weiteres Argument der Juden zielt in dieselbe Richtung: Jerusalem sei für das Christentum und den Islam nur aufgrund der Bibel bedeutsam, die Bibel aber hätten sie von den Juden ererbt.

Christen und Muslime weisen diese Argumente als nicht überzeugend zurück. Manche erinnern daran, daß Jerusalem erst im 11. Jahrhundert vor unserer Zeitrechnung von den Hebräern erobert wurde, das heißt mehr als 1000 Jahre nach seiner Gründung. Jerusalem sei überdies durch den Leidensweg Christi aufs innigste mit der Geschichte des Christentums verbunden. Für die Muslime ist Jerusalem seit der Rückeroberung der Stadt von den Kreuzfahrern (1187) das Symbol dafür, daß das Land um Jerusalem immer muslimisch bleiben wird.

Nur vor dem religiösen Hintergrund wird verständlich, warum Jerusalem der gordische Knoten des Friedensprozesses ist. Von Anfang an verfolgten die Zionisten das Ziel, Jerusalem zur Hauptstadt von Israel zu machen. An jedem Passah-Fest seit der Zerstörung des Tempels durch die Römer im Jahr 70 n. Chr. sprechen die Juden beim religiösen Festmahl, dem *Seder*, die rituellen Worte: »Nächstes Jahr in Jerusalem.« In Jerusalem zu leben ist eine zentrale Triebkraft des Zionismus zumindest in seiner religiösen Ausprägung. Wenn ein Immigrant sich lieber in Jerusalem niederläßt als in Tel Aviv, ist das oft Ausdruck einer geistigen Suche.

Seit der Gründung des Staates Israel im Jahr 1948 ist Jerusalem einer der zentralen Kristallisationspunkte des arabischen Nationalismus. Nun rezitieren die Palästinenser aus der Diaspora die beschwörende Formel »Nächstes Jahr in Jerusalem«. Mehrere »El-Kuds-Komitees«, benannt nach dem arabischen Namen der Stadt, wurden ins Leben gerufen, um den arabischen oder islamischen Charakter der Stadt zu bekräftigen. Jerusalem war nie ein politisches Machtzentrum der arabischen Welt, aber es war nach der Rückeroberung von den Kreuzrittern im Jahr 1187 die wichtigste Drehscheibe in Palästina und die größte Stadt auf dem Weg von Damaskus nach Kairo. Der Felsendom, die um 690 an der Stelle, wo einst der Tempel stand, errichtete Moschee, ist nach Mekka und Medina eine der drei heiligsten Stätten des Islam. Anders als andere Städte wurde Jerusalem von den arabischen Eroberern im 7. Jahrhundert nicht zerstört, weil es für sie schon damals eine heilige Stadt war.

Jerusalem, übersetzt die »Stadt des Friedens«, birgt in ihren Mauern alle Keime für die Fortdauer des Konflikts. Der hebräische Staat hat seine Kontrolle über die Stadt schrittweise ausgedehnt, aber mehr in dem Bestreben, sie zu »israelisieren«, als sie zu »judaisieren«. Obgleich diese Politik Erfolg hatte, ist Jerusalem nach wie vor geteilt. Die israelischen Behörden und die Araber nutzen dabei gleichermaßen die doppeldeutigen Interessen der jeweils anderen Seite aus. In Anbetracht dieser Situation erfordert die Aufgabe, einen Status für Jerusalem zu definieren, ein außerordentliches Maß an politischer Phantasie und Kompromißfähigkeit.

Die allmähliche Ausdehnung der israelischen Kontrolle über Jerusalem

Ein Teil von Jerusalem war schon immer von Juden bewohnt, wie das Jüdische Viertel der Altstadt zeigt. Die Juden blieben allerdings so lange in der Minderheit, wie die Stadt nicht über ihre Mauern hinauswuchs, das heißt bis zur Mitte des 19. Jahrhunderts. Die neuentstandenen Viertel wurden in der Regel nach den Siedlern aus dem Westen benannt, die sich dort niederließen. Aus hauptsächlich topographischen Gründen siedelten in den westlichen und nördlichen Stadtteilen wohlhabendere Schichten als in den östlichen Vororten. In den westlichen Vierteln ließen sich Angehörige arabischer Honoratiorenfamilien Villen errichten, während die Juden sich in der Stadtmitte und den östlichen Vierteln konzentrierten. Erst in der Zeit zwischen den beiden Weltkriegen zogen Juden und Araber gezielt in getrennte Stadtviertel, nachdem es in Folge des wachsenden Zustroms von Juden ins Land Israel immer häufiger zu Zusammenstößen zwischen den beiden Volksgruppen gekommen war.

Im Jahr 1948 war Jerusalem der zentrale Streitpunkt zwischen Juden und Arabern. Nach dem von der UNO 1947 festgelegten Statut sollte Jerusalem eine internationale Stadt werden, doch tatsächlich wurde es in zwei Teile gespalten. Seit der Staatsgründung 1948 ist West-Jerusalem die Hauptstadt von Israel, seit 1950 Sitz von Parlament und Regierung. Nur einige wenige lateinamerikanische Botschaften zogen ebenfalls nach Jerusalem, die meisten anderen diplomatischen Partner Israels behielten ihre Vertretungen in Tel Aviv bei. Dieser internationale Konsens wurde allerdings vom amerikanischen Senat gebrochen, der 1995 die Verlegung der amerikanischen Botschaft nach Jerusalem forderte.

In den Jahren 1947–1949 kamen relativ wenig arabische Flüchtlinge nach Ost-Jerusalem; dagegen verließ ein Großteil der Eliten die Stadt und ging nach Jordanien. 1950 wurde der Ostteil der Stadt vom Haschemitenkönigreich annektiert. An wirtschaftlicher Bedeutung trat er hinter Amman zurück, doch waren die Palästinenser in ihm besonders aktiv.

Die Einnahme des Ostteils durch die israelische Armee im Jahr 1967 löste einen sehr viel geringeren Exodus aus als im übrigen Westjordanland. Ost-Jerusalem erlebte allerdings in der Folgezeit einen zwar ganz allmählichen, aber regelmäßigen und letztlich beträchtlichen Aderlaß. Viele arabische Einwohner wurden der Schikanen seitens der israelischen Verwaltung müde, außerdem lockten die Arbeits- und Verdienstmöglichkeiten der Golfstaaten. Die Auswanderung führte zu einem Strukturwandel der arabischen Bevölkerung von Jerusalem; die Mehrheit bilden heute höchstwahrscheinlich nicht mehr alteingesessene Jerusalemer Familien, sondern Zuwanderer aus Hebron. Zugleich haben die Muslime zahlenmäßig gegenüber der christlichen Bevölkerungsgruppe an Gewicht gewonnen, denn viele

wirtschaftlich meist bessergestellte Christen sind ausgewandert.

Da Jerusalem nach 1967 als sicherer galt als zuvor, zogen zunehmend mehr Israelis dorthin, allerdings dehnte sich die Stadt bis Ende der siebziger Jahre nur nach Westen aus. Im Ostteil ließen sich Juden in nennenswerter Zahl erst Anfang der achtziger Jahre nieder. Der Bau neuer Stadtviertel im Osten spiegelte die gewandelte Einstellung gegenüber den besetzten Gebieten wider: Sie waren nun Land, das kolonisiert werden konnte. In Jerusalem wurden Siedlungen planvoll mit dem Ziel errichtet, die arabischen Stadtteile einzukreisen.

Die Politik der vollendeten Tatsachen wurde formell besiegelt durch die Annexion Ost-Jerusalems im Jahr 1981. Seither gibt es Kontrollpunkte an den östlichen Zufahrtswegen, so daß Ost-Jerusalem von seinem Hinterland abgeschnitten ist, und die Stadtverwaltung hat hohe Hürden für Araber errichtet, die sich um eine Baugenehmigung bemühen. Die Restriktionen wurden 1993 noch verschärft, und die Kontrollpunkte, an denen man die Zugangsberechtigung von Einwohnern der besetzten Gebiete nach Jerusalem überprüfte, entwickelten sich im Zuge der wiederholten Abriegelung der Gebiete zu regelrechten militärischen *Checkpoints*. Aus palästinensischer Sicht verfolgen die Israelis mit dieser Politik das Ziel, die Einwohner Jerusalems so streng wie möglich vom übrigen Westjordanland abzuriegeln.

Im Jahr 1990 wurde Jerusalem zur »Zone absolut bevorzugter Bautätigkeit« erklärt. Dazu wurde ein Stadtgebiet ausgewiesen, das fünfmal so groß ist wie der Jerusalemer Stadtkern. Die Palästinenser kritisierten diese Neudefinition des Jerusalemer Stadtgebiets scharf, weil sie in ihren Augen das Vorspiel zu neuen Annexionen darstellte. Das Stadtgebiet scheint allerdings seine politische Bedeutung vollkommen verloren zu haben, seit die beiden wichtigsten arabischen Orte der Umgebung, Ramallah und Bethlehem, 1996 autonome palästinensische Städte geworden sind.

Die Einheit Jerusalems bleibt für die Israelis weiterhin ein vorrangiges Ziel. Als Ergebnis der seit 1978 verfolgten Politik hat sich das zahlenmäßige Verhältnis der Bevölkerungsgruppen zu Beginn der neunziger Jahre umgekehrt. 1994 lebten in Jerusalem 160000 Juden gegenüber 150000 Arabern.

Die Säkularisierung der heiligen Stadt

Jerusalem gilt auch in Israel traditionell als ein spiritueller Ort. Gegenüber dem weltlichen Tel Aviv war Jerusalem stets die Stadt der Heiligen Schrift. Auch das Stadtbild von Jerusalem ist vollkommen anders. In Tel Aviv gibt es zwar keine Wolkenkratzer, doch wirkt die Stadt, als wäre sie nach amerikanischen Vorbildern auf dem Reißbrett entworfen worden. Jerusalem dagegen erinnert von der Anlage her, mit seinen kreisförmig und unregelmäßig verlaufenden Straßen und Gassen, an eine Stadt im mittleren Orient, obgleich die »alten Steine« immer seltener werden.

Das Bild der heiligen Stadt verwischt sich allmählich. Jerusalem möchte eine »normale« Stadt werden. Lange Zeit spielte sich das Nachtleben vorwiegend in Tel Aviv ab, mittlerweile tobt es außer am Sabbat auch in Jerusalem. Die Stadt ließ ein gigantisches Einkaufszentrum nach amerikanischem Muster errichten, die Mall, das größte seiner Art im gesamten Nahen Osten.

Die »Normalisierung« Jerusalems bemißt sich auch am schwindenden Einfluß der religiösen Kräfte. Die »Männer in Schwarz« beherrschen zwar immer noch bestimmte Viertel, die sie in Gettos inmitten der Stadt und inmitten der israelischen Gesellschaft verwandelt haben. Auf das Leben der Jerusalemer haben sie jedoch nur einen indirekten Einfluß, etwa dadurch, daß sie Druck auf die Stadtverwaltung ausüben, den Busverkehr zu untersagen.

Diese Entwicklung entspricht der Politik von Stadtverwaltung und Regierung, die zumindest offiziell immer den religiösen Extremisten entgegengetreten sind, wenn sie etwa in arabische Stadtviertel vordringen wollten oder wenn einzelne sogar mit terroristischen Mitteln alle Zeichen muslimischer Präsenz in der Stadt wie etwa den Felsendom zu beseitigen suchten. So konnte die Armee Pläne jüdischer Nachwuchsterroristen vereiteln, die den Tempelplatz verminen wollten. Während Jordanien von 1948 bis 1967, als Jerusalem unter jordanischer Kontrolle stand, den Juden den Zugang zur Klagemauer verwehrte, gewährte Israel Christen und Muslimen stets freien Zugang zu ihren heiligen Stätten. Die arabischen Staaten untersagten ihren Bürgern allerdings bis in allerjüngste Zeit, nach Israel zu reisen, deshalb kamen nur wenige muslimische Pilger nach Jerusalem. Seit den achtziger Jahren hat Israel den Palästinensern aus den besetzten Gebieten den Zugang nach Jerusalem erheblich erschwert.

Die Kontrolle über die heiligen Stätten, um die seit alters die verschiedenen palästinensischen Clans rivalisieren, ist heute ein brisantes Politikum. Diese Frage vergiftet das Verhältnis zwischen Israel und dem Vatikan, obschon heute diplomatische Beziehungen geknüpft werden. Der Vatikan weigert sich, Jerusalem als jüdische Stadt anzusehen. Im Grundlagenabkommen von Oslo wurde den Palästinensern die Verantwortung für ihre religiösen Angelegenheiten übertragen mit Ausnahme der heiligen Stätten von Jerusalem, die weiterhin uneingeschränkt Israel unterstehen. Der Friedensvertrag zwischen Israel und Jordanien spricht dem Haschemitenkönig, der Scherif von Mekka ist, die Kontrolle über die muslimischen heiligen Stätten in Jerusalem zu. Die Israelis zogen es in der Tat vor, Jordanien die Aufsicht über die heiligen Stätten zu überlassen, obwohl Jordanien keinerlei politischen Anspruch auf Jerusalem hat, als die Kontrolle in die Hände der Palästinenser zu legen und damit deren Gebietsansprüchen in Jerusalem zusätzliche Legitimität zu verleihen. Aus diesem Grund bestreitet Yassir Arafat die Rechte des jordanischen Königs über die heiligen Stätten in Jerusalem, und er hat einen Gegen-Imam zu dem von Amman gewählten Imam ernannt. Um Zeit zu gewinnen, hat König Hussein Arafat versichert, daß er nach Abschluß des Friedensprozesses den Palästinensern die Kontrolle über die heiligen Stätten zurückgeben werde.

Eine immer noch geteilte Stadt

Praktisch ist die Stadt nicht »wiedervereinigt«. Es gibt eine Stadtverwaltung, aber zwei Verwaltungsgebäude und zwei Busbahnhöfe. Die Elektrizitäts- und Gaswerke wurden verstaatlicht, aber die Dichte der Verteilungsnetze ist unterschiedlich. Die arabische Wasserversorgungsgesellschaft, die als einzige bestehen blieb, versorgt nur arabische Haushalte. Stadtreinigung und Straßenbau sind in den jüdischen und den arabischen Vierteln von sehr unterschiedlicher Qualität. Ein Taxifahrer aus dem Westteil wird sich weigern, in ein arabisches Viertel zu fahren, weil er tätliche Angriffe fürchtet, und ein Taxifahrer aus dem Ostteil kennt die Namen der Straßen im Westteil nicht, weil er nur höchst selten dorthin fährt.

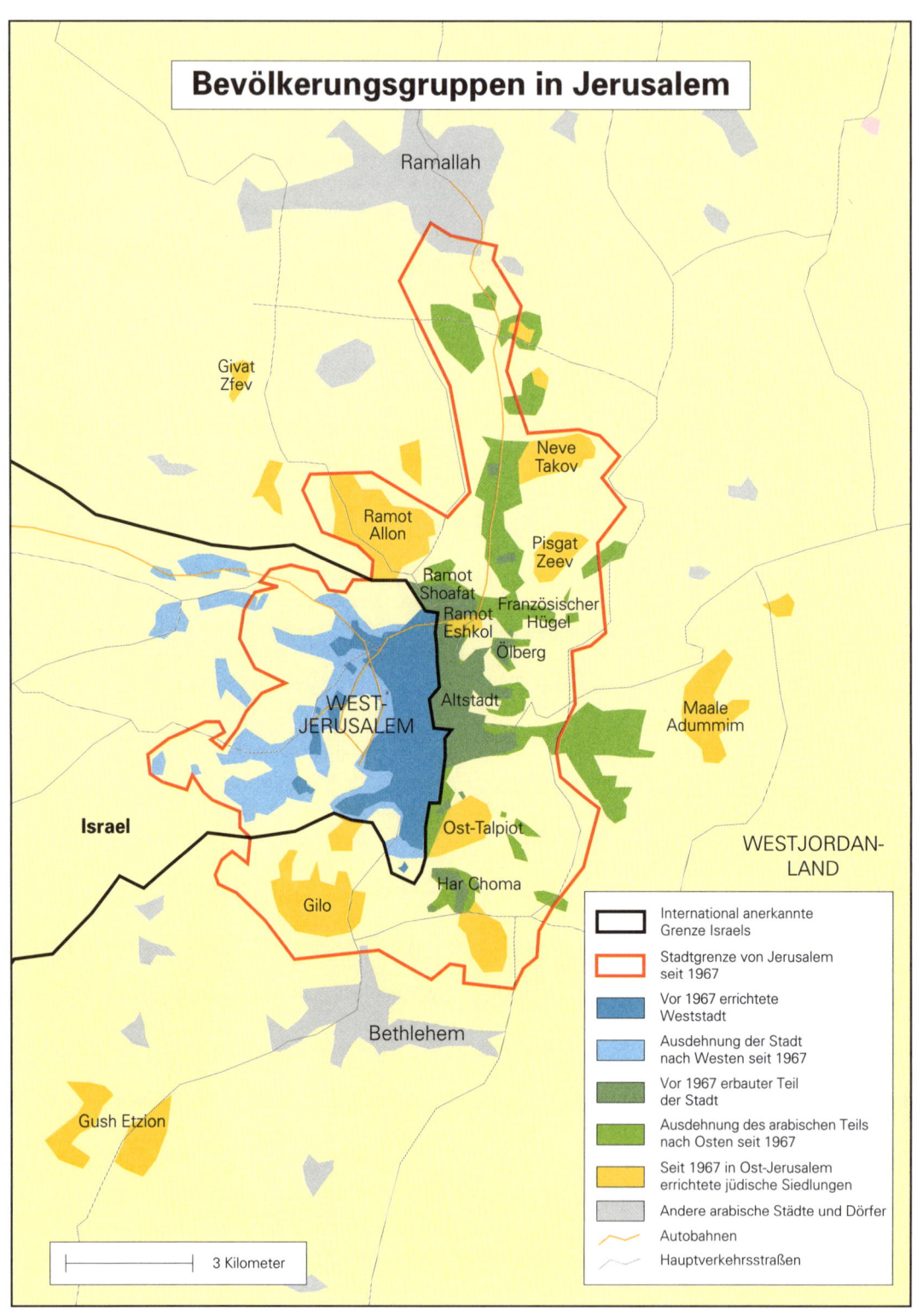

Bevölkerungsgruppen in Jerusalem

Ramallah

Givat
Zfev

Neve
Takov

Ramot
Allon

Pisgat
Zeev

Ramot
Shoafat

Ramot
Eshkol

Französischer
Hügel

Ölberg

WEST-
JERUSALEM

Altstadt

Maale
Adummim

Israel

Ost-Talpiot

WESTJORDAN-
LAND

Gilo

Har Choma

Bethlehem

Gush Etzion

International anerkannte
Grenze Israels

Stadtgrenze von Jerusalem
seit 1967

Vor 1967 errichtete
Weststadt

Ausdehnung der Stadt
nach Westen seit 1967

Vor 1967 erbauter Teil
der Stadt

Ausdehnung des arabischen Teils
nach Osten seit 1967

Seit 1967 in Ost-Jerusalem
errichtete jüdische Siedlungen

Andere arabische Städte und Dörfer

Autobahnen

Hauptverkehrsstraßen

3 Kilometer

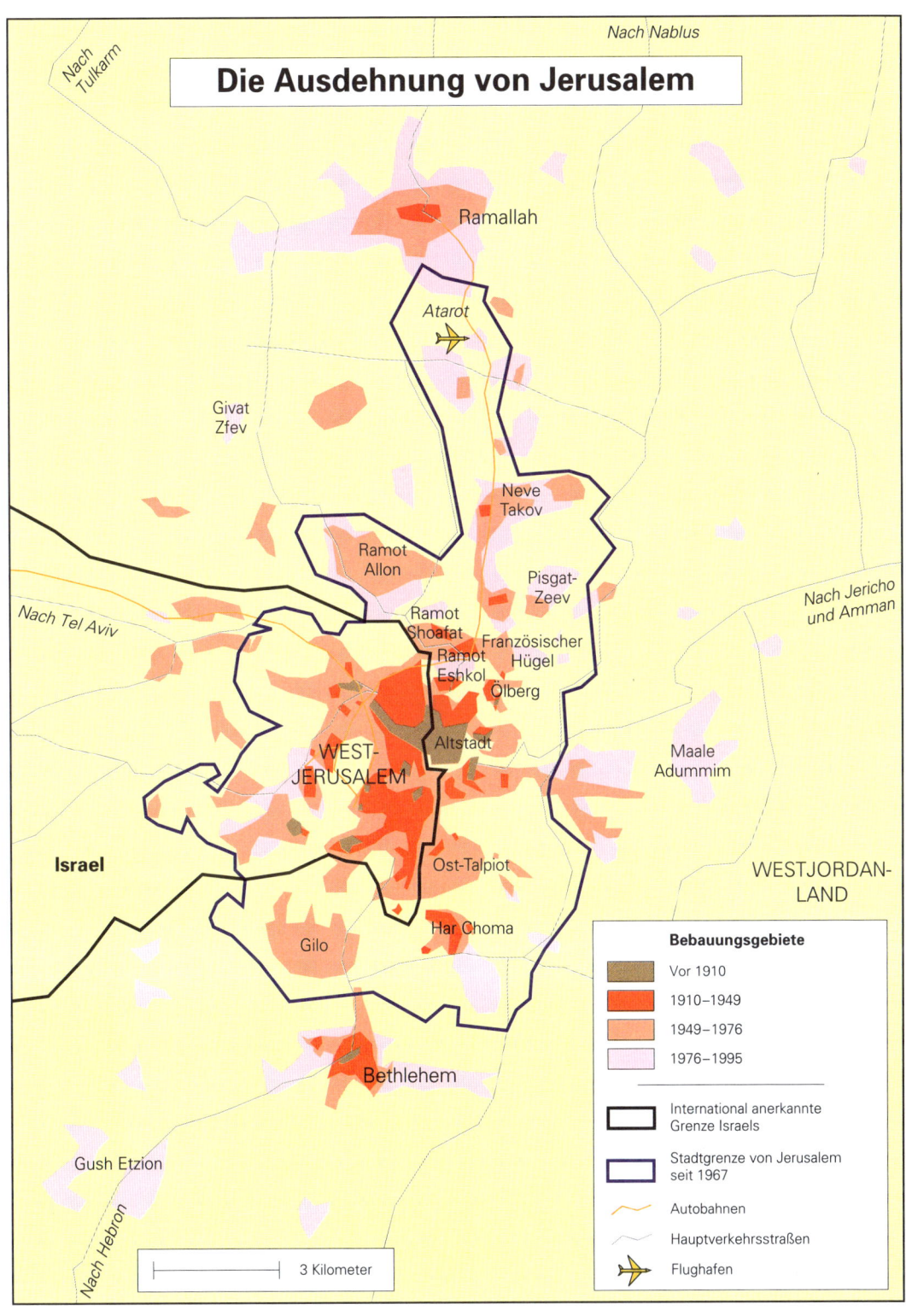

Die Ausdehnung von Jerusalem

Nach Tulkarm

Nach Nablus

Ramallah

Atarot

Givat Zfev

Neve Takov

Ramot Allon

Pisgat-Zeev

Nach Tel Aviv

Ramot Shoafat

Französischer Hügel

Ramot Eshkol

Ölberg

Altstadt

Nach Jericho und Amman

WEST-JERUSALEM

Maale Adummim

Israel

Ost-Talpiot

WESTJORDAN-LAND

Har Choma

Gilo

Bethlehem

Gush Etzion

Nach Hebron

3 Kilometer

Bebauungsgebiete

	Vor 1910
	1910–1949
	1949–1976
	1976–1995

	International anerkannte Grenze Israels
	Stadtgrenze von Jerusalem seit 1967
	Autobahnen
	Hauptverkehrsstraßen
	Flughafen

Während der Intifada war der Weg in eines der neuen jüdischen Viertel im Ostteil für den durchschnittlichen Israeli ein Martyrium; die Busse fuhren durch die arabischen Viertel, wo den Juden Feindseligkeit entgegenschlug. Schließlich wurde ein neues Straßennetz so angelegt, daß es die jüdischen Viertel unter Umgehung der arabischen Wohngebiete verbindet, und nun bleiben den jüdischen Autofahrern die Steinwürfe arabischer Einwohner erspart. Juden und Araber leben nach wie vor nebeneinander, ohne sich zu vermischen, ihre Wege kreuzen sich heute allerdings immer öfter. So gehen seit geraumer Zeit Araber im Westteil zur Arbeit oder zu kulturellen Veranstaltungen, etwa ins Kino; die Mall wird von vielen jungen arabischen Einwohnern Jerusalems besucht, allerdings flanieren die meisten nur und sehen sich die Schaufenster an. Im Ostteil der Stadt ist das historische Hotel und Restaurant *American Colony* ein beliebter Treffpunkt jüdischer und arabischer Intellektueller.

Araber/Palästinenser in Jerusalem: Die Herrschaft der Doppeldeutigkeit

Man kann sagen, daß die Beziehung zwischen den Arabern aus Ost-Jerusalem und Israel von Doppeldeutigkeiten geprägt ist. Die israelische Regierung predigt Gleichbehandlung, aber ihre Taten widersprechen diesen Worten. Umgekehrt versuchen die Araber in Jerusalem individuell Vorteile aus ihrem Status zu ziehen, den sie gleichwohl kollektiv ablehnen.

Anders als die Araber in Israel verstanden sich die Araber in Jerusalem zu allen Zeiten als Palästinenser. Sie lehnten die israelische Staatsbürgerschaft ab, als sie ihnen 1981 angeboten wurde, und haben heute einen unklaren Sonderstatus als rechtmäßig ansässige Einwohner von Jerusalem. Somit können sie sich weitgehend frei in den besetzten Gebieten und im israelischen Kernland bewegen. Nach der Eröffnung der Verhandlungen über den Status von Jerusalem fürchteten sie, dieses Privileg könnte beschnitten werden und sie könnten ihr Recht auf einen Wohnsitz in Jerusalem verlieren. Die Verschlechterung der Lebensbedingungen und die Einschränkung der Bewegungsfreiheit nach den häufigen Abriegelungen der besetzten Gebiete haben seit 1994 eine wachsende Zahl von Arabern aus Ost-Jerusalem veranlaßt, die israelische Staatsbürgerschaft zu beantra-

gen. Die Zahl der Anträge ist sprunghaft angestiegen, nachdem der Plan bekannt wurde, für nicht-israelische Einwohner Jerusalems besondere Autokennzeichen einzuführen. Es wurde sehr viel über Proteste gegen dieses Vorhaben berichtet, aber sehr wenig darüber, daß daraufhin Anträge auf Verleihung der israelischen Staatsbürgerschaft gestellt wurden, weil beide Seiten nicht gern über diesen Aspekt sprechen.

Die extremistischen jüdischen Orthodoxen streben in die östlichen Stadtviertel und richten ihre Talmudschulen bevorzugt in alten, meist arabischen Häusern ein. Offiziell ist die Stadtverwaltung dagegen. Der folgende Vorfall zeigt indes, daß ihre Haltung zumindest zwiespältig ist: Eines Nachts stießen Soldaten, die in Ost-Jerusalem patrouillierten, auf eine Gruppe von Bauarbeitern, die dabei waren, ein Haus zu errichten. Da die Soldaten glaubten, es handle sich um israelische Arbeiter, griffen sie nicht ein. Als das Dach gedeckt und damit die Rückforderung des Baulandes praktisch ausgeschlossen war, bauten die Arbeiter am hellichten Tag weiter. Es handelte sich um Araber, die für einen palästinensischen Besitzer arbeiteten.

In der Tat ist es seit langem eine häufig praktizierte Taktik extremistischer Juden, sich auf diese Weise vermeintlich »herrenlosen« Landes zu bemächtigen. Beliebt ist auch die »Salamitaktik«: Jüdische Organisationen kaufen einzelne Häuser zu überhöhten Preisen auf. Das Haus von Ariel Sharon, eine regelrechte Festung im muslimischen Viertel der Altstadt, ist allerdings eine Ausnahme, denn die Behörden schätzen es nicht, wenn einzelne sich im arabischen Viertel niederlassen und enorme Kosten für ihren Schutz aufgewendet werden müssen.

Die Behörden haben umgekehrt versucht, das Wachstum der arabischen Bevölkerung in Jerusalem zu begrenzen. Entsprechende Bestrebungen wurden jedoch nicht allzu konsequent verfolgt, da die Geburtenrate in Ost-Jerusalem deutlich unter der im Gazastreifen liegt. Im Jahr 1982 wurde ein Gesetz erlassen, daß innerhalb der nicht-israelischen Bevölkerung nur die Kinder, deren Vater aus Jerusalem stammt, ein Wohnrecht in der Stadt erhalten. Praktisch waren nur wenige Minderjährige betroffen (diejenigen, deren Mutter allein das Wohnrecht hatte), aber das Gesetz besaß hohen symbolischen Wert. Es wurde 1993 wieder aufgehoben. 1994 wurde das Recht auf Familienzusammenführung eingeführt, aber es ist nur von begrenzter konkreter Bedeutung: Zwei Drittel der Anträge werden aus Sicherheitsgründen abgelehnt.

Abgesehen von solchen spontanen Beschlüssen und widersprüchlichen Regelungen ist der Status der Palästinenser (oder Araber nach offizieller Sprachregelung) in Jerusalem unklar. Nach dem Grundlagenabkommen von Oslo haben die Araber in Jerusalem das aktive Wahlrecht bei den palästinensischen Wahlen, aber wählbar sind sie nur, wenn sie noch einen Wohnsitz in den besetzten Gebieten haben. Eine Persönlichkeit wie Hannan Ashrawi, die in Ramallah lebt, ließ sich trotzdem in Jerusalem aufstellen. Israel war im übrigen bestrebt, dem Wahlgang in Ost-Jerusalem so wenig Bedeutung wie möglich zu geben, und gestattete nur fünf Prozent der Einwohnerschaft, dort zu wählen, alle anderen mußten zur Wahl ins Westjordanland fahren. Die Palästinenser verfielen auf eine von den Israelis geduldete List, diese Bestimmung zu unterlaufen: Sie stellten in Jerusalem Wahlurnen auf, die offiziell als Briefkästen deklariert wurden.

Es bedarf politischer Phantasie

Zu Beginn des Friedensprozesses wurde die heikle Frage des Status von Jerusalem auf die Endphase der Verhandlungen vertagt. Die Schlacht um Jerusalem hat gleichwohl bereits begonnen, und jeder der Kontrahenten versucht, seine Position vor Eröffnung der Diskussion zu festigen.

Die Israelis können zwei wichtige Erfolge verbuchen: zum einen die Umzugspläne der amerikanischen Botschaft von Tel Aviv nach Jerusalem, zum anderen ein Abkommen mit Jordanien über die Zuständigkeit für die heiligen Stätten des Islam.

Sie mußten allerdings auch zwei schwere Rückschläge einstecken. Zum einen endete eine Etappe des Kampfes um Land im Juni 1995 im Hinblick auf Jerusalem mit dem Rückzug der Regierung: In der Knesset stimmten die Likud-Abgeordneten gemeinsam mit arabischen Abgeordneten gegen ein Programm zur Konfiszierung von Land in Jerusalem. Diese Konfrontation läßt erkennen, wie wichtig die Jerusalemfrage für beide Seiten ist. Der Likud widersetzte sich dem Vorhaben, weil er es zu halbherzig fand, und so brachten die israelischen Araber zum ersten Mal in der Geschichte des Landes einen Gesetzentwurf zu Fall. Die arabischen Nachbarn fro-

ren für die Dauer der Kontroverse ihre Beziehungen zu Israel ein.

Zum zweiten haben die Vorbereitungen für das Touristen- und Medienspektakel zur 3000-Jahr-Feier der Stadt König Davids den Riß augenfällig werden lassen, der die Stadt durchzieht, denn die arabischen Viertel sind daran nicht beteiligt. Die Europäische Union und anfänglich auch die Vereinigten Staaten empfanden »Jerusalem 3000« – die Feiern dauerten das gesamte Jahr 5756 des jüdischen Kalenders (von September 1995 bis September 1996) – als politisch suspekt und nicht opportun, und fast das gesamte diplomatische Korps blieb den Eröffnungsfeierlichkeiten fern.

Vor Ort ist Israel selbstverständlich im Vorteil. Dem hebräischen Staat ist vor allem Ost-Jerusalem wichtig, das mittlerweile nach Osten hin von einer ganzen Kette jüdischer Siedlungen eingerahmt ist, die im Lauf der Zeit zu regelrechten Stadtvierteln wurden. Im Jahr 1995 war wiederholt die Rede davon, daß Israel einen kleinen Teil der Stadt symbolisch aufgeben könnte, etwa das Viertel um das *American Colony*, das überwiegend den Familien Nusseibeh und Husseini gehört. In einem Gebäude der Familie Husseini hat Faisal Husseini das *Orient House* eingerichtet, ein Zentrum für palästinensische Forschungen und seit Anfang der neunziger Jahre Kristallisationspunkt vielfältiger politischer Aktivitäten. Das *Orient House* ist gewissermaßen die Vertretung der PLO in Jerusalem und regelmäßig Schauplatz protokollarischer Zwischenfälle wie etwa während der Besuche der damaligen türkischen Ministerpräsidentin Tansu Ciller oder der französischen Politikerin Simone Veil. Beide Male versuchten israelische Demonstranten, die Besucher am Betreten des Hauses zu hindern. Das *Orient House*, vor dem Siedler Tag und Nacht Wache halten, ist in regelmäßigen Abständen von der Schließung bedroht. Aller Wahrscheinlichkeit nach dienen die Drohungen allerdings nur dem Zweck, die öffentliche Meinung in Israel zu beruhigen. Die Palästinenser verlassen sich darauf, daß sie vollendete Tatsachen geschaffen haben.

Lösungen dieser Art sind in Israel allerdings keineswegs unumstritten, und die Jerusalemfrage ist zweifellos eines der großen Tabus der israelischen Politik. Wenn der Friedensprozeß so weitergeht wie geplant, muß das Tabu allerdings bald fallen. Vor Beginn der offiziellen Verhandlungen über den Status von Jerusalem zeichnet sich folgender Kompromißlösung ab: Die Verwaltung der arabischen Stadtteile könnte einer palästinensischen »halben Stadtverwaltung« übertragen werden, die *de facto*, aber nicht *de jure* von der israelischen Verwaltung Jerusalems getrennt wäre.

Der Kompromiß, den man für Hebron mit seinen 450 jüdischen Siedlern gefunden hat, könnte ein Vorbild für Jerusalem abgeben: Das Abkommen von Taba (Dezember 1995) regelt, daß Hebron der Palästinensischen Autonomieverwaltung untersteht, daß aber weiterhin die israelische Armee für den Schutz der Siedler, die in bestimmten Gebieten konzentriert sind, zuständig ist.

Im übrigen machen sich die Palästinenser keine Illusionen und rechnen nicht damit, daß sie in der gegenwärtigen Situation in absehbarer Zeit die volle Kontrolle über den arabischen Teil von Jerusalem erlangen könnten. Sie haben Ramallah zur künftigen Hauptstadt ausersehen. Dieser Ort in der Nähe von Jerusalem erlebt seit Beginn des Friedensprozesses einen regelrechten Bauboom. Das Geld dafür kommt von reichen Palästinensern in der Diaspora, für die es schwierig oder sogar unmöglich ist, sich in Jerusalem niederzulassen. Während die israelischen Behörden mit Baugenehmigungen in Jerusalem sehr zurückhaltend sind, werden sie in Ramallah großzügig vergeben. So ist in der Stadt nördlich von Jerusalem ein luxuriöses amerikanisches Wohnviertel entstanden, in dem Palästinenser mit amerikanischer Staatsbürgerschaft Zweitwohnungen besitzen. Die israelischen Sicherheitskräfte halten sich von dort fern, weil sie Zusammenstöße mit amerikanischen Staatsbürgern und daraus resultierende diplomatische Verwicklungen fürchten. Im übrigen sind dort auch alle wichtigen Dienststellen der palästinensischen Ministerien untergebracht; in Gaza residieren lediglich einige symbolische Außenstellen. Nach der Wahl im Januar 1996 hielt der Palästinensische Autonomierat seine Eröffnungssitzung in Gaza ab und zog dann ebenfalls nach Ramallah um.

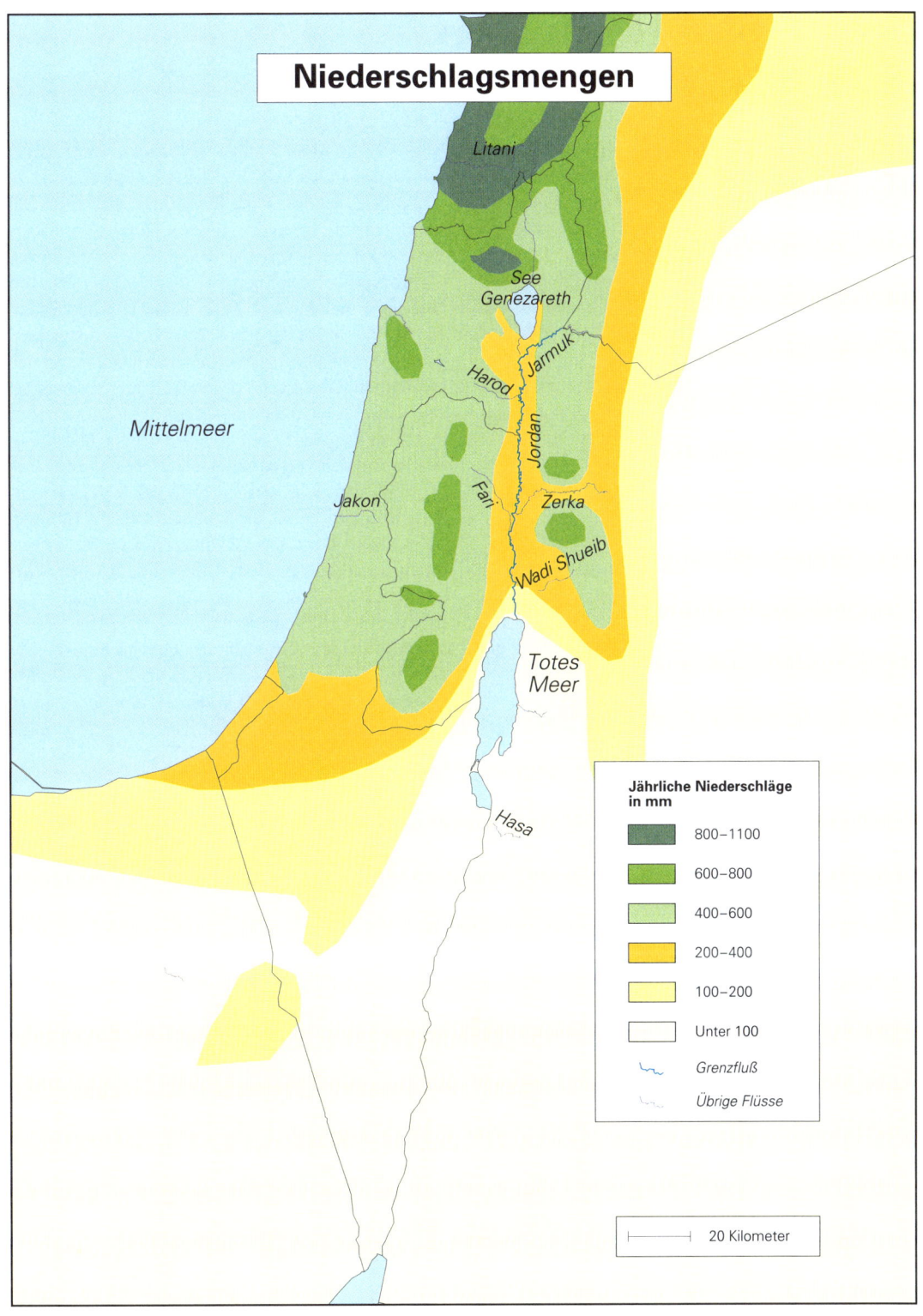

Niederschlagsmengen

Litani

See
Genezareth

Jarmuk

Harod

Mittelmeer

Jordan

Jakon

Fari

Zerka

Wadi Shueib

Totes
Meer

Hasa

**Jährliche Niederschläge
in mm**

- 800–1100
- 600–800
- 400–600
- 200–400
- 100–200
- Unter 100
- Grenzfluß
- Übrige Flüsse

20 Kilometer

Die Aufteilung des Wassers

Wasser ist knapp im Nahen Osten, und das ist allen Ländern der Region bewußt. Mit dem beginnenden Friedensprozeß haben sie ihre politischen Divergenzen beiseite gelegt, um die Verteilung des Wassers zu besprechen. Die Verhandlungen sind noch immer im Gang, obwohl sie durch grundlegend unterschiedliche Einschätzungen zum Bedarf und zu den existierenden Ressourcen behindert werden. Unabhängig davon, was beim Streit der Experten herauskommt, kann letztlich nur eine gemeinsame Verwaltung der Wasserressourcen eine ökologische Katastrophe verhindern.

Das kostbare Naß

Im Jahre 1986 erklärte Butros Butros-Ghali, der nächste Nahostkrieg werde um die Herrschaft über die Wasservorräte geführt werden. Bereits der Sechstagekrieg hatte sich zu einem Großteil als ein Konflikt um Wasser präsentiert. Bei einem Gespräch im Januar 1995 in Paris zum Frieden in Nahost bot der damalige israelische Außenminister Shimon Peres Yassir Arafat ein Glas Wasser an. Diese höfliche Geste war durchaus symbolisch zu verstehen. Israels Verhandlungsposition beruht darauf, daß es augenblicklich fast alle Wasservorräte der Region kontrolliert. Dagegen wollen die Araber auf der Grundlage von 1967 verhandeln; damals verfügten sie über die Wasserressourcen der Golanhöhen und des Westjordanlandes.

Nach dem französischen Israel-Experten Alain Dieckhoff bezieht Israel ein Drittel seines Wassers aus umkämpften Gebieten: aus dem Golan, dem Haupteinzugsbereich des Jordanbeckens, aus dem Jordan, aus dem Litani im israelisch kontrollierten Südlibanon und schließlich aus den Bergregionen des Westjordanlandes. Zudem nutzt Israel die drei Grundwasservorkommen der Region, von denen sich zwei über das Gebiet Israels und des Westjordanlandes erstrecken und das dritte am Westufer des Jordans. Diese dritte Zone, die nicht einmal teilweise zum israelischen Staatsgebiet gehört, wird zu zwei Dritteln von den Israelis genutzt.

Nach den Zahlen des Programms der Vereinten Nationen zur Entwicklung der Region nutzt Israel seine jährlich verfügbare Menge an Süßwasser zu 90 Prozent, schöpft seine Ressourcen also fast vollständig aus. In Jordanien, das zur Nutzung des Wassers schlechter gerüstet ist, liegt der Verbrauch bei 40 Prozent, während beispielsweise Frankreich, das über unvergleichlich größere Wasservorräte verfügt, ganze 20 Prozent der jährlichen Niederschlagsmenge auf seinem Staatsgebiet nutzt. Anders als in den meisten anderen Ländern der Welt gibt es in Israel so gut wie keine unerschlossenen Wasserressourcen mehr, der Zugang zu den Vorräten der Nachbarregionen ist folglich von entscheidender Bedeutung.

Verschärft wird das Problem der Wasserversorgung in einer Region, die hauptsächlich aus Halbwüste besteht, durch das Bevölkerungswachstum und durch den erhöhten Bedarf, der sich aus der Wirtschaftsentwicklung und dem steigenden Lebensstandard der Bevölkerung ergibt.

In Jordanien verbraucht der Durchschnittsbürger 170 m³, in Israel 450 m³ Wasser im Jahr. In Frankreich sind es 800 m³ und in den Vereinigten Staaten sogar 2000 m³. Glaubhaften Schätzungen zufolge wird sich der Wasserbedarf der Region in den nächsten 15 Jahren verdoppeln.

Aufteilung und Rationierung

In der gesamten Region wird eine Politik des Wassersparens betrieben, die in Israel allerdings aus psychologischen Gründen an Grenzen stößt. Wasser und seine Nutzung waren in dem Land, das, wie es so schön heißt, »die Wüste zum Blühen gebracht« hat, von jeher ein wichtiger Teil des nationalen Selbstbewußtseins. Tatsächlich erfordert fast die gesamte Landwirtschaft Israels künstliche Bewässerung. Auf der jordanischen Seite des Jordantals hat sich nach israelischem Vorbild ein Gemüseanbau in bewässerten Gewächshäusern entwickelt. Zahlreiche weitere landwirtschaftliche Projekte Jordaniens, die auf ein ausgeklügeltes Bewässerungssystem angewiesen sind, scheitern vorerst an fehlenden Finanzmitteln.

Zugleich sprechen mehrere israelische Studien dafür, die Bewässerungsprojekte nicht weiter auszudehnen, da die Erschließung neuer Ressourcen immer teurer zu werden droht. Fortschrittliche Anbaumethoden ermöglichen Israel zum einen die Entwicklung neuer Kulturen, die mit noch weniger Wasser auskommen; zum anderen kann versucht werden, Teile des Anbaus in geeignetere Gebiete zu verlagern. Jordanien strebt die Versorgung Israels mit verschiedenen landwirtschaftlichen Produkten an, wobei die Belieferung mit Gemüse bereits angelaufen ist. Die Israelis stehen einem solchen Austausch, durch den eine bewässerungsintensive Erzeugung nach Jordanien verlagert und dort die wirtschaftliche Lage verbessert werden könnte, positiv gegenüber. Das Friedensabkommen mit dem Nachbarland sieht bis zu Verhandlungen über die Aufteilung des Jordanwassers zunächst einmal vor, daß Israel im ersten Jahr auf 100 000 m³ Wasser, in den folgenden Jahren auf weitere 50 000 m³ jährlich verzichtet.

Im übrigen leistet Jordanien auf dem Gebiet des Wassersparens Pionierarbeit. Das Land betreibt eine nutzbringende Politik der Rationierung, bei der Trinkwasser und minderwertiges Wasser über ein duales Versorgungssystem getrennt angeliefert werden. Entsprechend verfügen besser ausgestattete Haushalte über dreierlei Wasserhähne, die den Verbraucher mit Trinkwasser, mit kaltem gewöhnlichem Wasser und mit heißem Wasser versorgen. Die Trinkwasserspeicher der einzelnen Haushalte werden nur einmal pro Woche von der Stadtverwaltung gefüllt, zusätzliche Lieferungen gibt es nicht. Ebenso werden öffentliche Anlagen im Sommer nicht bewässert, sondern jeden Herbst neu bepflanzt. Gleichzeitig führt Jordanien Aufklärungskampagnen durch, die wassersparende Techniken bekannt machen und das Verhalten des einzelnen beeinflussen sollen.

Im Westjordanland geht man auch ohne öffentliche Kampagnen sparsam mit Wasser um. Die Warmwasserversorgung der meisten Häuser funktioniert mit Sonnenkollektoren ohne Umwälzpumpen, und das zunächst ausfließende kalte Wasser wird nicht verschwendet, sondern grundsätzlich in Kanistern aufgefangen. Zudem weicht der bewässerungsintensive Obstbau mehr und mehr dem Anbau von Oliven. Diese Maßnahmen können den Wassermangel lindern, jedoch nicht vollständig beheben.

Substantiellere Einsparungen beim Wasserverbrauch sind allerdings nur durch einen radikal neuen Umgang mit den kostbaren Ressourcen zu erreichen. Die traditionellen Methoden der Bewässerung führen durch Verdunstung zu großen Verlusten. Sehr viel sparsamer sind punktgenau bewässerte Treibhauskulturen, die allerdings eine komplette Modernisierung des landwirtschaftlichen Anbaus voraussetzen. Vermieden werden könnten ebenso die Verluste durch das Kanalsystem (Leckagen, Versickerung und Verdunstung), die 30 bis 60 Prozent des auf die Felder geleiteten Wassers kosten. Dazu müßten allerdings die Kanäle ausbetoniert werden, und das kostet Zeit und Geld. Die Aufbereitung oder Weiterverwertung von Brauchwasser in besonderen Bewässerungsprojekten schließlich setzt voraus, daß das Leitungssystem neu gegliedert und der Preis für Wasser nach der Qualität gestaffelt wird, Maßnahmen, die in Jordanien bereits greifen. Grundsätzlich ist beim Verbraucher offenbar nur dann eine Änderung des Verhaltens zu erzielen, wenn Wasser verteuert wird. Auch angesichts der notwendigen Investitionen für eine bessere Ausnutzung der Ressourcen scheinen Preiserhöhungen unumgänglich.

Ungleiche Verteilung und ungleiche Mittel

Die Gegensätze in der Region sind krass. Im Gazastreifen steht israelischen Siedlern sechsmal mehr Wasser zur Verfügung als Palästinensern. Die arabische Bevölkerung muß sich zudem mit einem brakkigen Wasser begnügen, das sich zum Verbrauch immer weniger eignet.

Im Westjordanland werden nach palästinensischen Angaben 60 Prozent des Wassers von den Siedlern vor Ort verbraucht oder nach Israel abgeleitet. Den Palästinensern ist untersagt, neue Brunnen zu bohren oder bestehende Brunnen über die 20-Meter-Marke hinaus zu vertiefen, während den Siedlern in manchen Fällen bis zu 80 Meter Tiefe zugebilligt werden. Im übrigen ist das gesamte Versorgungssystem des Gebiets über Kanäle nach Israel ausgerichtet. Eine Ausnahme sind lediglich die parallel zum Jordan verlaufenden Kanäle.

Natürlich gibt es Pläne zur Erschließung weiterer Wasservorräte, doch sind sie sehr kostspielig. In den achtziger Jahren schlug die Türkei einen »Kanal des Friedens« vor, der ausgehend vom wasserreichen Anatolien den gesamten Nahen Osten und besonders die Trockengebiete mit Wasser versorgen sollte, also Jordanien, das Westjordanland und den Gazastreifen. Das gigantische Projekt setzt allerdings eine Finanzierung durch die Golfstaaten voraus. Unabhängig von der genauen Höhe der Kosten wird der Ver-

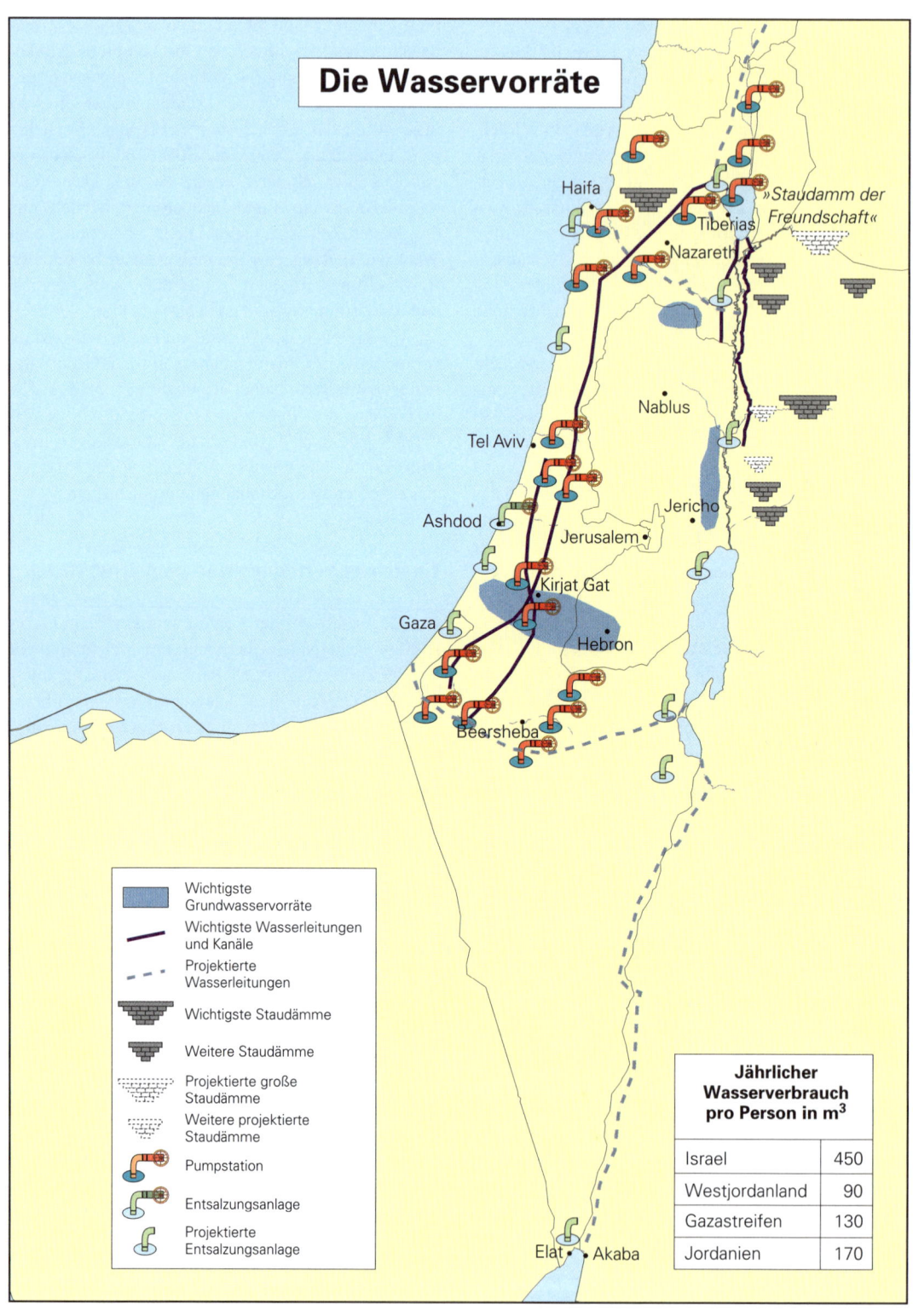

Die Wasservorräte

Haifa

»Staudamm der Freundschaft«

Tiberias

Nazareth

Nablus

Tel Aviv

Jericho

Ashdod

Jerusalem

Kirjat Gat

Gaza

Hebron

Beersheba

Elat • Akaba

	Wichtigste Grundwasservorräte
	Wichtigste Wasserleitungen und Kanäle
	Projektierte Wasserleitungen
	Wichtigste Staudämme
	Weitere Staudämme
	Projektierte große Staudämme
	Weitere projektierte Staudämme
	Pumpstation
	Entsalzungsanlage
	Projektierte Entsalzungsanlage

Jährlicher Wasserverbrauch pro Person in m³	
Israel	450
Westjordanland	90
Gazastreifen	130
Jordanien	170

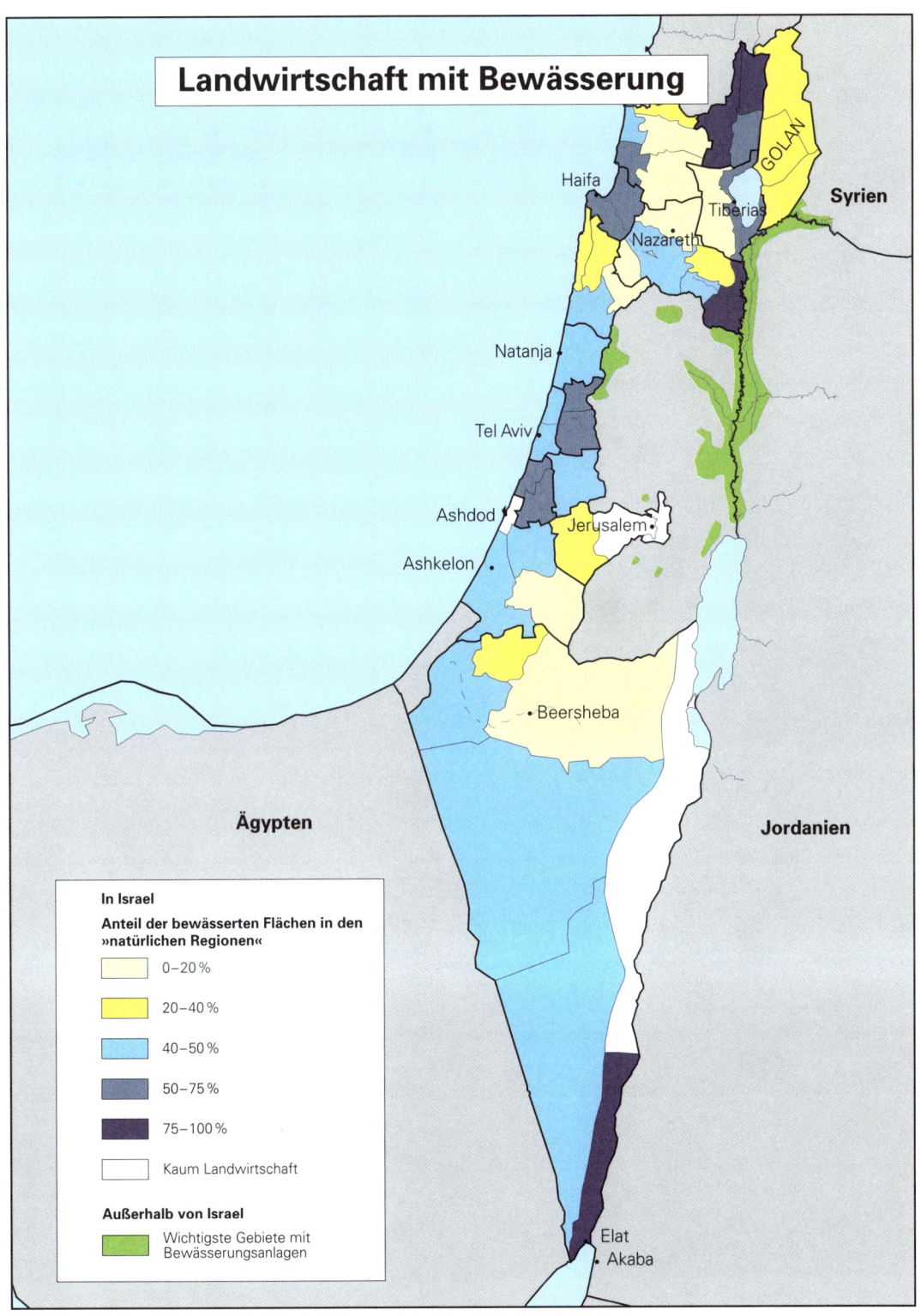

Landwirtschaft mit Bewässerung

Haifa

Syrien

GOLAN

Tiberias

Nazareth

Natanja

Tel Aviv

Ashdod

Jerusalem

Ashkelon

Ägypten

Jordanien

Beersheba

In Israel

**Anteil der bewässerten Flächen in den
»natürlichen Regionen«**

- 0–20 %
- 20–40 %
- 40–50 %
- 50–75 %
- 75–100 %
- Kaum Landwirtschaft

Außerhalb von Israel

- Wichtigste Gebiete mit
  Bewässerungsanlagen

Elat

Akaba

79

braucher für das Wasser einen hohen Preis zahlen müssen.

Geprüft werden auch verschiedene Projekte zur Entsalzung von Meerwasser, wobei in der Region nur Israel über die Mittel zum Unterhalt solcher Anlagen verfügt. Im Gespräch sind trotzdem entsprechende Projekte vornehmlich in palästinensischen Gebieten und in Jordanien.

Die Frage der Wasserversorgung ist folglich nicht darauf beschränkt, wie die vorhandenen Ressourcen, die in jedem Fall unzureichend sind, aufgeteilt werden sollen. Die Lösung können nur weitere Anstrengungen beim Sparen und ein rationellerer Umgang mit den Wasservorräten sein. Die großen technischen Fortschritte (Verringerung der Verluste, Wiederaufbereitung, Verringerung des Bedarfs) geben zwar Anlaß zur Hoffnung, doch sind mittelfristig entsprechende große Investitionen in der Region unumgänglich.

Das Land und seine Seele

So entscheidend wie die Kontrolle über die Wasservorräte ist die Kontrolle über den Boden. Dem Besitz des Landes kommt ein hoher Symbolwert zu. Die Verbundenheit der Juden mit dem Land Israel ist eine Grundlage des Zionismus. In Frage gestellt wird sie von Intellektuellen wie Leibovitz, der jedoch einräumt, eine Entheiligung der Erde würde von einem Teil der israelischen Öffentlichkeit als sehr schmerzhaft empfunden werden.

Ebenso stark sind die Bindungen der Palästinenser an das Land. Im volkstümlichen Bewußtsein spielt die Verbundenheit mit Palästina eine große Rolle, insbesondere mit dem Land der Vorfahren. Vor allem Flüchtlinge, die sich anderswo keine tragfähige Existenz aufbauen konnten, sehen ihr einstiges Land als ein unersetzbares Gut, das nicht einmal gegen anderes Land in Palästina eingetauscht werden kann. So sprechen die Menschen von »ihrem« Zitronenbaum oder »ihrem« Feigenbaum. Bei den Flüchtlingen hat die Identifikation mit ihrem Grund und Boden Vorrang vor der nationalen Identität als Palästinenser, so daß sich in den Lagern einzelne Gruppen nach früheren Dorfgemeinschaften bilden.

Der Anspruch auf das Land

Zur symbolträchtigen Verbundenheit mit dem Land kommen Eigentumsprobleme. Palästinenser verfügen selten über Besitzurkunden; der Hausschlüssel ist der einzige sichtbare Beweis für das verlorengegangene Eigentum. In der Zeit des britischen Mandates hatten nur Großgrundbesitzer dafür gesorgt, daß ihr Grundbesitz registriert wurde.

Zu Anfang des 20. Jahrhunderts war der häufigste Fall, daß reiche Besitzer ihr Land an Bauern verpachteten. Auch die Stämme verfügten über Land, das jährlich nach Bedarf an die einzelnen Familien verteilt wurde. Dies macht die Eigentumsfrage noch komplizierter. Wer nichts mehr hat und seinen einstigen Besitz durch keine Urkunde belegen kann, neigt dazu, seinen Grundbesitz aus der Erinnerung heraus zu vergrößern. Eine detaillierte Beschreibung des Hauses, von dem im allgemeinen keine Fotografie existiert, wird von Generation zu Generation weiter-

gegeben; sie soll die Besitzansprüche dereinst belegen. Doch die fraglichen Wohnhäuser stehen oft schon lange nicht mehr, was entweder nicht bekannt ist oder was man nicht wahrhaben will. Dessen ungeachtet werden noch immer Heiraten innerhalb der Familie geschlossen, nur um das fiktive Eigentum nicht aufteilen zu müssen.

Nach dem israelisch-jordanischen Friedensabkommen von 1994 kam in Amman das Gerücht auf, daß beide Länder zu Verhandlungen über Entschädigungen bereit seien. Dabei ging es angeblich um israelisches Land, das 1948 zu Jordanien gehört hatte, oder um jordanisches Land, das in der gleichen Zeit Eigentum des Jüdischen Büros gewesen war. Das Gerücht löste einen solchen Sturm auf das von den Briten angelegte Kataster der unter ihrem Mandat stehenden palästinensischen Gebiete in Amman aus, daß die Jordanier den Antragstellern den Einblick verweigern mußten. Zur Bearbeitung der Anträge und vor allem, um Zeit zu gewinnen, riefen sie eine Kommission ins Leben. Das Problem ist freilich besonders delikat. Es könnte einen Präzedenzfall schaffen und entsprechende Forderungen der Palästinenser rechtfertigen.

Im Jahr 1948 kontrollierte das Jüdische Büro 20 Prozent des israelischen Bodens. Der Staat, auf den diese Ansprüche übertragen wurden, kontrolliert heute 92 Prozent. Diesen Zuwachs verdankt er vor allem der Rolle, die ihm bei der Verwaltung der Wüste Negev zukam, aber auch den Annexionen von 1948 und dem sogenannten Gesetz des abwesenden Eigentümers, dessen Land, im Klartext das Land von Flüchtlingen, enteignet werden kann.

In den letzten Jahren häuften sich selbst in Israel Forderungen nach Rückgabe. Zwei Dörfer an der libanesischen Grenze haben mit ihren Forderungen vor Gericht bereits Recht erhalten. Die israelischen Militärs und Landwirte, die auch in zweiter Instanz abgewiesen wurden, legten allerdings erneut Revision ein, so daß das Verfahren 1996 noch in der Schwebe war.

Am drängendsten stellt sich die Eigentumsfrage in den besetzten Gebieten. Im Westjordanland wird das Land größtenteils von Israel kontrolliert, als Staatsbesitz, für Siedlungen oder als militärisches

Die jüdischen Siedlungen im Gazastreifen

Tel Aviv

Ashdod

Ashkelon

10 Kilometer

GAZA-
STREIFEN

Gaza

Katif

Khan Junis

Israel

Rafah

Beersheba

Ägypten

El-Arish

Bevölkerung in den besetzten Gebieten (außer Ost-Jerusalem)		
	Araber	Juden
1983	1 225 000	45 000
1987	1 374 000	60 000
1990	1 500 000	100 000
1994	1 760 000	136 000

Palästinensische Autonomiegebiete (1995)

Übrige besetzte Gebiete

Grenze des von Israel besetzten Ostteils von Jerusalem

• Weitere Städte

Siedlungen, die 1992 von der israelischen Regierung als strategisch wichtig erklärt wurden

Weitere jüdische Siedlungen

Siedlungen mit mehr als 3000 Einwohnern

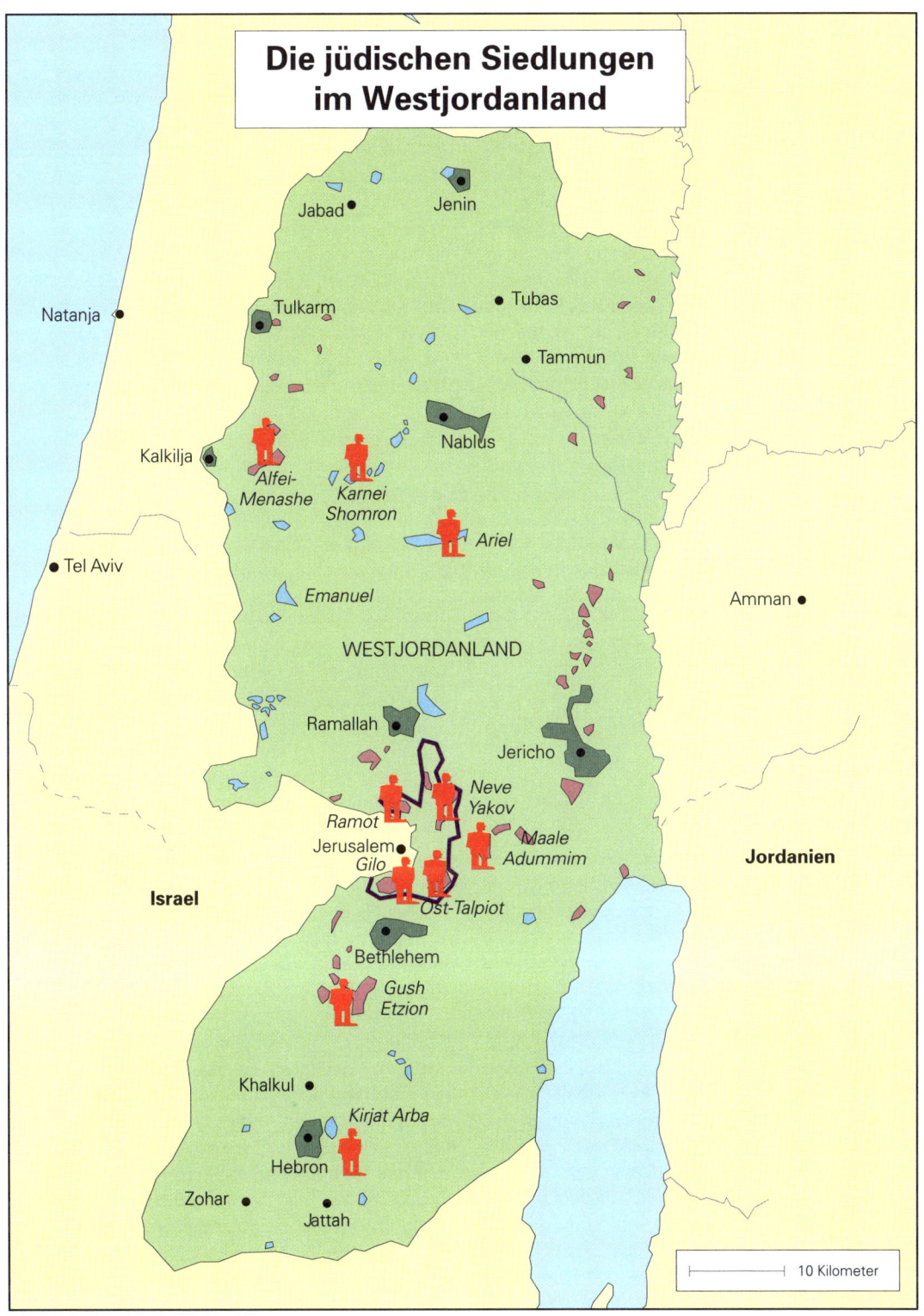

Die jüdischen Siedlungen im Westjordanland

Natanja

Jabad
Jenin

Tulkarm
Tubas

Tammun

Kalkilja
Alfei-Menashe
Karnei Shomron
Nablus

Ariel

Tel Aviv
Emanuel

WESTJORDANLAND

Amman

Ramallah
Jericho

Neve Yakov
Ramot
Jerusalem
Gilo
Maale Adummim

Israel
Ost-Talpiot

Jordanien

Bethlehem
Gush Etzion

Khalkul
Kirjat Arba

Hebron
Zohar
Jattah

10 Kilometer

Gebiet. Da die Genfer Konvention dem Gewinner eines Krieges verbietet, Land des Verlierers zu beschlagnahmen, umgehen die Israelis diese Regel mit einem komplizierten Verfahren. In einem ersten Schritt wird ein Stück Land zum militärischen Sperrgebiet erklärt. Nach israelischer Rechtsprechung fällt ein Stück Boden, das fünf Jahre lang brach gelegen hat, in den Besitz des Staates, der es dann verkaufen oder selbst nutzen kann. Da andererseits bebautes Land nach israelischem Recht nicht beschlagnahmt werden darf, ist vielerorts ein zermürbender Krieg entbrannt: Palästinenser setzen zum Schutz ihres Besitzes Stecklinge von Olivenbäumen, die von den Israelis wieder herausgerissen werden. Zu dieser Kraftprobe kommt es vor allem einmal im Jahr während des sogenannten »Tages der Bäume«, an dem die Palästinenser einen Baum pflanzen. Andererseits begehen auch die Israelis einen »Tag der Bäume«, wobei es im allgemeinen um die Pflanzung von Nadelbäumen im Westjordanland geht.

Entlang der Grünen Linie und am Jordan hat Israel zahlreiche Zonen zum »Naturschutzgebiet« erklärt und alle seßhaften Bewohner ausgewiesen. Sie sollen im Kriegsfall als Pufferzonen für Kampfhandlungen dienen. Ein Aufenthaltsrecht haben nur nomadische Beduinen.

Die Zukunft der Siedlungen

Bis 1977 galt das Westjordanland lediglich als militärisch bedeutende Zone. Die Siedlungen wurden aus Überlegungen zur militärischen Sicherheit angelegt. In geringer Anzahl zogen sie sich am Jordan, an den Höhenzügen und an der Grünen Linie entlang.

Später wurde die Siedlungspolitik forciert, die durch das Osloer Abkommen im übrigen keineswegs eingeschränkt wurde, ganz im Gegenteil. Nach dem *Health Database Information Project,* einer Nicht-Regierungsorganisation mit Sitz in Jerusalem, wurden während der Intifada durchschnittlich 450 Hektar pro Monat enteignet. In der Zeit zwischen der Konferenz von Madrid (1991) und dem Abkommen von Oslo (1993) waren es nur noch 200 Hektar pro Monat, in der Folgezeit dagegen 800 Hektar pro Monat.

Mit den Siedlungen wurden vollendete Tatsachen geschaffen. Um jüdische Siedler und Palästinenser im Westjordanland zu trennen, hat die israelische Regierung mit dem Bau von 600 Kilometern Straße begonnen. Sie sollen den Siedlern die Zufahrt

nach Israel ermöglichen, ohne arabisches Gebiet durchqueren zu müssen. In Ost-Jerusalem wurde ein ähnliches Projekt bereits 1994 fertiggestellt. Auch in Gaza funktioniert bereits ein solches System, wobei die betreffenden Straßen für Palästinenser gesperrt sind. Das Straßenprojekt verschärft das Problem der Enteignungen. Auch die Siedlungen wachsen weiter, obwohl im Mai 1995 ein Baustopp verfügt wurde; nach zähem Ringen hatte eine Zufallsallianz aus Likud und arabischen Abgeordneten im israelischen Parlament die Regierung veranlaßt, den weiteren Ausbau der Siedlungen zu untersagen.

Israel treibt die Besiedlung jedenfalls weiter voran. Dabei haben der Golan, der Gazastreifen und das Westjordanland allerdings nicht die gleiche Bedeutung. Oft wird auf den Präzedenzfall der Räumung des Sinai verwiesen, doch herrschte dort eine ganz andere Situation: Die Siedlungen hatten kürzeren Bestand (von 1967 bis 1978), und es waren nur etwa 5000 Siedler betroffen.

Der Golan nimmt in politischer Hinsicht eine Stellung zwischen dem Sinai und den besetzten Gebieten ein. Die Siedlungen mit ihren 20 000 Einwohnern, die ebenfalls ab 1967 angelegt wurden, gehören heute zu den ältesten. Der Golan wurde zwar 1981 annektiert, hat aber keinerlei religiöse Bedeutung. Zudem stehen die Siedler dort politisch mehrheitlich links, so daß sie vielleicht eher bereit wären, als Gegenleistung für den Frieden einer Räumung zuzustimmen. Die israelische Regierung bereitet die Öffentlichkeit im übrigen seit Mitte 1995 auf eine eventuelle Rückgabe vor.

Der Gazastreifen ist für Israel uninteressant, so daß es sich von dort rasch zurückziehen will. Für die Verhandlungen sind die Siedlungen jedoch ein Trumpf, den die Israelis gerne in der Hand behalten möchten. Eine verringerte Militärpräsenz im Gazastreifen würde Israel genügen.

Am schwierigsten zu lösen ist das Problem der Siedlungen im Westjordanland. Dabei sind mehrere Arten von Siedlungen zu unterscheiden: Siedlungen zur Sicherung der Grenze, zur Besiedlung des Landes und solche mit vornehmlich religiöser Bedeutung. Siedlungen wie die religiöser Fanatiker im Zentrum Hebrons sind auf Dauer sicher unhaltbar, auch wenn die Stadt vorübergehend einen anderen Status hat als die übrigen palästinensischen Städte. Die religiösen Siedlungen stellen für den inneren Frieden immer wieder eine Bedrohung dar. Jeden Sabbat pilgern die ultraorthodoxen Abgeordneten der Knesset nach Hebron zum Grabmal des Patriarchen Abraham. Rabin hat diese Bewegung vor seiner Ermordung mit der Hamas verglichen. Die Siedlungen im Jordantal, die aus Sicherheitsgründen angelegt wurden, bleiben vorübergehend sicher bestehen oder werden in Militärposten umgewandelt. Wenn die gegenwärtige Grenze um durchschnittlich 15 Kilometer verschoben würde, könnten 70 Prozent der Siedler, unter anderem die Groß-Jerusalems, ins Land integriert werden, ohne daß umgekehrt viele arabische Dörfer davon betroffen wären. Die von der Regierung offiziell betriebene Politik der »räumlichen Trennung«, *hafrada,* schließt den Abriß entlegener Siedlungen mit ein.

In eine ganz andere Richtung zielt der laufende Ausbau der Straßen im Westjordanland. Zugrunde liegt das Konzept, das gesamte Gebiet mit einem Netz zu überziehen, in dem jede Siedlung eine bestimmte arabische Zone kontrolliert. Eine Gruppe israelischer Fachleute, die die wirtschaftlichen Folgen des Straßenbaus einschätzen soll, hat sich aus finanziellen Gründen gegen das Projekt ausgesprochen. Die Sicherung des Systems würde auf längere Sicht mehr kosten als eine Verlegung der Siedlungen hinter die Grüne Linie.

Die israelischen und palästinensischen Verhandlungspartner haben sich allerdings auf das Prinzip einer Territorialisierung der besetzten Gebiete geeinigt: Die Palästinenser sollen über ein eigenes Territorium verfügen, über dessen Ausdehnung allerdings noch verhandelt werden muß. In der Zwischenzeit versuchen sich die Siedler möglichst viel Gebiet anzueignen und liefern sich vor Ort mit den Palästinensern Kämpfe um einzelne Hügel und Parzellen. Wo immer Siedler neuen Boden in Besitz nehmen, läuft das nächstliegende Dorf Sturm. Die daraus entstehenden lokalen Konflikte haben immer die gleiche Ursache und führen zu keiner allgemeinen Mobilmachung. Sie lösen die Kämpfe während der Intifada ab, die ebenfalls sporadisch, aber in einer Atmosphäre allgemeiner Erhebung aufflammten.

Die Verteilung des Bodens nach dem Prinzip der *hafrada* scheint einer Vision Yitzhak Rabins Recht zu geben, der 1969 erklärte: »Wenn wir die besetzten Gebiete nicht räumen, bekommen wir eine Situation der Apartheid.« Vor diesem Hintergrund kämpft die Palästinensische Autonomiebehörde darum, nicht in die Situation eines Bantustans zu geraten, erst recht nicht in die eines Bantustans, der über keine Wasserressourcen verfügt.

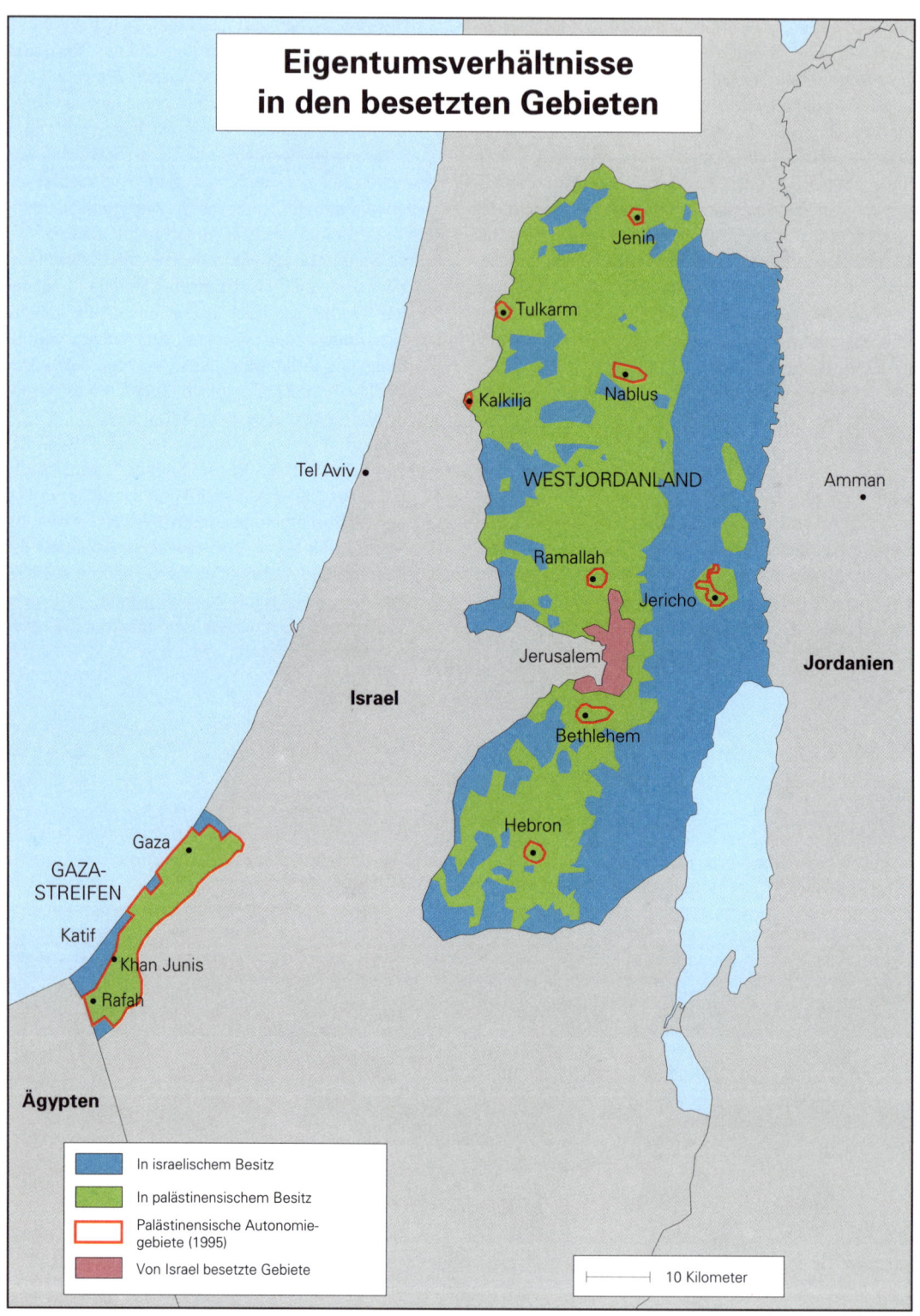

Eigentumsverhältnisse in den besetzten Gebieten

Jenin

Tulkarm

Kalkilja
Nablus

Tel Aviv

WESTJORDANLAND

Amman

Ramallah

Jericho

Jerusalem

Israel

Jordanien

Bethlehem

Hebron

Gaza

GAZA-
STREIFEN

Katif

Khan Junis

Rafah

Ägypten

🟦	In israelischem Besitz
🟩	In palästinensischem Besitz
▭	Palästinensische Autonomie-gebiete (1995)
🟥	Von Israel besetzte Gebiete

10 Kilometer

Wohin steuert die wirtschaftliche Entwicklung?

Der Frieden hat ohne die wirtschaftliche Entwicklung der Region keine Zukunft. Die Unterschiede im Lebensstandard sind enorm: 1995 verfügten die jüdischen Israelis über ein Pro-Kopf-Einkommen von 16 000 US-Dollar, die israelischen Araber von 10 000 Dollar, die Bewohner des Westjordanlandes von 2000 Dollar, die Jordanier von 1200 Dollar und die Bewohner des Gazastreifens von nur 700 Dollar. Die wirtschaftliche Entwicklung ist für den Frieden in der Region folglich keine hinreichende, sondern eine notwendige Bedingung. Die beiden Triebfedern dieser Entwicklung, die Anhebung des Lebensstandards in den besetzten Gebieten und Fortschritte in den israelisch-arabischen Wirtschaftsbeziehungen, werden von den Beteiligten unterschiedlich hoch bewertet.

Die arabischen Regierungen wollen in wirtschaftlicher Hinsicht vor allem vom technischen Know-how der Israelis profitieren, das in der arabischen Welt ein hohes Ansehen genießt und häufig auch überschätzt wird. Israel seinerseits wird zur wirtschaftlichen Entwicklung der besetzten Gebiete nur in dem Maße beitragen, in dem es die verzweifelte Lage der Palästinenser verbessern und damit die Sicherheit des jüdischen Staates erhöhen kann. Der Zustrom israelischen Kapitals in die palästinensischen Gebiete ist allerdings das ermutigende Zeichen, auf das andere potentielle Investoren warten. Die arabischen Regierungen in der Region haben ihrerseits an der wirtschaftlichen Entwicklung der besetzten Gebiete, aus denen Konkurrenten werden könnten, objektiv kein Interesse. Die begüterten Palästinenser in der Diaspora nehmen mehrheitlich eine abwartende Haltung ein, und häufig hängt ihr Engagement von der politischen Entwicklung ab – vor allem von Arafats Führungsqualitäten, die sie gegenwärtig skeptisch beurteilen.

Die besetzten Gebiete: Eine Geschichte der wirtschaftlichen Abhängigkeit

Das gesamte 20. Jahrhundert hindurch blieben das Westjordanland und der Gazastreifen von äußeren Machtzentren abhängig, ohne wirtschaftliche Eigenständigkeit zu erlangen.

Das Binnenland Palästinas hat sich seit der Zeit des britischen Mandates, als sich das gesamte Wirtschaftsleben auf die Küstenregion konzentrierte, kaum entwickelt. In den dreißiger Jahren wurden die Sümpfe an der Küste trockengelegt und am Mittelmeer fruchtbares Land erschlossen. Das bergige Westjordanland dagegen entwickelte sich sehr langsam. Ebenso blieb Gaza, das abseits der damaligen Handelsrouten lag, ein kleiner Fischerhafen, während die Häfen Jaffa und Haifa einen Aufschwung erfuhren.

Als das Westjordanland 1950 jordanisch wurde, war es vergleichsweise besser entwickelt als das Staatsgebiet jenseits des Flusses, das bis dahin nur über eine einzige Schule in Es-Salt verfügte, während es in Jerusalem bereits zwanzig gab. Die Politik des haschemitischen Regimes zielte auf eine Bestätigung der Rolle Ammans als jordanische Hauptstadt gegenüber dem Bestreben Jerusalems, einen tatsächlich jordanischen, nicht palästinensischen Staat aufzubauen. Der Zustrom von Flüchtlingen aus der Küstenregion, die über Erfahrung im Handel, in der Verwaltung und in der Politik verfügten, sorgte für eine gewaltige Verlagerung von Kapital und Fachkompetenz an das Ostufer des Jordans. In den folgenden Jahren wurde bei öffentlichen Investitionen Jordanien dem Westjordanland vorgezogen. Auch private Anleger folgten dieser Tendenz, schon wegen der stabileren Situation in Jordanien, während das Westjordanland damals als der Austragungsort des Konfliktes mit Israel galt (mit Ausbildungslagern der palästinensischen Fedajin, ideologischer Unterwanderung der Bevölkerung, gewalttätigen Ausschreitungen und israelischen Repressionen).

Von der Stadt Gaza und ihrer Umgebung aus, dem heutigen Gazastreifen, bestanden zur Zeit des britischen Mandates gewisse Handelsbeziehungen zum Hafen von Akaba. Kontrolliert wurden diese

Aktivitäten freilich nicht von Händlern in Gaza selbst, sondern von Kaufleuten aus Hebron. Als Gaza mit seinen 50 000 Einwohnern 1948 200 000 Flüchtlinge aufnehmen mußte, war seine Infrastruktur völlig überfordert. Ägypten, das die Kontrolle über das Territorium übernahm, investierte in wirtschaftlicher Hinsicht jedoch nichts. Das einzige sichtbare Engagement kam von den Vereinten Nationen, die zur Unterstützung der palästinensischen Flüchtlinge das UN-Hilfswerk UNRWA gründeten.

Als der Gazastreifen und das Westjordanland 1976 von Israel besetzt wurden, hatten die beiden Gebiete keine andere Wahl, als sich wirtschaftlich an Israel zu orientieren. Die damals entstandene ökonomische Abhängigkeit hat sich seitdem noch verschärft. Heute betrifft sie den Außenhandel, die Auftragslage der Unternehmen und die Erwerbsquellen der Einwohner der palästinensischen Gebiete.

Neben der iraelischen Besatzung wirkte sich die Ächtung Israels durch die arabischen Staaten auf die regionale Wirtschaft aus. Das Verbot, Handel mit Israel zu treiben, betraf faktisch auch das Westjordanland und den Gazastreifen. Nur Jordanien hielt – hauptsächlich aus politischen Gründen – die wirtschaftlichen Beziehungen zum Westjordanland aufrecht. So wurden die palästinensischen Gebiete mit der Zeit fast vollständig von Israel abhängig: 90 Prozent der Importe in das Westjordanland und den Gazastreifen stammen aus Israel, und umgekehrt nimmt Israel zwei Drittel des Exports dieser Gebiete auf. (Seinen übrigen Handel wickelt das Westjordanland mit Jordanien, dem Gazastreifen und Ägypten ab.)

Als die besetzten Gebiete nach dem Sechstagekrieg gezwungen waren, ihre Wirtschaft nach der Israels auszurichten, entstand begünstigt durch die niedrigeren Löhne eine Zulieferindustrie für die Israelis. Der Strukturwandel der lokalen Industrie, die schon vor 1967 schwach ausgeprägt war und seither unter der Abwanderung von Fachkompetenz und Kapital litt, wurde in Partnerschaft mit israelischen Industriellen und staatlichen Stellen durchgeführt. Allerdings blieb es beim Aufbau einer Industrie mit geringer Wertschöpfung, die auf einer Produktion mit billigen Arbeitskräften auf niederem technischen Niveau beruht, wie beispielsweise der Fertigung von Schuhen und Textilien. Wegen der gewaltigen Steuerlast operiert fast ein Drittel der israelischen Wirtschaft im Verborgenen, so daß Geschäfte mit den be-setzten Gebieten mehrheitlich »ohne Quittung« getätigt, also nicht offiziell registriert werden. Die meisten palästinensischen Unternehmer beliefern israelische Geschäftsleute, von denen sie umgekehrt mit Rohstoffen versorgt werden. Diese palästinensischen kleinen und mittelständischen Unternehmen sind straff organisiert und vergeben einen Teil ihrer Aufträge an Heimarbeiter in den umliegenden Dörfern. Da Systeme der sozialen Sicherheit und klare arbeitsrechtliche Bestimmungen zum Schutz der vornehmlich zu Hause arbeitenden Frauen und Kinder fehlen, ist menschliche Arbeitskraft besonders billig. Dieses System des Subunternehmertums bildet das Rückgrat der Industrien des Westjordanlandes.

Das Gefälle zwischen arm und reich in der Region setzte wie überall gewaltige Pendlerströme in Bewegung. Zahlreiche Palästinenser arbeiten in Israel, wo sie, zuweilen unangemeldet und als Tagelöhner, vor allem im Bau und in der Landwirtschaft unqualifizierte Tätigkeiten verrichten. 1993 passierten täglich 100 000 Palästinenser die Grüne Linie. Auf diese Pendler entfallen 40 Prozent des Einkommens in den besetzten Gebieten. Aufgrund einer restriktiven Politik ist ihre Zahl 1995 auf unter 60 000 gesunken. Als der Gazastreifen 1994 mehrfach abgeriegelt wurde, sank das Bruttosozialprodukt Schätzungen zufolge um 50 Prozent, also fast um 300 Millionen Dollar, was der Summe der internationalen Finanzhilfen für den Gazastreifen im gleichen Jahr entspricht. In der aktuellen wirtschaftlichen Lage bedeutet die Abriegelung für die besetzten Gebiete eine gewaltige Bedrohung und ist somit ein empfindliches Druckmittel der Israelis auf die Palästinenser.

Andere Auswirkungen der wirtschaftlichen Abhängigkeit sind weniger dramatisch, sagen aber viel über die Stimmung in der Region aus. So wird bei Erzeugnissen aus dem Westjordanland, die für den israelischen Markt bestimmt sind, die Herkunft im allgemeinen nicht ausgewiesen, um den Absatz nicht zu gefährden. Umgekehrt gilt bei den Palästinensern das israelische Etikett als Gütesiegel. Es kommt sogar zu der absurden Situation, daß ein Unternehmen in Ramallah im Westjordanland die Produkte, die es im Auftrag eines israelischen Unternehmens fertigt, besser absetzen kann als die eigene Marke.

Die Abhängigkeit der palästinensischen Gebiete von Israel setzt sich bis in die Infrastruktur fort, deren Ausbau die israelische Regierung seit den siebziger Jahren vorantreibt. Mit Blick auf eine mögliche

Annexion des Gazastreifens und des Westjordanlandes entstanden neue Bewässerungskanäle, die eine Versorgung der Region von Israel aus ermöglichen. Neue Straßen binden die Siedlungen an Israel an. Dagegen besteht die einzige Nord-Süd-Verbindung im Westjordanland – von der Straße durch Jerusalem abgesehen – in einem Maultierpfad entlang der Berge. Geteert wurde er erst 1989/90, als am Eingang von Ost-Jerusalem zur Einschränkung des palästinensischen Transitverkehrs ein Kontrollpunkt eingerichtet wurde. Entsprechend verlaufen auch alle Hochspannungsleitungen im Gazastreifen und im Westjordanland in Ost-West-Richtung, da israelische Kraftwerke die Stromversorgung sichern.

Im Dienstleistungsbereich und vor allem im Tourismus gab es in dieser Zeit praktisch keine Investitionen, so daß der kulturelle und religiöse Tourismus im Westjordanland ganz von Israel abhängt: Projekte zum Bau von Hotels in Ost-Jerusalem wurden nicht unterstützt, die Gründung nicht-israelischer Reisebüros und Busunternehmen durch Schikanen der Behörden vereitelt.

Die Entwicklung im Bankwesen spiegelt die Lage der Gesamtwirtschaft in den besetzten Gebieten und deren Widersprüche wider. Ab 1967 wurden die jordanischen und palästinensischen Banken geschlossen und dem israelischen Banksystem teilweise einverleibt. Dennoch blieb der jordanische Dinar neben dem Schekel im Umlauf. Das Kreditwesen entwickelte sich nur mühsam, da die meisten Palästinenser aufgrund ihrer Armut als nicht kreditwürdig gelten und wohlhabende Palästinenser auch dann ausländische Banken bevorzugen, wenn sie, was oft der Fall ist, über ein Konto bei der *Leumi,* der ersten israelischen Bank, verfügen. Seit 1994 sind die jordanischen Banken, vor allem die *Arab Bank,* wieder massiv präsent. Es folgten die Depositenbanken, deren Zahl sich im ersten Halbjahr 1995 mehr als verdoppelt hat.

Widersprüchliche Ziele

Die wichtigsten Partner des Friedensprozesses, Israel, Jordanien und die Palästinensische Autonomiebehörde, haben – unabhängig von ihrer langfristigen Strategie – ein gemeinsames Interesse: die Stabilisierung der politischen Lage in den palästinensischen Gebieten als Voraussetzung für den wirtschaftlichen Aufschwung. Dagegen unterscheiden

sie sich radikal in ihren Methoden und längerfristigen Zielen.

Die Palästinensische Autonomiebehörde sieht den wirtschaftlichen Aufschwung vor allem als sichtbares Zeichen der politischen Unabhängigkeit und erst an zweiter Stelle als Voraussetzung für die Verbesserung der Lebensbedingungen der Bewohner in den besetzten Gebieten. Um der Hamas das Wasser abzugraben, muß Yassir Arafat dafür sorgen, daß sich der Friedensprozeß rasch in einer Verbesserung der materiellen Situation seiner Mitbürger bemerkbar macht. Dennoch haben für die palästinensische Führung diejenigen Projekte Vorrang, die die politische Eigenständigkeit der autonomen Gebiete betonen, wie beispielsweise der Bau eines Hafens und eines Flughafens in Gaza. Diese Projekte, die 60 Kilometer vom Flughafen Ben Gurion und 30 Kilometer vom Hafen Ashkelon entfernt entstehen sollen, machen aus wirtschaftlicher Sicht nur dann Sinn, wenn sie auf die Loslösung von Israel zielen.

Eine unabhängige wirtschaftliche Entwicklung der palästinensischen Gebiete erscheint jedoch ziemlich illusorisch angesichts fehlender natürlicher Ressourcen und der Ausrichtung der heimischen Wirtschaft auf personalintensive Zulieferindustrien. Jedenfalls wären sehr schnell gewaltige Investitionen notwendig. Am wahrscheinlichsten läuft die Entwicklung auf den Erhalt der gegenwärtigen Wirtschaftsform hinaus, wobei lediglich in Frage steht, ob Israel ihr wichtigster Auftraggeber bleibt. Daß diese Frage bereits innerhalb der palästinensischen Führung diskutiert wird, zeigt eine Erklärung von Arafats politischem Berater Abu Alaa 1994: »Palästina muß zum Meer und nicht in die Wüste schauen« – anders ausgedrückt, die Wirtschaftsbeziehungen zu Israel sollten weiterhin Vorrang vor einer möglichen arabischen Solidarität haben, die vornehmlich Jordanien und Saudi-Arabien gelten würde. Tatsächlich bewegen sich die Palästinenser zwischen diesen beiden Polen, die zwei verschiedene Perspektiven für die wirtschaftliche Entwicklung der Region eröffnen. Die Spielräume für eigene Optionen sind freilich recht gering.

Eine Neuorientierung der Wirtschaft hin zur Produktion für Firmen in der arabischen Welt würde auf den Widerstand einiger arabischer Länder stoßen, vor allem im Agrarsektor, wo die Palästinenser als direkte Konkurrenten auftreten würden. Der Fortsetzung der gegenwärtigen Zusammenarbeit mit Israel stehen dagegen die Vorbehalte der Israelis entgegen,

Verteilung des Reichtums

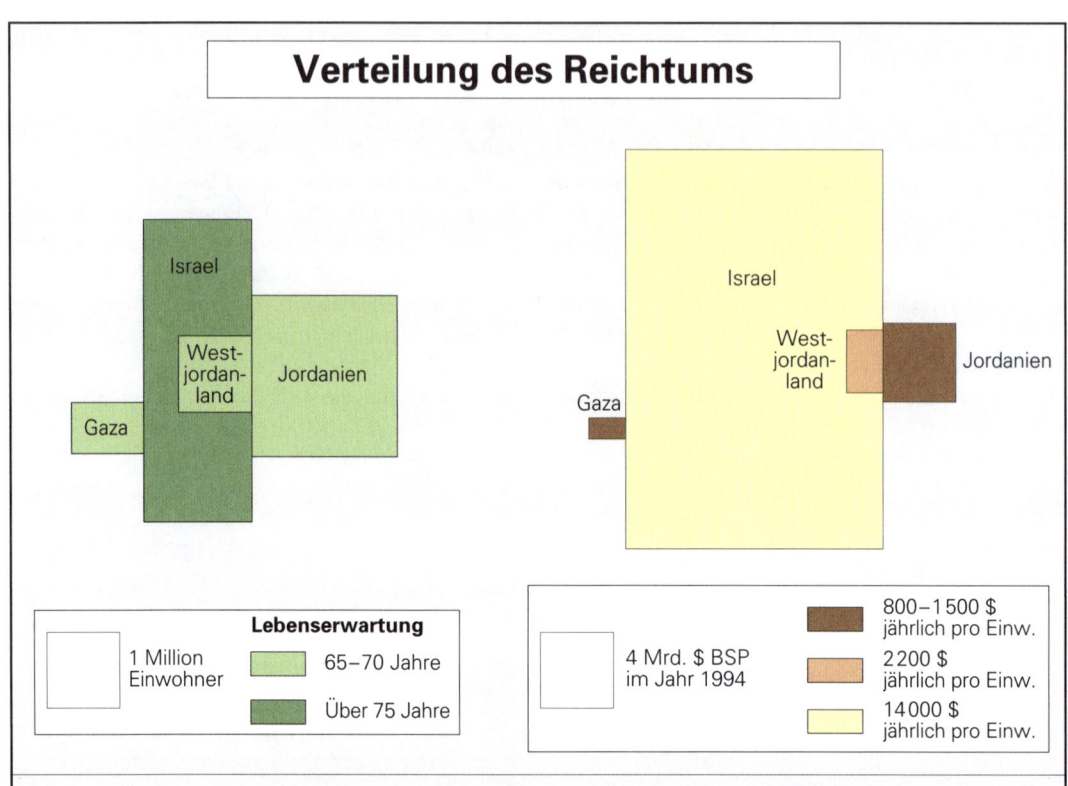

	Lebenserwartung			
1 Million Einwohner	65–70 Jahre	4 Mrd. $ BSP im Jahr 1994	800–1500 $ jährlich pro Einw.
	Über 75 Jahre		2200 $ jährlich pro Einw.
			14000 $ jährlich pro Einw.

Internationale Finanzierung laufender palästinensischer Projekte

Finanzhilfe in Millionen Dollar (Schätzung 1995)

11 Neugründungen von Handwerksbetrieben	30
3 industrielle Freizonen	210
Hilfen für Bauvorhaben	240
Aufbau städtischer Dienstleistungen	60
Müllbeseitigung	70
Einrichtungen im Bildungs- und Gesundheitswesen	150 jährlich
Bauvorhaben im Bildungs- und Gesundheitswesen	130
Stromversorgungsnetz im Westjordanland	110
Elektrizitätswerk in Gaza	100
Wasserversorgung in Gaza	65
Autobahn in Gaza	70
Reparatur von Straßen in Gaza	100

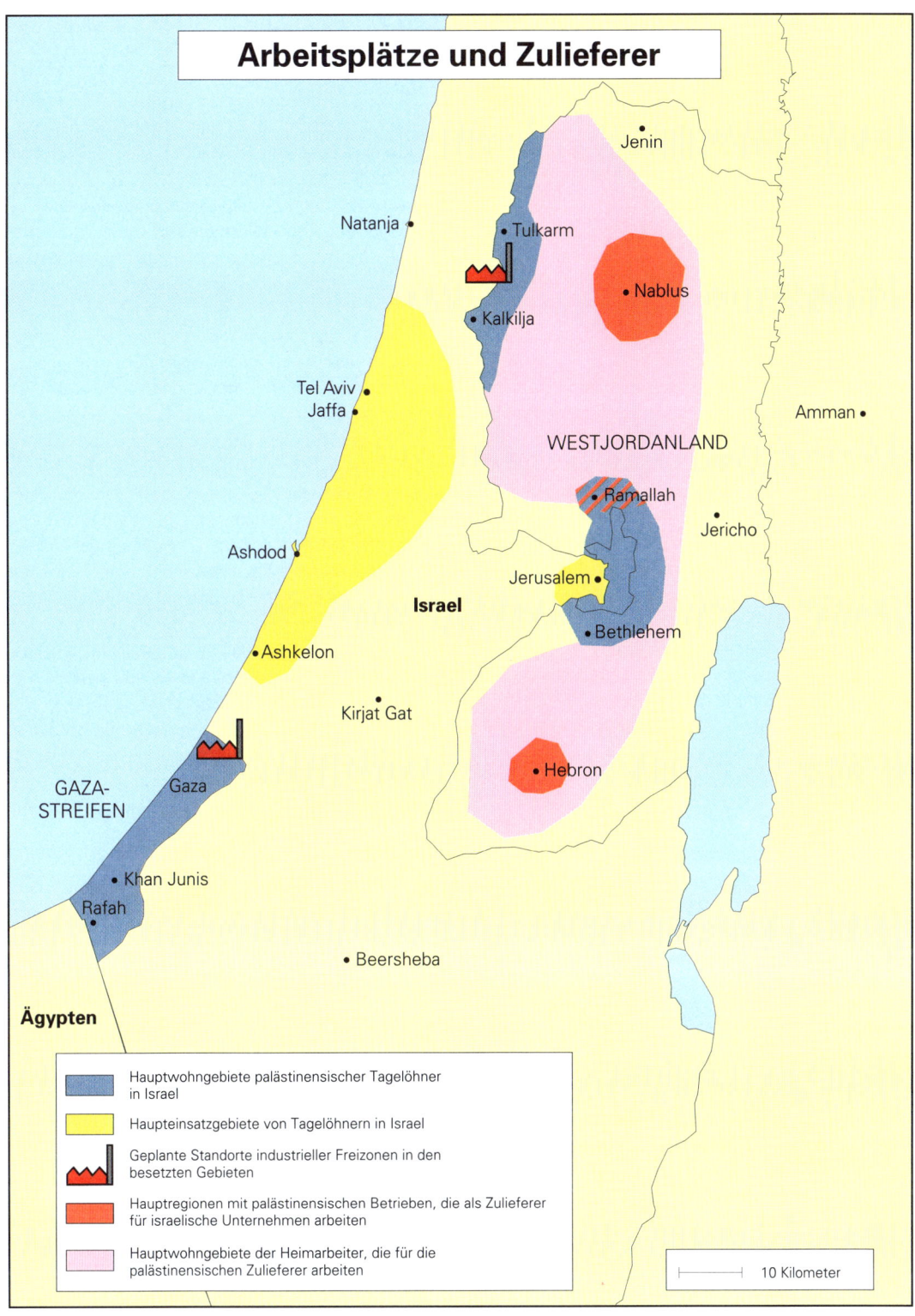

Arbeitsplätze und Zulieferer

Jenin

Natanja

Tulkarm

Nablus

Kalkilja

Tel Aviv
Jaffa

Amman

WESTJORDANLAND

Ramallah

Ashdod

Jericho

Jerusalem

Israel

Bethlehem

Ashkelon

Kirjat Gat

Hebron

GAZA-
STREIFEN

Gaza

Khan Junis

Rafah

Beersheba

Ägypten

Hauptwohngebiete palästinensischer Tagelöhner
in Israel

Haupteinsatzgebiete von Tagelöhnern in Israel

Geplante Standorte industrieller Freizonen in den
besetzten Gebieten

Hauptregionen mit palästinensischen Betrieben, die als Zulieferer
für israelische Unternehmen arbeiten

Hauptwohngebiete der Heimarbeiter, die für die
palästinensischen Zulieferer arbeiten

10 Kilometer

91

die aus Furcht vor einer Ausweitung der Terroranschläge palästinensische Pendler nicht mehr ungehindert ins Land lassen wollen. Angesichts der beschränkten Möglichkeiten setzt die palästinensische Führung verstärkt auf die arabische Karte als Gegengewicht zur wirtschaftlichen Abhängigkeit von Israel, freilich ohne sich allzuvielen Illusionen hinzugeben.

Für die arabischen Länder der Region wie für Israel stellt ein Aufschwung im Westjordanland und im Gazastreifen nicht das oberste wirtschaftliche Ziel dar. Israel geht es um den Zugang zu den arabischen Märkten. Israelische Erzeugnisse werden bisweilen im Westjordanland verpackt, mit dem Stempel einer arabischen Stadt wie *Made in Nablus* oder *Made in Hebron* versehen und dann über Jordanien in die übrige arabische Welt exportiert. Diese Praxis mag keine große Rolle spielen, doch sind die wirtschaftlichen Beziehungen zu den arabischen Ländern nur schwer durchschaubar. Oft verschleiern ungenaue Statistiken und zahlreiche Scheinfirmen und Transitländer die wahren Verhältnisse. In den arabisch-israelischen Wirtschaftsbeziehungen ist nur die Spitze des Eisbergs sichtbar.

Im übrigen versucht Israel das bewährte System der Auftragsvergabe an Zulieferer aufrechtzuerhalten. Die Abhängigkeit der palästinensischen Auftragnehmer wird durch die Abkommen von Kairo festgeschrieben, in denen eine Klausel den Export von Textilerzeugnissen und Schuhen durch Palästinenser verbietet.

Die arabischen Länder wollen vom Transfer von Kapital und Technologie aus Israel profitieren. Zugleich hoffen sie auf globalere wirtschaftliche Auswirkungen, die der Friedensprozeß durch westliche Finanzhilfen und das wachsende Vertrauen von Investoren nach sich ziehen kann.

In wirtschaftlicher Hinsicht betrachten sowohl Israel als auch die arabischen Länder – allen voran Jordanien – die palästinensischen Gebiete als eine Region, in der vor der Umsetzung weiterer Projekte erst einmal Stabilität geschaffen werden muß. Was für die Politik gilt, stimmt auch für die Wirtschaft: Israels Beziehungen zu Jordanien sind weniger kompliziert als die zur Palästinensischen Autonomiebehörde. So blieb der internationale Flughafen Akaba/Elat das bislang einzige Großprojekt, in das in der Region investiert wurde.

Anreize und Perspektiven der regionalen Zusammenarbeit

Nach der Unterzeichnung des Abkommens von Oslo wurden zahlreiche Pläne zur wirtschaftlichen Entwicklung der besetzten Gebiete (vgl. Tafel) und zur regionalen Zusammenarbeit erstellt, unter anderem von den Vereinten Nationen, der Europäischen Union, Israel und den Palästinensern. Einige dieser regionalen Entwicklungsprojekte hatten pharaonische Ausmaße, vor allem das Autobahnnetz, das Ankara, Beirut, Damaskus, Tel Aviv, Jerusalem, Amman, Gaza und Kairo miteinander verbinden sollte. Andere erschienen gleichermaßen ehrgeizig wie phantastisch, so das Projekt eines gigantischen biblischen Erlebnisparks.

Drei große Zonen der zukünftigen Entwicklung wurden festgelegt: erstens der südöstliche Mittelmeerraum um Gaza, El-Arish und Ashkelon, zweitens das Jordantal, in dem namentlich ein Kanal zwischen dem Roten und dem Toten Meer geplant ist, der sich auf den Wasserhaushalt, den Tourismus und die agrarindustrielle Entwicklung beträchtlich auswirken würde, und drittens die Region um Taba, Elat und Akaba. Am erfolgversprechendsten sind dabei die touristischen Projekte. So soll an der ägyptischen, israelischen, jordanischen und vielleicht saudischen Küste des Roten Meeres eine große Riviera entstehen. Seit 1994 werden bereits touristische Rundreisen um das Tote Meer organisiert, kombiniert mit Aufenthalten im israelischen Elat und Besuchen im jordanischen Petra.

All diese verschiedenen Projekte wurden auf dem Gipfel von Casablanca im Oktober 1994 vorgestellt – getragen von der Überzeugung, daß die wirtschaftliche Entwicklung der Region die Triebfeder des Friedensprozesses sei. Andererseits hängen die Projekte natürlich von der politischen Entwicklung ab. Der nur langsam in Gang kommende Friedensprozeß, die schleppenden israelisch-syrischen Annäherungen und die Schwierigkeiten der Normalisierung der israelisch-jordanischen Beziehungen führen zu einem Aufschub oder einer verzögerten Umsetzung der meisten laufenden Programme. Sämtliche landwirtschaftliche Projekte sind bis zur Unterzeichnung eines länderübergreifenden Abkommens zur Verteilung der Wasserressourcen zurückgestellt. Inzwischen ist die anfängliche Begeisterung der Ernüchterung gewichen. Mitunter herrscht sogar übertriebener Pessimismus, dem zufolge eine wirtschafliche Entwicklung der Region gar nicht möglich ist.

Im Rahmen der finanziellen Unterstützung des Friedensprozesses – der bedeutendste Förderer ist die Europäische Union – fließen in der Übergangszeit von 1994 bis 1998 über zwei Milliarden Dollar in die autonomen Gebieten. Auf die großen Hoffnungen, die diese finanziellen Zusagen bei der palästinensischen Bevölkerung zunächst geweckt haben, ist rasch Enttäuschung gefolgt. Um die Hilfen anlaufen zu lassen, haben die internationalen Büros eine Liste mit folgenden wesentlichen Punkten erstellt:

– Sicherung der Wirtschaftsreformen durch den Abbau der bestehenden hohen Zollschranken und die übermäßige Abhängigkeit der palästinensischen Wirtschaft von ausländischen Märkten, insbesondere von Israel.

– Schaffung eines neuen rechtlichen Rahmens mit investitionsfreundlichen Gesetzen unter Berücksichtigung der sozialen Gerechtigkeit.

– Schaffung einer institutionellen und administrativen Basis aus Ministerien, besonderen Einrichtungen für die Bereiche Bildung, Wohnungsbau und soziale Sicherheit und freien und unabhängigen Gewerkschaften für Arbeiter, Angestellte und andere Berufsgruppen.

Das Projekt einer internationalen Bank für den Nahen Osten und Nordafrika, das in Casablanca angeregt wurde, förderte Unstimmigkeiten zwischen den beteiligten Ländern zutage. Die Europäer wollten die Hürden vermeiden, die bei der Einrichtung einer europäischen Bank zum Wiederaufbau und zur Entwicklung von Mittel- und Osteuropa (1990) aufgerichtet worden waren. Kaum hatte Frankreich seine Sicht der Dinge bei den europäischen Partnern durchgesetzt, zog sich die Europäische Union wieder zurück, nachdem die Vereinigten Staaten das Projekt beim Gipfel von Amman im Oktober 1995 ebenfalls aufgriffen. Da die Europäer kein »Werkzeug amerikanischer Politik« finanzieren wollten, ließen sie ihr Vorhaben fallen und schlugen als Alternative zur Einrichtung einer Bank einen Garantiefonds für Investitionen vor. Derlei Rückschläge erklären die Enttäuschungen der Europäer, die den Löwenanteil zur Unterstützung der Palästinenser beitragen, den Amerikanern aber mangels einer eigenen koordinierten Politik den Vortritt lassen müssen. Folglich stimmten die Europäer dem Aufbau einer Bank für regionale Entwicklung mit Sitz in Kairo, die Banken sowie die nationalen Entwicklungsge-

sellschaften mit zusätzlichen Krediten versorgen soll, fast widerwillig zu. Diese Bank soll auch die neuen Möglichkeiten auf den internationalen Kapitalmärkten nutzen.

Daß die Bank im Zentrum der Bemühungen des Gipfels von Amman stand, belegt eine radikale Abkehr von den hochgesteckten Erwartungen, die der Gipfel von Casablanca im Vorjahr geweckt hatte. In Amman hatte die Politik Vorrang vor der Wirtschaft. Abgesehen von einigen spektakulären Abschlüssen wie dem Abkommen zwischen Israel und Katar, das die Lieferung von zwei Millionen Tonnen Erdgas vorsieht, wurden keine wichtigen privat finanzierten Projekte unterzeichnet. Verhandelt wurden lediglich öffentliche Finanzierungen, und die Maßnahmen zur wirtschaftlichen Normalisierung beschränkten sich im wesentlichen darauf, Unterstützungen und zweckgebundene Darlehen zu Vorzugszinsen an die betreffenden Staaten und an die Palästinensische Autonomiebehörde zu verteilen; sie sollen die Lebensbedingungen einer Bevölkerung verbessern, die dem Friedensprozeß nach wie vor mit Skepsis begegnet.

Nach dem gleichen Muster verliefen die Verhandlungen zur Entwicklung des Tourismus. Dem europäischen Vorschlag, eine grenzüberschreitende touristische Infrastruktur für den gesamten Mittelmeerraum zu schaffen – ein Vorschlag im Geist der Euro-Mittelmeer-Konferenz in Barcelona vom November 1995 –, setzten die Amerikaner das Projekt eines nahöstlichen Verbundes für Tourismus und Reisen entgegen, dessen Gründungsvertrag in Amman von den vier Parteien des Friedensprozesses, der Republik Zypern und der Türkei eiligst unterzeichnet wurde.

Eineinhalb Jahre nach Abschluß des israelisch-jordanischen Friedensvertrages warteten die Untertanen des haschemitischen Königreiches noch immer auf die wirtschaftlichen Auswirkungen, die die Regierung ihnen bei der Unterzeichnung versprochen hatte. Als einzig greifbares Ergebnis reisen jetzt israelische Touristen, stets von Sicherheitskräften begleitet, durch das Land. Unter diesen Umständen droht dem Frieden Israels mit Jordanien das gleiche Schicksal wie dem kalten Frieden mit Ägypten: Die phantastischen gemeinsamen Projekte wurden bald zu Grabe getragen, die Öffnung beider Länder beschränkte sich auf den touristischen Bereich.

Touristenorte und Sehenswürdigkeiten

Libanon

GALILÄA

Berg Hermon

El-Kuneitra

GOLAN

Syrien

Akko

Haifa

Hazor

Tiberias

Nazareth

Umm Kais

Cäsarea

Bet Shean

Pela

Jerash

Natanja

Jenin

Flußbett des Jordan

Nablus

WESTJORDAN-LAND

Wüsten-schlösser

TEL AVIV

Lod

Jaffa

Ramallah

Amman

Ashdod

Jericho

Jerusalem

Berg Nebo

Ashkelon

Bethlehem

Gaza

Hebron

Totes Meer

En Gedi

Massada

El-Arish

Beersheba

Jordanien

Ägypten

Israel

Hilal

NEGEV

Krater von Ramon

Petra

SINAI

Wadi Rum

Unterwasser-observatorium »Korallenwelt«

Elat

Akaba

Legende

- Wichtige heilige Stätten der Juden
- Wichtige heilige Stätten der Christen
- Wichtige heilige Stätten der Muslime
- Weitere kulturell bedeutsame Stätte
- Natursehenswürdigkeit
- Seebad
- Wintersportort
- Touristisch interessanter Ort
- Internationaler Flughafen
- Für den internationalen Tourismus interessanter Ort

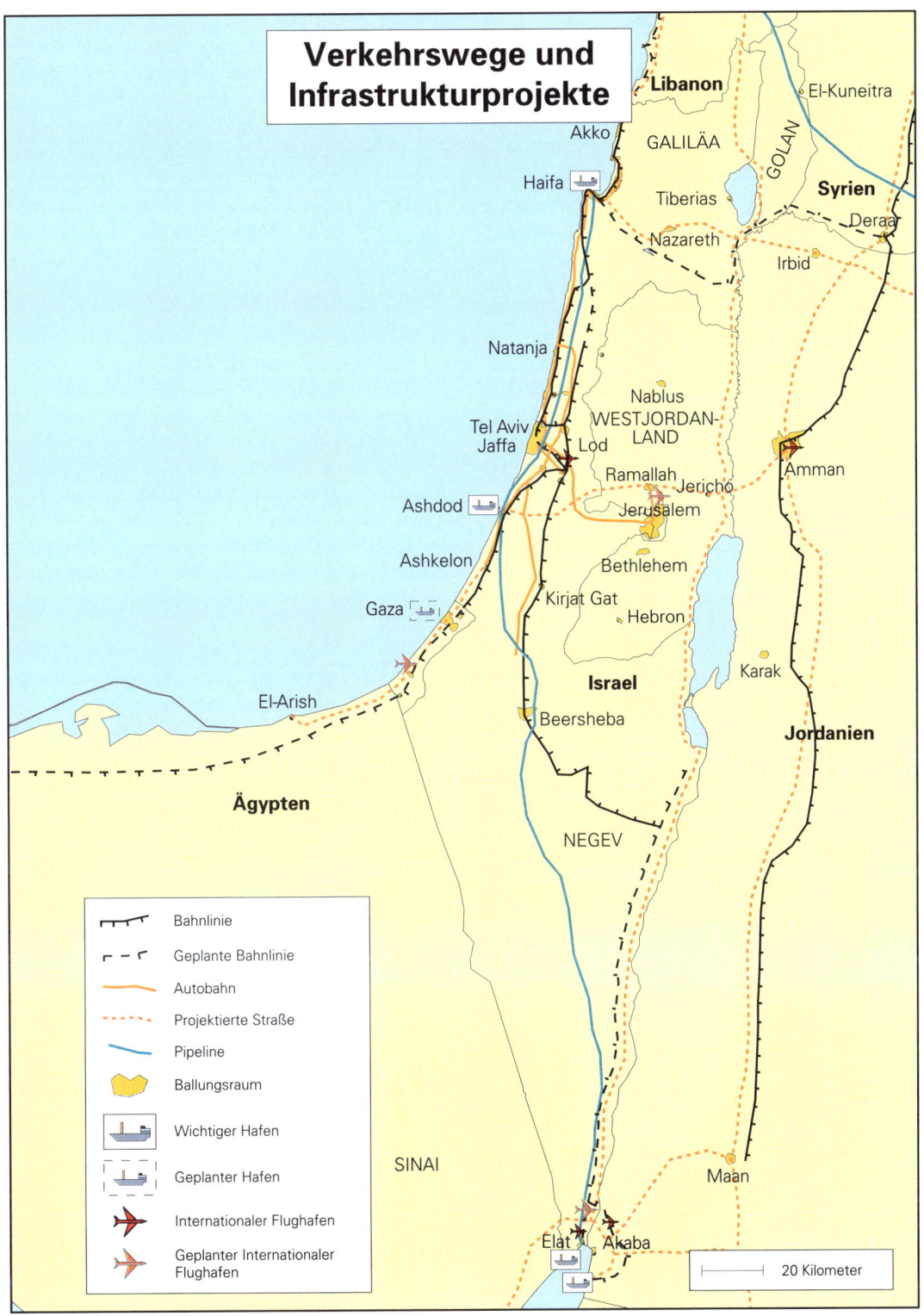

Verkehrswege und Infrastrukturprojekte

Libanon El-Kuneitra
Akko GALILÄA GOLAN
Haifa **Syrien**
Tiberias Deraa
Nazareth Irbid

Natanja

Nablus
WESTJORDAN-
LAND
Tel Aviv Ramallah Jericho Amman
Jaffa Lod Jerusalem
Ashdod

Ashkelon
Bethlehem
Gaza Kirjat Gat Hebron

Karak

Israel
Beersheba **Jordanien**

El-Arish

Ägypten

NEGEV

Bahnlinie

Geplante Bahnlinie

Autobahn

Projektierte Straße

Pipeline

Ballungsraum

Wichtiger Hafen

Geplanter Hafen

Internationaler Flughafen

Geplanter Internationaler
Flughafen

SINAI

Maan

Elat Akaba

20 Kilometer

Die palästinensischen Gebiete: die abwartende Haltung der Investoren

Konkrete Projekte werden in den palästinensischen Gebieten allerdings schon jetzt umgesetzt: Mit internationaler Hilfe werden Straßen erneuert, Wege asphaltiert und Wohnungen gebaut. Diese vereinzelten Projekte sind allerdings nicht aufeinander abgestimmt. So werden im Gazastreifen in einem Dorf, das noch nicht ans Straßennetz angeschlossen ist, bereits Wege geteert. Am Ortsausgang der Stadt Gaza entstehen Wohnungen, obwohl die Finanzmittel für die notwendige Infrastruktur (Straßen, Wasserleitungen, Kanalisation, Elektrizität und Müllabfuhr) fehlen. Das einzige privat finanzierte Großprojekt ist das Hotel Mariott, das für 85 Millionen Dollar am Rand des Gazastreifens errichtet wurde. Sein Standort verrät einiges über die aktuelle Stimmung unter den Privatinvestoren.

Die einzigen Industrieprojekte mit der Aussicht, in wenigen Jahren verwirklicht zu werden, gehen von Israel aus. Eine Verlagerung der israelischen Industrien, die ihren Arbeitskräftebedarf mit Palästinensern decken, an die Grenze zu den autonomen Gebieten hin würde es Israel ermöglichen, die Einreise von Pendlern drastisch einzuschränken.

Andere Wirtschaftsbereiche, in denen Palästinenser arbeiten, können dagegen nicht verlagert werden, so die Bauindustrie und die Landwirtschaft. Deshalb sollen die palästinensischen Tagelöhner schrittweise durch Arbeiter aus Osteuropa, Pakistan, Sri Lanka und Thailand ersetzt werden. Eine Verbindung beider Vorhaben bildet den Kern eines Konzeptes, das bei immer mehr Israelis Anklang findet: einer möglichst umfassenden Einschränkung der Kontakte zwischen Israelis und Palästinensern bis hin zu ihrer vollständigen Trennung.

Bis dahin geht es darum, den sozialen Sprengstoff in den palästinensischen Gebieten dadurch zu entschärfen, daß die Jugendlichen ins Arbeitsleben eingebunden werden und der gesamten Bevölkerung die Möglichkeit für ein Auskommen geboten wird. Nur so kann das Elend gelindert, dem islamischen Fundamentalismus das Wasser abgegraben und die Position der palästinensischen Autonomieregierung gestärkt werden. Schritte in diese Richtung unterliegen nicht dem unmittelbaren Rentabilitätsgebot und sind deshalb auch nur durch öffentliche Fonds finanzierbar. Daraus erklärt sich die abwartende Haltung ausländischer Geschäftsleute. Das Engagement is-

raelischer Investoren wird sorgfältig beobachtet. Ihr Engagement gilt vielen als sicheres Anzeichen für Stabilität und für die Rentabilität möglicher Investitionen. Die palästinensischen Geschäftsleute in der Diaspora warten jedenfalls weiterhin ab und haben sich bislang lediglich beim Bau luxuriöser Zweitwohnungen, vor allem in Ramallah, hervorgetan. Allerdings haben viele in den autonomen Gebieten vorsorglich Firmen eintragen lassen, um im Fall einer Stabilisierung sofort Kapital aktivieren zu können.

Die Geschäftswelt fürchtet eine Entladung der sozialen Spannungen, sie fordert eine klare Gesetzgebung für die Wirtschaft, und sie erwartet von Israelis wie Palästinensern eine Garantie für den freien Warenverkehr und die regelmäßige Belieferung mit Rohstoffen. Solche Lieferungen bleiben aus, wenn die palästinensischen Gebiete abgeriegelt werden. Angelandete Lebensmittel können nur mit ausdrücklicher Genehmigung der Hafenbehörde gelöscht werden. Die Zollformalitäten für den Warenverkehr in die palästinensischen Gebiete und aus ihnen heraus sind häufig besonders langwierig, Schikanen durch die Behörden an der Tagesordnung.

Im Jahre 1993 wurde die jordanische Holding *Palestinian Development and Investment Company (PADICO)* gegründet. Sie wird von allen wichtigen Familien unterstützt und steht der Öffentlichkeit für Einlagen offen. Trotz großsprecherischer Ankündigung in den Medien läuft dieser Investitionsfonds für die besetzten Gebiete jedoch nur schleppend an. Von den 2 Milliarden Dollar Kapital wurden bisher lediglich 250 Millionen eingelegt. Ins Leben gerufen wurde die Aktiengesellschaft von den bedeutendsten palästinensischen Vermögensinhabern, die vor Ort »G7« genannt werden: von Munib und Sabih El-Masri, Abdelmajid Shuman, Hassib Sabbagh, Ibrahim El-Kattan, Fuad el-Khury und Mayyassi. Im Mai 1995 geriet diese informelle und durch die Medien kaum bekannte »7er-Gruppe« während einer Versammlung in Amman unter Schirmherrschaft König Husseins mit Yassir Arafat heftig aneinander. Arafat verlangte, daß die Geschäftsleute und Familien, von denen die meisten mehrere Milliarden Dollar besitzen, sich auch namentlich politisch engagieren, wobei er stillschweigend von einer Unterstützung bei den palästinensischen Wahlen im Januar 1996 ausging. Da jedoch viele von ihnen an Arafats Führungsqualitäten zweifeln, lehnten sie jedes Engagement über die Beteiligung an der bereits gebildeten Aktiengesellschaft hinaus ab. Die PADICO folgt freilich Rentabilitätskriterien und investiert punktuell in Projekte ohne Rücksicht auf die Politik. Parallel dazu betreiben die meisten Milliardäre eine individuelle »Wirtschaftsdiplomatie«, indem sie in geringerem Umfang Projekte der Palästinensischen Autonomiebehörde unterstützen, gleichzeitig aber weiterhin sehr viel massiver in Jordanien investieren.

Auch bei den öffentlichen Finanzierungen hat sich die anfängliche Begeisterung abgekühlt. Die EU, die engagierteste Geldgeberin der Entwicklungsvorhaben, ist in einer unangenehmen Lage. Entgegen ihrer Doktrin in Fragen der Entwicklung ist sie gezwungen, mangels überzeugender Projekte und angesichts der unmittelbaren Notwendigkeiten die Gelder für die autonomen Gebiete größtenteils als Barmittel auszuschütten, mit denen offiziell Gehälter von Beamten der Autonomiebehörde bezahlt werden. Da diese Transaktionen ziemlich undurchschaubar sind, favorisiert die EU ein System der Unterstützung durch Sachmittel, wobei den verschiedenen Mitgliedsländern in den autonomen Gebieten bestimmte Aufgaben zugewiesen werden. (Deutschland rüstet und bildet die Polizei aus, Paris liefert Müllwagen nach Gaza und so weiter.) Israel belegte die angelieferten Sachleistungen anfangs allerdings mit Einfuhrzöllen, und zudem sorgte der Übereifer der Zollbeamten bei der Abfertigung für bedeutende Verzögerungen. Was Handel und Industrie angeht, so hatten die Initiativen der Europäischen Union und der Mittelmeeranrainer, die den Zusammenschluß kleinerer und mittlerer Unternehmen aus verschiedenen Sektoren ermöglichen und so zu Geschäftsabschlüssen führen sollten, im Februar 1996 weniger Erfolg als die Initiativen von Kairo im Dezember 1994 oder die von Jerusalem im Oktober 1995. Nur ein Drittel der erwarteten Geschäftsleute aus Europa fand den Weg nach Bethlehem, wo das Volumen der Abschlüsse denn auch unbedeutend blieb.

Eine erste wirtschaftliche Bilanz

Aus wirtschaftlicher Sicht haben die Palästinenser in den besetzten Gebieten vom beginnenden Friedensprozeß bislang kaum profitiert. Genutzt hat er dagegen vor allem einigen arabischen Israelis und Palästinensern in der Diaspora. Immerhin hat die Aussicht auf einen Wirtschaftsaufschwung arabische Israelis, die über einen Hochschulabschluß verfügen, aber in Israel kaum eine angemessene Arbeit finden, in die autonomen Gebiete gelockt. Mit ihren hebräischen Sprachkenntnissen und ihrer Vertrautheit mit der israelischen Gesellschaft bilden sie den Brückenkopf zu Israels Wirtschaft. Hochwillkommen sind auch Palästinenser mit westlichem Paß. Sie verfügen in der Regel über besondere Kenntnisse und können sich zudem bei einer Abriegelung der palästinensischen Gebiete zwischen den verschiedenen Zonen frei bewegen.

In den autonomen Gebieten sind die Unterschiede zwischen dem unterentwickelten Gazastreifen und dem Westjordanland noch größer geworden. In Jericho hat sich die wirtschaftliche Situation 1994 leicht verbessert. Ramallah, das den wohlhabenden Palästinensern als Ersatzhauptstadt gilt, erlebte 1995 geradezu einen Wirtschaftsboom. Nablus knüpft hohe Erwartungen an die im Januar 1996 erlangte Autonomie. An der zur gleichen Zeit eröffneten Börse wurden schon mehr Transaktionen getätigt als an der Börse von Amman. Diese neuerliche Aktivität knüpft an die Tradition der Handelsstadt an und zeigt, wie sehr die Geschäftsleute aus Nablus, die sich in Jordanien niedergelassen haben und den dortigen Aktienmarkt beleben, ihrer Stadt verbunden geblieben sind. Dagegen hat Hebron, eine mit Nablus vergleichbare Industriestadt, weiterhin mit den Problemen zu kämpfen, die durch die Anwesenheit der jüdischen Siedler im Stadtkern entstehen.

Angesichts der ungewissen Aussichten des Friedensprozesses muß die erhoffte wirtschaftliche Zusammenarbeit in der Region erst noch in Gang kommen. Dagegen werden Wirtschaftsbeziehungen zwischen Israel und den Ländern, mit denen die Normalisierung am weitesten fortgeschritten ist, Marokko und dem Sultanat Oman, schon jetzt geknüpft.

Vom beginnenden Friedensprozeß am stärksten profitiert hat dagegen unbestreitbar die israelische Wirtschaft. Das Bild einer israelischen Wirtschaft, die vom Krieg mit dem Libanon und von der Intifada gebeutelt darniederliegt, wurde in der internationalen Gemeinschaft korrigiert. Damit endete auch der Boykott einiger Firmen, die wie L'Oréal oder MacDonalds die Eröffnung von Niederlassungen im Land scheuten, weil sie Einbußen bei den arabischen Märkten befürchteten. Den meisten Versicherungs- und Bankfachleuten gilt Israel heute als ein Land, in dem die Risiken im Vergleich zur Vergangenheit deutlich geringer geworden sind. Dies und die starke innere Dynamik haben es dem Land ermöglicht, zwischen 1990 und 1995 mit einem durchschnittlichen Plus von sechs Prozent eine der weltweit höchsten Wachstumsraten zu erzielen – nur übertroffen von Ländern des Fernen Ostens. Der internationale Tourismus in der Region erlebte einen nie dagewesenen Boom: Israel verzeichnete über vier Millionen, Jordanien über eine Million Besucher.

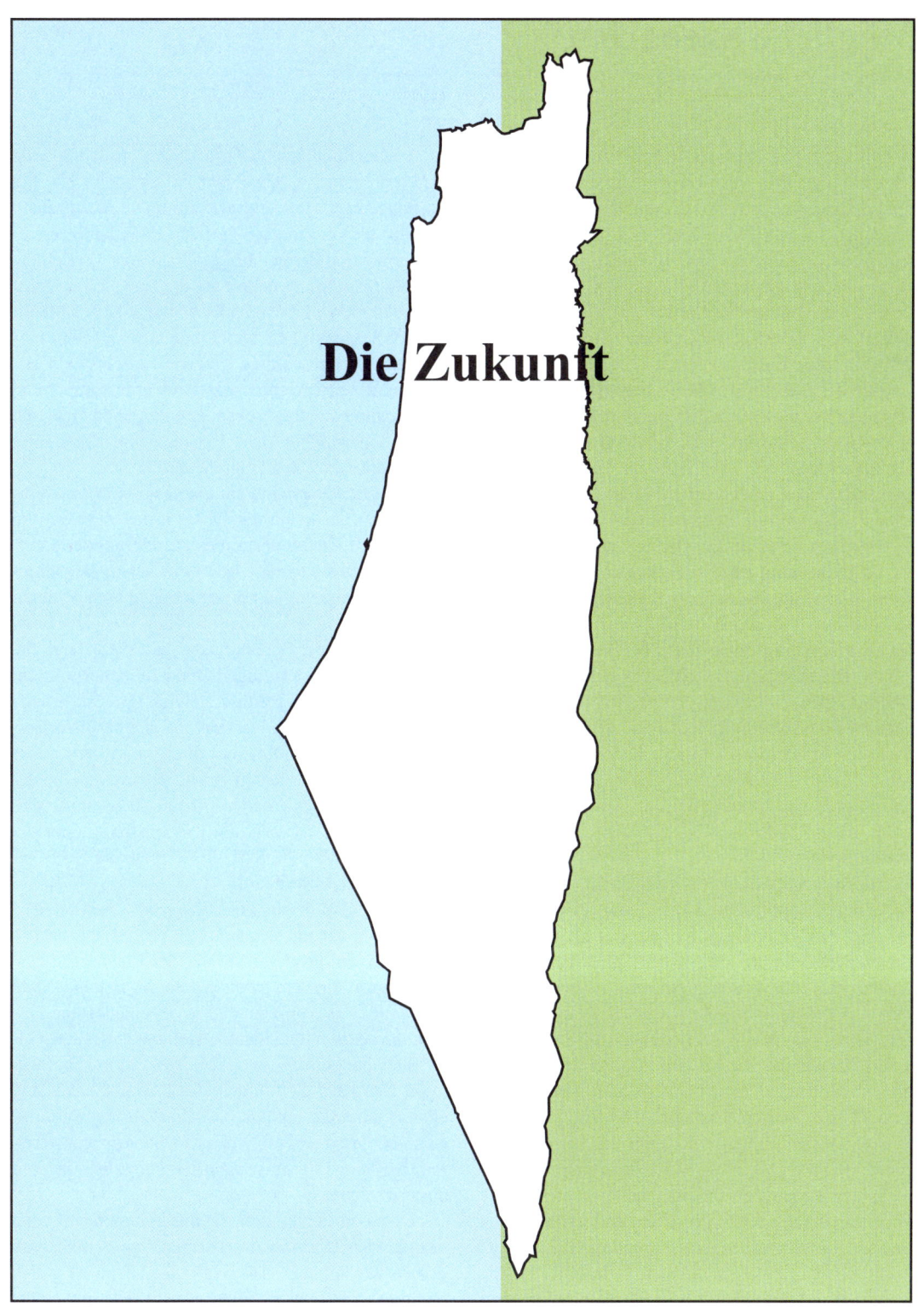

Die Zukunft

Mögliche Szenarien

Israelis und Palästinenser haben unterschiedliche Vorstellungen über den Terminplan und die Ziele des Friedensprozesses. Israel durchläuft augenblicklich einen schwierigen Prozeß »historischer« Zugeständnisse, welche die Sicherheit des Landes über kurz oder lang gefährden könnten. Es ist für Israel deshalb von größter Wichtigkeit, daß der Friedensprozeß sich langsam, schrittweise und kontrolliert vollzieht. Jede Beschleunigung wird als Bedrohung empfunden und gibt den Friedensgegnern Aufwind. Dagegen streben die Palästinenser möglichst rasch einen eigenen Staat an. Jede Verzögerung gilt ihnen als Verschleppung. Der Eindruck von Stagnation stärkt die Opposition gegen die Palästinensische Autonomiebehörde und überhaupt gegen die Art, wie der Friedensprozeß in Gang gesetzt wurde.

Folglich laufen die israelischen und palästinensischen Uhren unterschiedlich schnell, und die Vorkehrungen, mit denen sich die Parteien gegeneinander absichern möchten, machen die Gegensätze noch größer. Die arabische Bevölkerung betrachtet Israel mehrheitlich als machiavellistisches Machtgefüge mit sehr langfristigen Zielen. Während der jüdische Staat den Friedensprozeß unter Kontrolle zu halten und in seinen Teilaspekten möglichst gut für sich zu nutzen versucht, entsteht bei den Arabern der Eindruck einer Hinhaltetaktik, mit der sie getäuscht werden sollen.

Beide Seiten tun sich schwer damit, die Ängste der anderen Seite in ihre Überlegungen einzubeziehen. So berücksichtigen die Israelis nicht ausreichend, wie sehr die Gegenseite ihre Macht überschätzt; daß 200 Millionen Araber ein Land von gerade 5 Millionen Einwohnern als Bedrohung erleben, ist für sie kaum nachvollziehbar. Umgekehrt unterschätzen die Araber die Ängste der Israelis, die sich für den Fall einer Niederlage im Krieg wahre Schreckensszenarien ausmalen.

Vor diesem Hintergrund kann der Friedensprozeß nur dann Erfolg haben, wenn er in einem für beide Seiten akzeptablen Tempo abläuft. Auch muß die Forderung nach »einem gerechten und umfassenden Frieden für alle« fallengelassen und die Lösung gewählt werden, die am wenigsten Todesopfer kostet. Kurzfristig ist an eine Befriedigung aller Seiten nicht

zu denken, und unabhängig davon, welchen Weg man beschreitet, wird wahrscheinlich auch weiterhin Waffengewalt zum Einsatz kommen. Es braucht Zeit, bis die verfeindeten Parteien einander akzeptieren lernen und bereit sind, auf Rache zu verzichten. Bis dahin kommt es darauf an, die Gewalt möglichst einzudämmen, und dazu müssen beide Seite über ihren Schatten springen. Israel muß sich zu seiner moralischen Verantwortung gegenüber dem Leid bekennen, das den Arabern angetan wurde. Umgekehrt müssen die Araber einsehen, daß ihre unnachgiebige Haltung gegenüber dem Existenzrecht Israels für beide Seiten zu einer Tragödie geführt hat.

Der Friedensprozeß hat eine Eigendynamik entwickelt, in der keine der Parteien der anderen ihre Vision vom Nahen Osten des 21. Jahrhunderts aufzwingen kann. Die israelisch-arabischen Beziehungen sind komplex und mit zahlreichen Unbekannten befrachtet, was jede Prognose zum Wagnis macht. Die Führer beider Seiten müssen auf die öffentliche Meinung und die jeweiligen Oppositionen Rücksicht nehmen, so unterschiedlich gewichtig diese jeweils sein mögen. Jordanien ist von den israelisch-palästinensischen Verhandlungen direkt betroffen, aber auch noch andere Staaten versuchen aus verschiedenen Gründen, den Friedensprozeß zu beeinflussen: die Vereinigten Staaten, die wichtigsten Länder der Europäischen Union, Syrien, Ägypten, die Golfstaaten, Marokko und andere.

Angesichts dieser komplizierten Situation darf man sich nicht mit der simplen Vorstellung zufriedengeben, ein positiver Verlauf des Friedensprozesses hänge allein vom guten Willen der Beteiligten ab und werde nur von Fanatikern verschiedenster Provenienz bedroht. Die Idealvorstellung vertrauensvoller Beziehungen zwischen den Völkern in naher Zukunft und einer Zeit allgemeinen Wohlstandes sind ebenso unrealistisch wie der Alptraum der Pessimisten, die Krieg und allgemeines Chaos prognostizieren. Auf lange Sicht ist natürlich keine Möglichkeit auszuschließen.

Dennoch lassen sich für die kommenden Jahre verschiedene Szenarien entwerfen, wobei nicht vergessen werden darf, daß sehr wahrscheinlich gleich mehrere von ihnen in Folge oder jeweils nur einige

Aspekte davon eintreten werden. Unwahrscheinlich ist, daß es zu allen geschilderten Situationen kommt, und auch die Reihenfolge bleibt offen. Es handelt sich um Hypothesen, die aufzeigen, welche Ängste und Hoffnungen bei den beteiligten Parteien im Spiel sind.

Die Errichtung eines autoritären Palästinenserstaates

Nach mehreren Meinungsumfragen, die zwischen Juni 1995 und Februar 1996 durchgeführt wurden, gehen etwa 75 Prozent der Israelis davon aus, daß die Errichtung eines Palästinenserstaates mittelfristig unvermeidlich ist. Auf der anderen Seite können sie einen solchen Staat natürlich nur dann akzeptieren, wenn er sich nicht die Zerstörung des Staates Israel zum Ziel setzt. Davon abgesehen, geht es Israel vornehmlich um Stabilität in der Region. Das Land favorisiert einen starken Gesprächspartner, der seine Legitimität aus der Absicht bezieht, den in Gang gebrachten Friedensprozeß auch fortzusetzen: Yassir Arafat.

Vor den Wahlen im Januar 1996 machten sich in der Palästinensischen Autonomiebehörde autoritäre Tendenzen bemerkbar. Indes führte der Urnengang zu einer gewissen Erneuerung der politischen Führung und zur Entstehung einer offiziellen politischen Opposition. Doch auch an der Macht zeichnet die Fatah sich noch immer durch Klientelwirtschaft und eine gewisse Gewaltbereitschaft aus. Die aus Tunis kommenden Führer haben sich Praktiken angewöhnt, die an die Methoden der syrischen oder irakischen Machthaber erinnern; danach verfügt der Staat über die Schätze des Landes und »erkauft« sich das Stillhalten der Bürger.

Es ist unwahrscheinlich, daß ein palästinensischer Staat, zumindest äußerlich, derlei undemokratische Züge haben würde. Andererseits sind alle Länder, die im Friedensprozeß eine bedeutende Rolle spielen, an einer starken palästinensischen Führung interessiert. Die Monarchien am Golf und in Syrien würden die Ansteckungsgefahr einer palästinensischen Demokratie fürchten, während Israel und die Vereinigten Staaten von einer stabilen palästinensischen Regierung nur profitieren könnten.

In der explosiven Situation, die seit der Intifada in den besetzten Gebieten herrscht, sehnen sich zahlreiche Palästinenser nach Ruhe und Ordnung; dafür würden sie auch eine starke Staatsgewalt in Kauf nehmen. Diese konservativen Kräfte könnten sich eine Führung nach ägyptischem Vorbild vorstellen: ein pluralistisches, vor allem aber autoritäres Regime, das die unvermeidlichen sozialen Unruhen, an denen vornehmlich Jugendliche beteiligt sind, mit starker Hand unter Kontrolle hält.

Eine solche Entwicklung würde sich für die palästinensische Gesellschaft freilich verheerend auswirken. Die Folge wäre wahrscheinlich die Abwanderung der stark politisierten palästinensischen Intelligenz und in geringerem Umfang auch des Kapitals. Und auch die schleppend anlaufenden Investitionen aus der palästinensischen Diaspora würden wahrscheinlich wieder versiegen.

So betrachtet, könnte ein autoritärer Staat Instabilität bedeuten und geradewegs ins Chaos führen. Jede Verschärfung der Wirtschaftskrise gefährdet das Vertrauen in die Staatsgewalt, und die fortschreitende Verarmung der Bevölkerung bereitet den Boden für den islamischen Fundamentalismus.

Ein palästinensischer Bürgerkrieg

In Palästinenserkreisen taucht immer wieder das Schreckgespenst eines Bürgerkrieges in den autonomen Gebieten auf. Gefahr droht dabei weniger von der Hamas selbst als von deren jüngsten Mitgliedern. Die Organisation beansprucht einen Anteil an der Macht, ohne Israel anzuerkennen, und präsentiert sich als legitime Opposition. So verkündete ein Sprecher im November 1994 in Jordanien: »Die Hamas will keinen Bürgerkrieg. Das würde den Israelis nur zu gut gefallen. Die Abkommen von Oslo und Kairo enthalten den Sprengstoff des Bürgerkrieges, damit die Palästinenser sich gegenseitig umbringen und die Israelis zufrieden sind. [...] Es besteht die Gefahr, daß aus Gaza ein kleines Algerien wird: Die Militärs wollen die Menschen entmündigen.«

Die Hamas hat immer größere Schwierigkeiten, ihre Kämpfer bei der Stange zu halten. So mußte sie im Januar 1996 auf eine Teilnahme an den Wahlen verzichten, um sich nicht von ihrer Basis, den *Schebab*, abzukoppeln, denen die Annäherung an Arafat ein Dorn im Auge ist. Diese jungen Kämpfer, die während der Intifada ausgebildet wurden, ordnen sich keiner Autorität unter. Sie sind zu Gewalttaten bereit und reagieren auf die politischen Ereignisse eher spontan als planvoll. Da die islamischen Funda-

Die palästinensischen Autonomiegebiete

Jenin

Tulkarm

Kalkilja

Nablus

WESTJORDANLAND

Tel Aviv

Amman

Ramallah

Jericho

Ashdod

Jerusalem

Jordanien

Israel

Bethlehem

GAZA-STREIFEN

Gaza

Hebron

Khan Junis

Rafah

Beersheba

Ägypten

In den Abkommen vom 4. Mai 1994 und vom 28. September 1995 festgelegte palästinensische Autonomiegebiete (Gebiet A)

Gebiet B nach dem Abkommen vom 28. September 1995: sicherheitspolitisch von Israel kontrolliert, PLO-Polizei garantiert die öffentliche Ordnung

Gebiet C: unter alleiniger israelischer Kontrolle

Teil von Hebron: Sonderregelung

Verbindungsstraßen zwischen Gazastreifen und Westjordanland

10 Kilometer

102

mentalisten keine Vertretung im palästinensischen Parlament haben, sind gewalttätige Ausschreitungen durch sie vorprogrammiert. Im Gazastreifen sind gefährlich viele Waffen im Umlauf, sowohl unter den Fundamentalisten wie auch unter den Arafat nahestehenden Milizen.

Die jordanische Option

Sollte der Friedensprozeß in eine Sackgasse geraten, könnte die jordanische Option, die in den siebziger Jahren von den Anhängern der israelischen Arbeiterpartei bevorzugt wurde, eine Lösung bieten. König Hussein von Jordanien ist allerdings sehr vorsichtig. Im Falle eines Scheiterns der Palästinensischen Autonomiebehörde würde er nicht selbst die Initiative ergreifen, sondern auf einen Appell der Bevölkerung des Westjordanlandes warten. Kein Interesse hat er dagegen am Gazastreifen, den er für unregierbar hält. Sollte das Westjordanland tatsächlich wieder Jordanien angegliedert werden, wäre Hussein für eine Regionalisierung, durch die der Gazastreifen wieder unter ägyptischen Einfluß kommen würde.

Unter den Palästinensern des Westjordanlandes schwankt die Zustimmung zu einer Union mit Jordanien je nach den Erfolgen der Palästinensischen Autonomiebehörde. Dennoch hat sich kaum ein Prozent der Bevölkerung in den palästinensischen Gebieten zustimmend geäußert, als König Hussein 1994 die Kontrolle über die islamischen heiligen Stätten von Jerusalem übernahm. Von dieser Vertrauenskrise abgesehen, stehen die über fünfzigjährigen Palästinenser der jordanischen Option mehrheitlich aufgeschlossen gegenüber, während die jungen, die das haschemitische Regime vor 1967 nicht mehr miterlebt haben, sie mit großer Mehrheit ablehnen. Meinungsumfragen zufolge nimmt die Zustimmung zur jordanischen Option zudem mit steigendem Bildungsniveau ab.

Würde ein jordanischer Staat beiderseits des Jordans wiederhergestellt, so bestünde dieser zu 80 Prozent aus Palästinensern. Dieses nicht zu vernachlässigende Risiko erklärt die Zurückhaltung des haschemitischen Regimes. Umgekehrt wäre Jordanien nach der Schaffung eines eigenen Palästinenserstaates all jene Palästinenser los, die ihm auf seinem Gebiet am meisten Probleme bereiten. Den palästinensischen Wahlen vom Januar 1996 ging beispielsweise eine aktive, wenn auch erfolglose Kampagne jor-

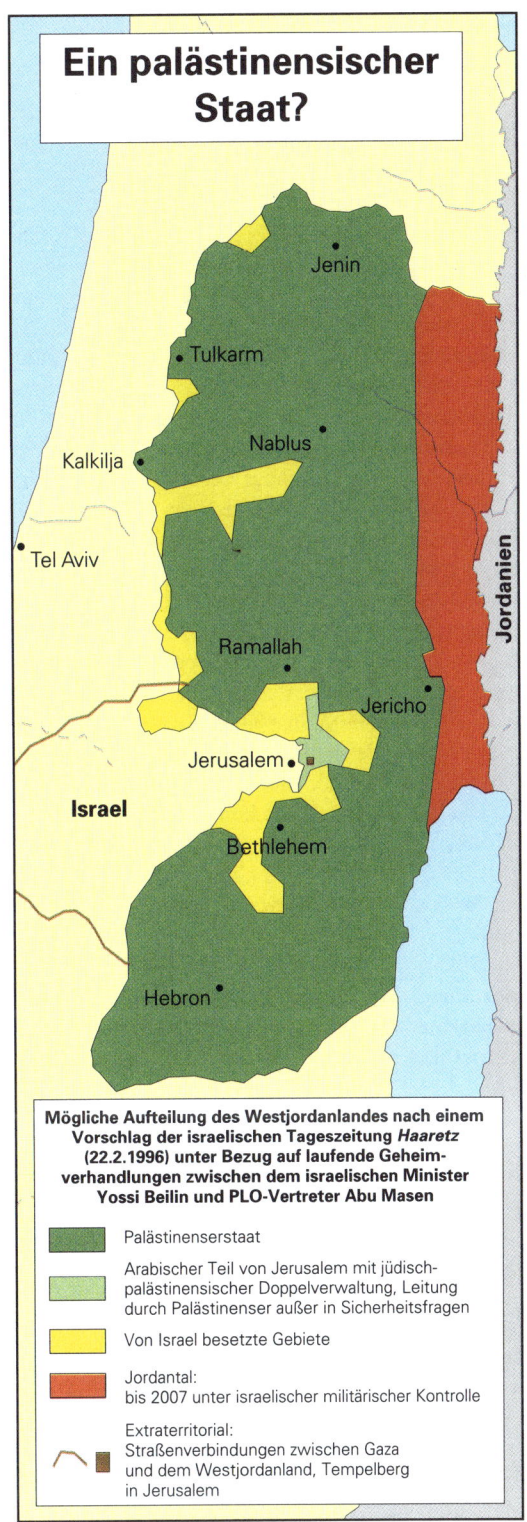

Ein palästinensischer Staat?

Mögliche Aufteilung des Westjordanlandes nach einem Vorschlag der israelischen Tageszeitung *Haaretz* (22.2.1996) unter Bezug auf laufende Geheimverhandlungen zwischen dem israelischen Minister Yossi Beilin und PLO-Vertreter Abu Masen

■ Palästinenserstaat

■ Arabischer Teil von Jerusalem mit jüdisch-palästinensischer Doppelverwaltung, Leitung durch Palästinenser außer in Sicherheitsfragen

■ Von Israel besetzte Gebiete

■ Jordantal: bis 2007 unter israelischer militärischer Kontrolle

Extraterritorial: Straßenverbindungen zwischen Gaza und dem Westjordanland, Tempelberg in Jerusalem

danischer Palästinenser voran, die sich für die Wahl registrieren lassen wollten.

Eine palästinensisch-jordanische Konföderation

Dem jordanischen König liegt eher daran, die Führung über eine jordanisch-palästinensische Föderation zu erlangen, ohne über die Palästinensergebiete direkt Kontrolle ausüben zu müssen. Obwohl die Bevölkerung in den Palästinensergebieten mehrheitlich einen eigenen und vollständig unabhängigen Staat favorisiert, setzt sich der Gedanke einer engen Zusammenarbeit mit Jordanien im Westjordanland zunehmend durch. Bewohner des Gazastreifens sind allerdings nach wie vor gegen eine solche Lösung. Für eine Föderation sprechen indes zahlreiche Studien, denen zufolge ein palästinensischer Staat ohne die Union mit Jordanien und auch ohne Israel wirtschaftlich nicht überlebensfähig ist.

Andererseits scheint für die eben erst selbständig gewordene Palästinensische Autonomiebehörde ein Verzicht auf ihre Unabhängigkeit unannehmbar. Auch hätte Palästina in einer Union mit Jordanien nur geringen Einfluß. Vor diesem Hintergrund wären Arafats Getreue allenfalls bereit, einer Art gemeinsamem Markt zuzustimmen, während die Hamas und die Djihad jeden Gedanken an eine Annäherung an Jordanien, die ihre eventuelle Machtübernahme zusätzlich erschweren würde, rundweg ablehnen.

Selbst ein Zusammenschluß, der sich auf die Schaffung eines Wirtschaftsraumes beschränkt, könnte auf beiden Seiten Enttäuschung bringen. Palästina und Jordanien sind in wirtschaftlicher Hinsicht eher Konkurrenten als Partner, und eine Zusammenarbeit nur dieser beiden Partner könnte rasch zu heftigen Auseinandersetzungen führen.

Eine israelisch-palästinensisch-jordanische Konföderation

Ein Dreiecksverhältnis im Nahen Osten könnte sich paradoxerweise als sehr viel stabiler erweisen als eine Zweier-Partnerschaft. Dabei scheidet eine politische Union zwischen Israel und den arabischen Nachbarn von vornherein aus. Lediglich eine auf wirtschaftlichen Interessen beruhende, lockere Konföderation hat gewisse Aussichten auf Erfolg.

Israel, die Palästinensische Autonomiebehörde und Jordanien unterhalten schon jetzt untereinander intensive Beziehungen. Auf lokalpolitischer Ebene versucht jedes Land, mit Hilfe des anderen beim jeweils dritten seine Interessen durchzusetzen. So hat Israel Jordanien ein »historisches Recht« auf die Al-Aksa-Moschee zuerkannt, um die Position der Palästinenser im Streit um Jerusalem zu schwächen. Die Annäherung Jordaniens an Israel diente dazu, den Einfluß der PLO im Land zu beschneiden. Die Palästinenser wiederum nutzen die Zusammenarbeit mit Israel, um von Jordanien Zugeständnisse zu bekommen.

Alle drei sind voneinander abhängig. Eine Entladung der sozialen Spannungen in den besetzten Gebieten würde unweigerlich auf Jordanien übergreifen. Der Sturz der Haschemiten wäre eine direkte Bedrohung für Israel. Bei einem Kurswechsel der israelischen Politik geriete die Palästinensische Autonomiebehörde in eine Sackgasse. In dieser gegenseitigen Abhängigkeit streben alle drei die Schwächung der anderen an, ohne deren Sturz zu riskieren, weil sie das selbst gefährden würde.

Eine Institutionalisierung dieses Verhältnisses hätte für die verschiedenen Lager allerdings unterschiedliche Bedeutung. Der Likud könnte in einer Konföderation die Möglichkeit sehen, zusammen mit Jordanien die Kontrolle über die autonomen Gebiete auszuüben und zu verhindern, daß ein unabhängiger Palästinenserstaat entsteht. Genau das fürchten die Palästinenser. Für die Arbeiterpartei stehen die wirtschaftlichen Interessen im Vordergrund: Eine Öffnung der Grenzen würde die Lebensbedingungen der Bevölkerung verbessern und so die Akzeptanz des Friedensprozesses verbessern. Voraussetzung ist allerdings, daß diese Lösung auch ein bestimmtes Maß an Stabilität schafft. Die Jordanier könnten in einer solchen Konföderation mehr vom erhofften wirtschaftlichen Aufschwung des Friedensprozesses profitieren. Zudem wäre das politische Risiko für sie geringer als bei einer direkten Kontrolle über die palästinensischen Gebiete.

Die Abschottung Israels

Doch befürwortet die israelische Öffentlichkeit keineswegs die Einrichtung gemeinsamer Institutionen mit den arabischen Nachbarn. Vielmehr neigt sie verstärkt zu einer klaren Trennung von den Palästinensern. Diese Politik verfolgt der Likud, der den Friedensprozeß auf seinem augenblicklichen Stand einfrieren und die palästinensische Autonomie auf gewisse »Kantone« der Zonen A und B, die in der Übergangsphase des Friedensprozesses festgelegt wurden, beschränken möchte. Eine undurchlässige Mauer soll diese Gebiete von Israel abtrennen.

Die Folge wäre ein kalter Frieden ähnlich den Beziehungen zu Ägypten nach dem Abkommen von Camp David. Ein aktiverer Frieden, der einen Austausch auf verschiedenen Gebieten vorsieht, gehörte zwar mit zu Israels Forderungen zu Beginn des Friedensprozesses, als es um die Rückgabe der besetzten Gebiete ging. Doch die arabische Front, die sich auf die Doktrin »keinen umfassenden Frieden ohne die Rückgabe aller besetzten Gebiete« versteift hatte, bröckelt, und Israel hat nicht die Absicht, alle Siedlungen im Westjordanland und die Kontrolle über Jerusalem aufzugeben. Sofern ein kalter Frieden ein gewisses Maß an Sicherheit garantiert, würde er sicherlich als ausreichend empfunden.

Allerdings ist diese Option für Israel mit höheren Kosten verbunden. Abrüstung wäre dann unmöglich, und die Trennung beider Völker setzt gewaltige finanzielle Aufwendungen voraus: den Bau getrennter Straßennetze, von Mauern, Kontrollstellen und so weiter. Da eine vollständige Trennung kurzfristig unmöglich scheint, könnte es zunächst nur darum gehen, den Personen- und Warenverkehr wirksam zu kontrollieren.

In dieser Situation könnte sich in der israelischen Gesellschaft eine Verweigerungshaltung breitmachen. Diese würde den Prozeß der »Normalisierung« unterbrechen und das Land erneut in die Krise führen. Ein Frieden, der solchermaßen unvollendet bleibt, könnte sich als unstabil erweisen.

Ein Krieg nach dem Frieden

Die Israelis befürchten, übervorteilt zu werden oder auf den falschen Gesprächspartner zu setzen. Die Sicherheitsgarantien, die sie den Palästinensern abverlangen, werden mit einem Wechsel der palästinensischen Führung möglicherweise hinfällig. Der Friedensprozeß schwächt einige führende Politiker, insofern er eine Kluft zur Haltung der Bevölkerung aufreißt. Im Augenblick herrscht nur zwischen den Eliten ein Frieden, und wirtschaftlich profitiert davon nur ein kleiner Kreis von Geschäftsleuten. Die er-

hofften positiven Folgen für die Bevölkerung werden sich erst nach einiger Zeit einstellen. Die arabische Öffentlichkeit steht dem Prozeß noch immer feindlich gegenüber. Nach 50 Jahren Propaganda gegen den »zionistischen Feind« kann sie den Kurswechsel ihrer Führer nur mühsam nachvollziehen. Im übrigen hat der Golfkrieg erneut gezeigt, daß sich aus der Sache der Palästinenser in der Region noch immer politisches Kapital schlagen läßt. Zwar konnte Saddam Hussein keinen Staatschef hinter sich bringen, doch verschaffte er sich in den meisten arabischen Ländern Popularität.

Wie lange bereits unterzeichnete und künftige Abkommen gültig bleiben, hängt weitgehend davon ab, wie stabil die Regime der Unterzeichnerstaaten sind. Westliche Vorstellungen von staatlicher Kontinuität haben sich in der arabischen Welt bislang nur unvollständig durchgesetzt. Nur zu oft kündigen politische Führer die Abkommen ihrer Vorgänger auf. Den beiden besonders betroffenen Staaten, Jordanien und Syrien, drohen gerade jetzt Auseinandersetzungen um die Nachfolge. Sollten Hafis al-Assad und Hussein von Jordanien sterben, droht der jeweiligen Staatsführung der Sturz.

Wenn in Palästina die islamischen Fundamentalisten an die Macht gelangen, droht allgemeiner Aufruhr. Ohne einen radikalen Kurswechsel könnten sich weder Israel noch Jordanien damit abfinden. Möglicherweise würden sich Israel und andere Regime in der Region gegen die islamischen Fundamentalisten verbünden, von denen sie alle bedroht werden: gegen die Hamas und den Djihad in den besetzten Gebieten, die Amal-Miliz, die Hisbollah und den Djihad im Libanon, die muslimischen Bruderschaften in Ägypten, die im Untergrund agierenden Fundamentalisten Syriens und womöglich auch die jetzt noch gemäßigte *Islamic Action Front* in Jordanien. Die Fundamentalisten der Region, die sich als die eigentlichen Erben des arabischen Nationalismus und als Treuhänder seiner Ideale verstehen, profitieren nach wie vor – wenn auch in den letzten Jahren etwas weniger – von dem Mißtrauen, das die Bevölkerung den Eliten seit ihrer Annäherung an Israel entgegenbringt.

Destabilisierende Folgen des Friedens

Ungekehrt könnte ein erfolgreicher Frieden auf besonders autoritäre arabische Regime verheerende Auswirkungen haben. Das Ende der Konfrontation könnte ein Land wie Syrien, das sich durch seine unnachgiebige Haltung gegenüber Israel hervorgetan hat, einiges Ansehen kosten. Ganz allgemein müssen arabische Politiker, die ihr wichtigstes politisches Kapital aus der Bedrohung durch Israel geschlagen haben, ihre Anhänger mit neuen Konzepten mobilisieren. Auch zwingt der Wegfall des gemeinsamen Gegners die arabischen Länder dazu, ihre Gemeinsamkeiten neu zu definieren.

Obwohl die palästinensische Bevölkerung deutlich stärker politisiert ist als die anderen arabischen Völker, könnte ein Erfolg der Demokratie in Palästina die autoritären Regime bedrohen. Die Monarchien am Golf, die nach der irakischen Niederlage massiv Palästinenser des Landes verwiesen haben, machen sich darüber keine Illusionen.

Die arabischen Staatsführungen haben von jeher aus dem israelisch-palästinensischen Konflikt politisches Kapital geschlagen, und der Friedensprozeß kam im Grunde erst dann in Gang, als es gelang, ihn von innerarabischen Fragen abzukoppeln. Durch eine Ironie der Geschichte könnte er sich jetzt wiederum indirekt auf die arabische Welt auswirken.

Der Schlüssel zum
Nahen Osten

Orte

Akaba, Elat, Taba

Das jordanische Akaba, das israelische Elat und das ägyptische Taba liegen nebeneinander am Golf von Akaba am Roten Meer. Ein erstes israelisch-arabisches Gemeinschaftsprojekt gilt der touristischen Erschließung dieser drei Städte. Wenn sich auch das benachbarte Saudi-Arabien noch diesem Projekt anschließt, würde eine ausgedehnte internationale Riviera entstehen.

Elat, das bei der Teilung Palästinas 1947 durch die UNO dem zukünftigen Judenstaat zugeschlagen wurde, gewann seine Bedeutung als Hafen und Heilbad erst in den sechziger Jahren. Als Ägypten die Meerenge von Tiran vor der Zufahrt nach Elat blockierte, löste dies im Mai 1967 den Sechstagekrieg aus. Seit den frühen achtziger Jahren ist Elat nach Jerusalem das zweitwichtigste Tourismuszentrum Israels. Die Stadt entstand in der Nähe der ehemaligen mittelalterlichen Festung Ailat, des einstigen Zankapfels zwischen Kreuzfahrern und Saladin.

Akaba ist Jordaniens einziger Zugang zum Roten Meer. Das Land verdankt ihn dem beharrlichen Widerstand der Briten gegen die saudischen Gelüste zu Anfang des Jahrhunderts. Im Juli 1917 wurde die von den Osmanen zur Festung ausgebaute Stadt von Prinz Faisals haschemitischen Truppen und ihrem Militärberater Thomas Edward Lawrence eingenommen. Dies öffnete den Briten den Weg zur Eroberung Palästinas. Der Hafen, der bereits zwischen den Weltkriegen eine Rolle spielte, expandierte vor allem in den fünfziger Jahren. 1991 wurde der Hafen von Akaba, Ausgangspunkt einer wichtigen Handelsroute nach Bagdad, teilweise der Kontrolle der UNO unterstellt, um das Wirtschaftsembargo gegen den Irak durchzusetzen. Mit dem Embargo ging die Menge der umgeschlagenen Güter von 15 Millionen Tonnen im Jahre 1990 auf 11 Millionen Tonnen im Jahre 1993 zurück.

Taba liegt heute an der israelisch-ägyptischen Grenze. Die Stadt war 1907 Gegenstand eines ersten Grenzkompromisses zwischen den Engländern als den Herren Ägyptens und dem Osmanischen Reich. Ihre Bedeutung erhielt sie allerdings erst in den siebziger Jahren. Die Israelis hatten in ihr einen gewaltigen Hotelkomplex errichtet und lehnten deshalb eine Räumung Tabas ab, als der Sinai nach dem Abkommen von Camp David von 1978/79 an Ägypten zurückgegeben werden sollte. Nach einem Schiedsspruch des Internationalen Gerichtshofs wurde die Enklave 1988 zurückgegeben, doch behielten die Israelis die Aufsicht über die Hotelanlage. Taba, rechtlich zu Ägypten gehörend, wirtschaftlich aber noch immer unter israelischem Einfluß,

war seit Anfang des Friedensprozesses häufiger Tagungsort israelisch-palästinensischer Konferenzen.

Die israelisch-jordanische Grenze zwischen Akaba und Elat wurde nach der Unterzeichnung des Friedensvertrages zwischen den beiden Ländern im Juli 1994 mit großem Zeremoniell geöffnet. Inzwischen bieten mehrere Reiseveranstalter Ausflüge zu Pferd in beiden Ländern an, und es gibt konkrete Pläne zum Bau eines gemeinsamen internationalen Flughafens.

Bethlehem

Zehn Kilometer südlich von Jerusalem gelegen, soll Bethlehem bereits in kanaanäischer Zeit, um 1400 v. Chr., gegründet worden sein. Die auf einem Hügel errichtete Stadt bildet mit den Nachbargemeinden Bet Jalla und Bet Sahur, die jeweils zwei Kilometer entfernt sind, ein urbanes Dreieck. Bethlehem ist der mutmaßliche Geburtsort Jesu und beherbergt zudem das Grab der Rahel, der Frau Jakobs. Um 330 ließ Helene, die Mutter des Kaisers Konstantin, über der Höhle, in der Jesus zur Welt gekommen sein soll, die Geburtskirche errichten. Verwaltung und Aufsicht über dieses Heiligtum, 1852 von den Osmanen bis in kleinste Detail festgelegt, sind zwischen römisch-katholischen und orthodoxen Christen heute noch umstritten.

Während der Teilungsplan Palästinas Bethlehem den Palästinensern zusprach, kam die Stadt 1949 unter jordanische Verwaltung und geriet 1967 mit dem Westjordanland unter israelische Besatzung. Im Dezember 1995 erhielt die Stadt Autonomie, während das Grab der Rahel unter israelischer Aufsicht blieb. Um Bethlehem herum liegen 18 jüdische Siedlungen und 3 Palästinenserlager mit insgesamt 13 000 Flüchtlingen. Der Bezirk zählt rund 150 000 Einwohner.

Galiläa

Die historische Landschaft Palästinas und Wiege des Christentums, ein Landstreifen von 30 bis 40 Kilometern Breite und 80 Kilometern Länge, liegt zwischen Jordantal und Mittelmeer. Im Süden wird Galiläa von der Jesreel-Ebene, im Norden vom Fluß Litani begrenzt. Galiläa ist aufgeteilt zwischen dem Libanon und Israel.

Vor viertausend Jahren herrschten mächtige kanaanäische Städte über das Land. Um 1200 v. Chr. ließen sich dort die Stämme Asser, Naphthali, Sebulon und Isaschar nieder. Galiläa gehörte zu den Königreichen Davids und Salomons, zwischen 733 und 104 v. Chr. war es assyrische Provinz, später kam es wieder unter jüdische Herrschaft. Hier ist Jesus aufgewachsen, und auch die Mehrzahl seiner Jünger stammte aus dieser Region. Nach der Vertreibung der Juden aus Jerusalem im zweiten Jahrhundert n. Chr. wurde Galiläa zum bedeutendsten Sammelpunkt jüdischen Lebens mit zahlreichen Synagogen.

Seit Beginn des 20. Jahrhunderts entstanden im Osten der Region, um den See Genezareth, zahreiche Kibbuzim. 1922 wurde der wichtigste Teil des historischen Galiläa dem britischen Mandatsgebiet eingegliedert, während der nördliche Teil den Franzosen überantwortet und dem Libanon angeschlossen wurde. Der UN-Teilungsplan für Palästina von 1947 sah vor, Galiläa unter britischem Mandat in zwei ungefähr gleich große Zonen, eine jüdische und eine arabische, einzuteilen. 1948 wurde das gesamte Galiläa (mit Ausnahme des libanesischen Teils) Israel einverleibt. Die wiederholten Angriffe der Fedajin gegen jüdische Orte vom Südlibanon aus führten ab 1978 zum Eingreifen Israels in den Libanonkonflikt.

Untergaliläa besteht aus einer ost-westlich verlaufenden Hügelkette (Tabor, 588 m). Auf den terrassenförmigen Hängen wachsen Getreide und Oliven. Die wichtigsten Städte sind Nazareth und Karmiel. Unmittelbar nördlich des Sees Genezareth erhebt sich das zerklüftete Bergland Obergaliläas (Harar Meron, 1208 m). Die rund 50 ländlichen Gemeinden werden zu einem Drittel von Arabern, Drusen und Tscherkessen bewohnt. Angebaut werden Tabak, Wein, Oliven und Obst. Das wichtigste Zentrum ist Safed.

Gaza

Der Gazastreifen ist ein langgezogenes Gebiet von 365 Quadratkilometern, 45 Kilometern Länge und 5 bis 12 Kilometer Breite. Die unterentwickelte Region erlebte 1948 einen gewaltigen Zustrom von Flüchtlingen, durch sich die Bevölkerung schlagartig verzehnfachte. Die autonome Zone erstreckt sich über 219 Quadratkilometer, also 60 Prozent der Gesamtfläche. Mit 14 000 Menschen pro Quadratkilometer ist der Gazastreifen die am dichtesten besiedelte Region der Welt. 1992 hatte er 788 903 Einwohner, von denen 122 698 in der Stadt Gaza, die übrigen in den Flüchtlingslagern lebten: in Jabalia im Norden (107 921 Menschen), Shati nahe der Stadt Gaza (59 276 Menschen), Der Balah (13 849 Menschen), Nuseirat (40 279 Menschen), Bureij (24 779 Menschen) und El-Maghazi in der Mitte (16 976 Menschen) und Khan Junis (110 027 Menschen) und Rafah (105 510 Menschen) im Süden. Im übrigen beherbergte der Gazastreifen 15 israelische Siedlungen, deren 6000 Siedler 40 Prozent des Bodens für sich beanspruchten.

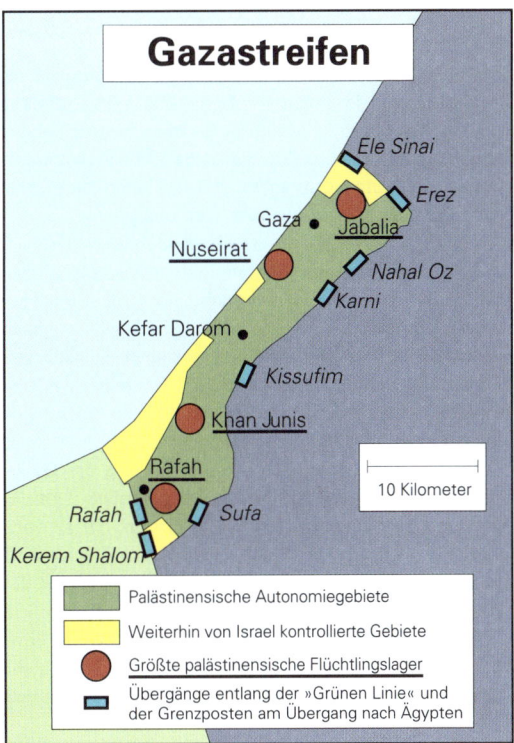

Im Gazastreifen, genauer im Lager Jabalia, begann 1987 die Intifada. Zur Situation des Eingesperrtseins unter freiem Himmel (die Mehrheit der Bewohner erhielt nie eine Ausreiseerlaubnis) und zur drangvollen Enge kamen fehlende Investitionen in Industrie und Infrastruktur der Region und eine schleichende Verschlechterung der Lebensbedingungen (Trinkwassermangel, fehlende Kanalisation, Infektionen, Arbeitslosigkeit, Armut).

Gaza wurde zum Schauplatz der heftigsten Auseinandersetzungen zwischen den israelischen Streitkräften und aufständischen palästinensischen Jugendlichen. Nirgendwo in den besetzten Gebieten hatte der islamische Fundamentalismus so großen Zulauf wie hier. Angesichts der Unkontrollierbarkeit der Situation zeigen sich die Israelis zum Rückzug aus Gaza bereit. Die gleichen Gründe erschweren es der Palästinensischen Autonomiebehörde, in Gaza richtig Fuß zu fassen. Um als legitime Verwaltung anerkannt zu werden, muß sie einer Vielzahl von Erwartungen in bezug auf Soziales, Bildung, Wirtschaft und Politik gerecht werden, ohne über angemessene Mittel zu deren Erfüllung zu verfügen, was Infrastruktur, Personal und Finanzen betrifft.

Golan

Die vulkanische Hochebene, die mit 1000 Metern Höhe über Galiläa und der Ebene von Damaskus aufragt, umfaßt ein Gebiet von 1150 Quadratkilometern und wurde bei der Aufteilung der Mandate über Palästina 1922 Syrien angegliedert. Seit dem Sechstagekrieg 1967 steht das Gebiet unter israelischer Besatzung und Verwaltung.

Der Golan, während des israelisch-arabischen Krieges 1973 Schauplatz heftiger Kämpfe und 1981 von Israel annektiert, ist aus Sicht der Israelis strategisch wichtig vor allem als »Pufferzone« zu Syrien, aber auch wegen seiner reichen Wasservorräte. Im Golan enspringen die östlichen Zuflüsse des Sees Genezareth und des Oberlaufs des Jordans, die Israel jährlich fast 300 Kubikmeter Wasser liefern, ein Sechstel des Gesamtverbrauchs.

Im Mai 1967 belief sich die Bevölkerung des Golan auf ungefähr 100 000 Einwohner, vornehmlich Drusen. Nach dem Sechstagekrieg flohen 90 Prozent der Bewohner, danach wurden die meisten verlassenen Dörfer dem Erdboden gleichgemacht. Diese Situation erleichterte die Errichtung von 33 jüdischen Siedlungen mit ungefähr 15 000 Menschen. Die übrige Bevölkerung des Golan konzentriert sich auf den Norden der Hochebene; sie besteht aus rund 14 000 Drusen und einigen hundert Alawiten und Tscherkessen.

Der Abschluß eines Friedensvertrages zwischen Israel und Syrien hängt von der Regelung der Golanfrage ab. Die Syrer verlangen, gestützt auf die Resolution 242 des Sicherheitsrates der Vereinten Nationen, die vollständige und bedingungslose Rückgabe der Hochebene bis zur Waffenstillstandslinie von 1948. Die Israelis dagegen sind lediglich zu einem Rückzug bis zu der internationalen Grenze bereit, die 1923 von den Mandatsmächten England und Frankreich festgelegt wurde. Damit würden sie die Kontrolle über die 60 Quadratkilometer unterhalb des Golan am Ostufer des Sees Genezareth behalten und könnten ihre Interessen im Hinblick auf die Wasservorräte besser wahrnehmen. Ungelöst sind auch weitere Fragen, vor allem die einer geplanten entmilitarisierten Zone, die von Soldaten der UNO überwacht werden soll. Eine solche Zone besteht bereits im Osten des Golan auf einem Gebiet der syrischen Ebene, das Israel bereits 1974 geräumt hat.

Trotz aller Vorbehalte scheint eine Rückgabe des Golan heute für einen Frieden in der Region unumgänglich. Zwar ist die israelische Bevölkerung über die Notwendigkeit eines Rückzugs uneins, doch stößt dieser bei den religiösen Parteien auf keinen größeren Widerstand, da das Gebiet nicht als unverzichtbarer Bestandteil eines biblischen »Großisraels« gilt.

Die Golanhöhen

Litani	Libanon, En Kunja, Majdal Shams, Massada, Bukata, El Kuneitra, Safed, Jordan, Syrien, See von Genezareth, Tiberias, Israel

- Der 1981 von Israel besetzte Golan (»Ausdehnung der israelischen Gesetzgebung auf den Golan«)
- Entmilitarisierte Zonen unter Kontrolle der UNO
- Von Israel besetzte »Sicherheitszone« im Südlibanon
- Im Fall einer Rückgabe des Golans an Syrien von Israel beanspruchtes Gebiet
- Drusische Dörfer auf dem Golan

10 Kilometer

Hebron

35 Kilometer südlich von Jerusalem gelegen, ist diese alte kanaanäische Stadt Juden, Christen und Muslimen heilig. Nach biblischer Überlieferung hat dort Abraham seine Frau Sara begraben, und David soll vor seiner Herrschaft über ganz Israel in Hebron zum König von Juda gesalbt worden sein. Im Grabmal der Patriarchen befinden sich angeblich die Gräber Abrahams, Saras, Isaaks, Rebekkas, Jakobs und Leas.

Von den Muslimen 636 besetzt, wurde Hebron 1099 von den Kreuzfahrern erobert, die dort eine Lehnsherrschaft und ein Bistum gründeten. Von Saladin 1187 zurückerobert, gehörte Hebron ab dem 16. Jahrhundert bis zur britischen Mandatszeit zum Osmanischen Reich. Nach dem ersten israelisch-arabischen Krieg 1948 wurde die Stadt mit dem Westjordanland dem haschemitischen Königreich einverleibt. Nach dem Sechstagekrieg kam Hebron im Juni 1967 unter israelische Herrschaft. Mit der Intensivierung der Siedlungspolitik durch die 1977 gewählte Likudregierung entbrannte um die Stadt der religiöse Streit um das »Land Israel«. Auf Betreiben des Gush

Emunim – einer zionistischen Gruppe von Orthodoxen – ließen sich im Stadtzentrum jüdische Siedler nieder.

Das Schicksal Hebrons, in dem rund 120 000 Araber und 450 Juden in einem spannungsgeladenen Verhältnis zusammenleben, hat die im September 1993 angelaufenen Friedensverhandlungen immer wieder behindert. Fünf Monate nach dem historischen Händedruck von Rabin und Arafat eröffnete ein jüdischer Siedler aus Hebron, ein Mitglied der radikalen Kach-Partei, das Feuer auf muslimische Gläubige am Grab der Patriarchen. 52 Personen starben. Die Bluttat, die von der israelischen Regierung verurteilt wurde, sorgte in den besetzten Gebieten erneut für Ausschreitungen und führte zu einer vorübergehenden Aussetzung der Friedensverhandlungen von seiten der PLO und der arabischen Länder. Auf internationalen Druck mußte Israel erstmals in seiner Geschichte die Stationierung ausländischer Streitkräfte in den besetzten Gebieten dulden, entsprechend der Resolution 904 des UN-Sicherheitsrats. Nach monatelangen Verhandlungen unterzeichneten die Palästinensische Autonomiebehörde und Israel am 25. September 1995 schließlich den »Kompromiß von Taba«, der für Hebron »besondere Sicherheitsvorkehrungen« vorsieht. Israel soll danach die Aufsicht über bestimmte Viertel Hebrons behalten und dort weiter Soldaten stationieren können, während die Verwaltung in sechs anderen westjordanischen Städten (Ramallah, Jenin, Nablus, Kalkilja, Tulkarm und Bethlehem) ganz der Palästinensischen Autonomiebehörde unterstellt wird. Der Bezirk Hebron hat ungefähr 280 000 Einwohner.

Jenin

Stadt im Westjordanland, zwei Kilometer von der Grünen Linie entfernt, die Israel von den besetzten Gebieten trennt. Die im Jesreel-Tal gelegene Stadt wurde am 13. November 1995 nach Jericho die zweite autonome Stadt des Westjordanlandes. Der Bezirk Jenin mit seinen 200 000 Einwohnern hat eine Arbeitslosenquote von 35 Prozent. Das Problem der Wasserversorgung ist hier besonders groß.

Jericho

Jericho, angeblich die älteste Stadt der Welt, liegt am Westufer des Jordans. Die Stadt zählt ungefähr 30 000 Einwohner. Zwei Flüchtlingslager liegen in der Nähe: Akbar Jaber (3507 Personen) und Ein Sultan (1172 Personen).

Die im Abkommen von Oslo genannte Zone umfaßt 54 Quadratkilometer im Bezirk Jericho, der eine Gesamtausdehnung von 354 Quadratkilometern hat. Über die gesamte Größe der Autonomiezone muß noch verhandelt werden.

Daß Jericho als erste Stadt des Westjordanlandes der Palästinensischen Autonomiebehörde unterstellt wurde, hat verschiedene Gründe: Die Palästinenser hatten ausdrücklich die Autonomie einer Stadt im Westjordanland gefordert, um die erste Phase des Friedensprozesses nicht auf den Gazastreifen zu beschränken und die Verhandlungen über beide besetzte Gebiete miteinander zu verknüpfen. Zudem hat die Autonomiebehörde dank der nahen Allenby-Brücke mit ihrem Grenzübergang eine Verbindung nach Jordanien, um eine allzu starke Abschottung durch Israel gegebenenfalls zu vermeiden. Die Stadt wurde bei den Autonomieverhandlungen wohl auch deshalb von beiden Seiten favorisiert, weil ihre politisch gemäßigte Bevölkerung nicht an der Intifada teilgenommen hatte. Die Palästinenser, die das Abkommen von Oslo rundweg ablehnen, sehen hinter dem israelischen Einlenken bei der Autonomie Jerichos religiöse Motive, da der jüdischen Religion zufolge Gott die Stadt verflucht haben soll (Buch Josua).

Mit der zunehmenden Verschlechterung des Verhandlungsklimas und besonders als die Israelis die Enklave mit Stacheldrahtzäunen und Minenfeldern umgaben, fielen in Jericho die Bodenpreise wieder, die nach dem Abschluß des Abkommens in die Höhe geklettert waren. Im übrigen schränkte die Einrichtung palästinensischer und israelischer »Zollstellen« an den Ortsausgängen die Freizügigkeit stark ein, denn aus Sicherheitsgründen verweigern die Behörden beider Seiten den Einwohnern häufig das Visum. Problematisch ist auch die Bestimmung, wonach die palästinensischen Häftlinge, die Israel nach dem Abkommen von Oslo freigelassen hat, den Rest ihrer Gefängnisstrafe in Jericho verbringen sollen. Das hat den Israelis bei den Palästinensern den Vorwurf eingetragen, sie wollten aus der Stadt ein Gefängnis unter freiem Himmel machen.

Jerusalem

Wie archäologische Forschungen belegen, ist das Stadtgebiet von Jerusalem bereits seit Anfang des 3. Jahrtausends v. Chr. besiedelt. Im 9. Jahrhundert v. Chr. übernahm König David die Stadt von einem kanaanäischen Stamm und machte sie zur Hauptstadt der zwölf Stämme Israels.

Damals wurde der Tempel zum sichtbaren Zeichen der doppelten Rolle Jerusalems als Hauptstadt Judäas und religiöses Zentrum des Judentums. Von den Babyloniern 586 v. Chr. verwüstet, wurde die Stadt nacheinander von Persern, Griechen (4. Jh. v. Chr.) und Römern (Mitte des 1. Jh. v. Chr.) besetzt. Als Schauplatz des Leidensweges und der Auferstehung Christi wurde Jerusalem mit Beginn unserer Zeitrechnung zum religiösen Zentrum des Urchristentums. Die Zerstörung des von Herodes erneuerten Tempels durch römische Legionen unter Titus 70 n. Chr. bedeutete für die dortige jüdische Gemeinde eine Katastrophe. Nach dem letzten jüdischen Aufstand von Bar Kochba ließ Kaiser

Hadrian die Stadt dem Erdboden gleichmachen. Die Juden wurden vertrieben (135), die Stadt in *Aelia Capitolina* umbenannt. Unter Kaiser Konstantin entstanden zahlreiche christliche Bauten, darunter die Grabeskirche, die zunehmend Pilger aus dem Abendland anzog. 637 eroberten muslimische Araber Jersusalem und errichteten an der Stelle, wo einst der Tempel der Juden gestanden hatte, den Felsendom. Im Islam ist El-Kuds (arabisch: die Heilige) nach Mekka und Medina die dritte heilige Stadt. Dem Koran zufolge soll der Prophet dort Station gemacht haben und auf seiner Mauleselin Burak zum Himmel aufgefahren sein.

So ist Jerusalem seit dem 7. Jahrhundert für alle drei monotheistischen Religionen eine heilige Stadt. Trotz langer Perioden friedlicher Koexistenz wurde ihr diese gewaltige religiöse Bedeutung zum Verhängnis: Jedesmal, wenn eine der religiösen Parteien die Heilige Stadt für sich allein in Anspruch nahm, entstand ein blutiger Konflikt. Vom 11. bis zum 13. Jahrhundert zogen, dem ersten Aufruf Papst Urbans II. folgend, abendländische Kreuzfahrer ins Heilige Land, um ihre heiligen Stätten von der arabischen Herrschaft zu befreien. Nachdem Saladin Jerusalem von den Franken zurückerobert hatte, kam es unter die Herrschaft der Mamelucken (1250–1517), die die Stadtmauern wieder aufbauten, und fiel dann den Osmanen zu (1517–1917). Allerdings interessierten sich die Sultane mit Ausnahme Süleymans des Prächtigen kaum für Jerusalem, das bis in die Zeit des britischen Mandats einen langen Niedergang erlebte.

Zur Hauptstadt des Mandatsgebiets Palästina ausgerufen, wurde die Heilige Stadt Ende der zwanziger Jahre zum Schauplatz erster Konflikte zwischen Zionisten und Arabern. Nach dem UN-Teilungsplan für Palästina von 1947 sollte die Stadt einen internationalen Status bekommen, sie wurde dann aber mit dem Waffenstillstand nach dem Krieg von 1948 zweigeteilt: Die Araber erhielten die Altstadt, die Israelis die Neustadt, die ab dem 19. Jahrhundert westlich der Altstadt entstanden war. Der israelische Teil wurde wenig später zur Hauptstadt des neuen Judenstaates erklärt. Eine Sonderklausel garantierte den Gläubigen freien Zugang zu den heiligen Stätten. Jordanien, das den arabischen Teil Jerusalems verwaltete, hinderte die Juden jedoch entgegen den Abmachungen daran, sich vor der Klagemauer zu versammeln. Im Juni 1967 eroberte die Zahal die bisher von haschemitischen Truppen kontrollierte Altstadt. Das wiedervereinigte Jerusalem zählte damals 250 000 jüdische und 70 000 arabische Einwohner. 1981 erklärte die Knesset Jerusalem in einer Abstimmung zur »ewigen Hauptstadt Israels«. Obwohl die Erklärung von der UNO sofort verurteilt wurde, gab sie den Anstoß zur Errichtung jüdischer Siedlungen um die arabischen Stadtviertel. Diese Strategie der Umzingelung verschärfte die Spannungen zwischen Juden und Arabern. Zwischen 1990 und 1993 wurde die Intifada, von der die Stadt bis-

lang verschont geblieben war, zu einem »Krieg der Messer«, in dessen Verlauf zahlreiche jüdische Siedler erstochen wurden. Im Juli 1993 erklärten die Behörden, daß in Ost-Jerusalem, das traditionell mehrheitlich von Arabern bewohnt gewesen war, erstmals die Juden die Mehrheit der Bevölkerung stellten: 158 000 jüdische Bürger standen 150 000 muslimischen und christlichen Arabern gegenüber. Die Gesamtbevölkerung der Stadt betrug 570 000 Einwohner. Die Stadtverwaltung bekannte sich offen zu ihrem Bestreben, ein »Groß-Jerusalem« zu schaffen, eine städtische Region mit 800 000 Einwohnern, in der die Juden über eine starke Mehrheit verfügen sollen.

Der im September 1993 begonnene Friedensprozeß sieht vor, daß der Status Jerusalems in der Endphase der Verhandlungen in Zusammenhang mit dem endgültigen Status der palästinensischen Gebiete diskutiert werden soll.

Kalkilja

Der Ort liegt im Nordwesten des Westjordanlandes an einem Grenzübergang der Grünen Linie. Von 1967 bis Anfang der neunziger Jahre lebte Kalkilja hauptsächlich von Einkünften der in Israel arbeitenden Tagelöhner. Kalkilja ist der kleinste Ort, der im Dezember 1995 der Kontrolle der Palästinensischen Autonomiebehörde unterstellt wurde.

Nablus

Die 70 Kilometer nördlich von Jerusalem gelegene Stadt soll in kanaanäischer Zeit, um 1900 v. Chr., gegründet worden sein. In ihrer Umgebung leben rund 1000 Angehörige der jüdischen Minderheit der Samaritaner, Nachkommen der Juden, die sich der von den Römern angeordneten Zwangsverschleppung ins Babylonische Exil widersetzten. Samaritaner haben einen eigenen Kult bewahrt und versuchen die Ursprünglichkeit ihrer Gemeinschaft durch Endogamie zu sichern. Sie verstehen sich als Palästinenser von Nablus, leben in gutem Einvernehmen mit den Muslimen und Christen und sprechen im Alltag Arabisch. Hebräisch wird nur bei religiösen Zeremonien gebraucht. Seit 1995, als Nablus der Autonomiebehörde unterstellt wurde, haben die Samaritaner einen Sitz im palästinensischen Parlament.

Als dynamisches Wirtschaftszentrum, das zudem in einer fruchtbaren Agrarregion liegt, lockt Nablus Kapital aus der palästinensischen Diaspora an, die zahlreiche Entwicklungsprojekte finanziert. Um die Stadt liegen 48 jüdische Siedlungen und 3 Palästinenserlager mit annähernd 30 000 Flüchtlingen. Der Bezirk insgesamt hat rund 270 000 Einwohner.

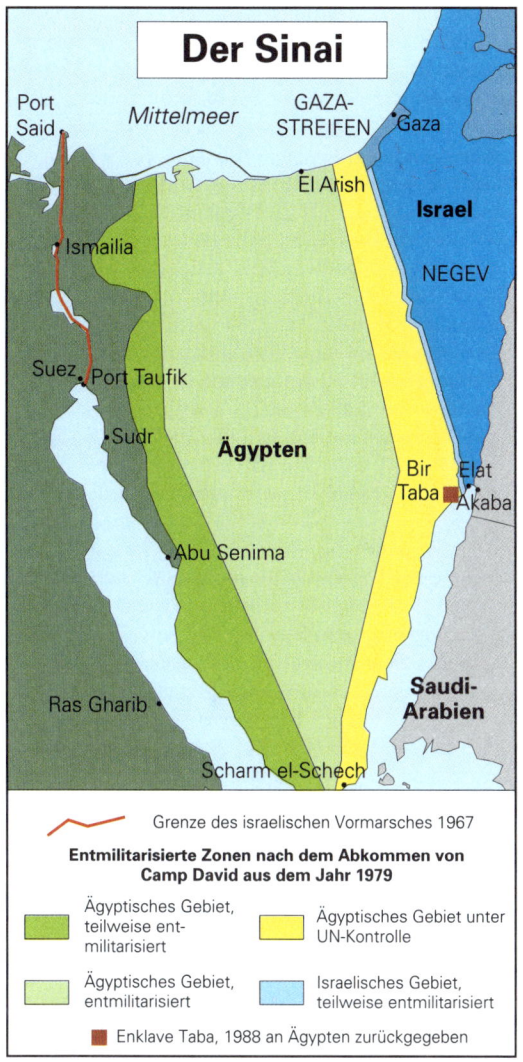

Der Sinai

Port Said
Mittelmeer
GAZA-STREIFEN · Gaza
El Arish
Israel
NEGEV
Ismailia
Suez · Port Taufik
Sudr
Ägypten
Bir Taba · Elat · Akaba
Abu Senima
Ras Gharib
Saudi-Arabien
Scharm el-Schech

Grenze des israelischen Vormarsches 1967

Entmilitarisierte Zonen nach dem Abkommen von Camp David aus dem Jahr 1979

Ägyptisches Gebiet, teilweise entmilitarisiert

Ägyptisches Gebiet unter UN-Kontrolle

Ägyptisches Gebiet, entmilitarisiert

Israelisches Gebiet, teilweise entmilitarisiert

Enklave Taba, 1988 an Ägypten zurückgegeben

Ramallah

16 Kilometer nördlich von Jerusalem gelegen, wurde Ramallah in kanaanäischer Zeit, um 1800 v. Chr., gegründet. Der Name leitet sich von einer Verschmelzung des aramäischen *Ramat* (Festung) und des arabischen *Allah* (Gott) her.

In der ersten Hälfte des 20. Jahrhunderts war Ramallah Ausgangspunkt verschiedener Auswanderungswellen in die Vereinigten Staaten. Die Emigranten und ihre Nachkommen blieben der Stadt verbunden: Die meisten haben dort einen zweiten Wohnsitz. Ihre Häuser liegen in einem Viertel, das von der israelischen Armee gemieden wurde, da die meisten Besitzer amerikanische Staatsbürger sind.

Nach dem Abkommen von Oslo erhielt Ramallah im Dezember 1995 die Autonomie. Vor allem bei Immobilien hat daraufhin ein beispielloser Boom eingesetzt. Die Nähe zu Jerusalem macht Ramallah zur eigentlichen Hauptstadt der palästinensischen Autonomie. Um die Stadt liegen 28 jüdische Siedlungen und 4 Flüchtlingslager mit fast 22 000 Menschen. Der Bezirk Ramallah hat ungefähr 280 000 Einwohner.

Sinai

Die Wüstenhalbinsel Sinai, das Verbindungsglied zwischen Afrika und Asien, grenzt an den Golf von Akaba, das Mittelmeer und das Rote Meer. Sie gehört seit dem frühen Altertum zu Ägypten. Der Bibel zufolge soll Mose beim Auszug aus Ägypten dort die Gesetzestafeln empfangen haben. Im 5. Jahrhundert wurde das Katharinenkloster gegründet, der einzige Sitz einer unabhängigen Strömung des orthodoxen Christentums.

Die Sinai-Halbinsel wurde von den Israelis zum ersten Mal während des Krieges von 1956 erobert, nach dem diplomatischen Fiasko der französisch-britischen Intervention während der Suezkrise aber wieder an Ägypten zurückgegeben. Dauerhafter richtete Israel sich auf der Halbinsel nach dem Sechstagekrieg von 1967 ein. Die Abkommen von Camp David (1978 und 1979) legten die Rückgabe der gesamten Halbinsel an Ägypten fest. Die jüdischen Siedlungen wurden trotz des Widerstandes der 5000 Siedler abgerissen. Auf den israelischen Rückzug 1982 folgte die Entmilitarisierung der Grenzzone (zehn Kilometer auf ägyptischer, weniger als ein Kilometer auf israelischer Seite).

Nie umgesetzt wurden die gewaltigen Gemeinschaftsprojekte zur Entwicklung der Region. 1988 erreichten die Ägypter die Rückgabe der Zone von Taba an der Grenze zu Israel, doch behielten die Israelis die Nutzung des Hotelkomplexes, der sich an das Tourismuszentrum von Elat anschließt. Als symbolträchtiger Ort eines erfolgreichen Kompromisses wurde Taba wiederholt zum Tagungsort israelisch-arabischer Verhandlungen.

Tel Aviv

Die Stadt wurde 1908 am Ufer des Mittelmeers nahe der Stadt Jaffa gegründet und 1949 mit ihr vereinigt. Trotz des Umzugs der Regierung nach Jerusalem blieb Tel Aviv/Jaffa der wirtschaftliche Mittelpunkt Israels. Das Ballungszentrum ist mit 1,7 Millionen Einwohnern das größte des Landes, während der eigentliche Stadtbereich mit 340 000 Einwohnern nach Jerusalem nur an zweiter Stelle steht. Seit 1962 konzentriert sich das Wachstum ausschließlich auf die Vorstädte.

Als wichtigstes Industriezentrum ist Tel Aviv zugleich der Sitz der Börse, sämtlicher Großbanken und bedeutender Geldinstitute sowie der meisten Gewerkschaften und Berufsverbände. Da Jerusalem nur von einer kleinen Anzahl von Staaten als Landeshauptstadt anerkannt wird, sind in Tel Aviv auch die meisten Botschaften ansässig. Mit der Universität (gegründet 1956), der Musikakademie Rubin, dem hebräischen Konservatorium (gegründet 1910) und zahlreichen Kultur- und Forschungseinrichtungen ist Tel Aviv zugleich ein kultureller Mittelpunkt des Landes. Mit Ausnahme der arabischen Altstadt Jaffas gleicht Tel Aviv mit seinen rechtwinklig angelegten Straßenzügen amerikanischen Städten. Seit Ende der siebziger Jahre wird die bislang weitgehend vernachlässigte Küste für Naherholung und Tourismus erschlossen.

Tulkarm

Die kleine Stadt im Nordwesten des Westjordanlandes liegt an der Grünen Linie. In Tulkarm leben fast ausschließlich Muslime. Im 20. Jahrhundert bescherte der Anbau von Zitrusfrüchten der Stadt einen Aufschwung. Seit dem Bau einer Autobahn in den achtziger Jahren hat sich das Wachstum beschleunigt. Im Dezember 1995 kam Tulkarm unter die Kontrolle der Palästinensischen Autonomiebehörde. Der Bezirk hat ungefähr 220 000 Einwohner.

Das Westjordanland

Das Westjordanland, zu dem alle Gebiete zwischen Israel und Jordanien gehören, unterschied sich vor Ausrufung des Staates Israel nicht vom übrigen Palästina. Nach seiner Lage am Jordan im Gegensatz zu Transjordanien (dem heutigen Jordanien) benannt, kam es 1948 unter jordanische Kontrolle. Von Israel 1967 besetzt, sprach man dort ab den siebziger Jahren von »Judäa/Samaria«. Judäa entspricht dem einstigen Davidschen Königreich Juda, das mit der Hauptstadt Jerusalem im 10. Jahrhundert v. Chr. gegründet wurde. Das weiter nördlich gelegene Samaria war das Zentrum des Königsreichs Israel, das im 9. Jahrhundert v. Chr. vom Königreich Juda abgetrennt wurde. Ab dem 7. Jahrhundert v. Chr. bildete sich dort eine eigene Strömung des Judentums heraus. In der Antike siedelten die Juden vor allem in Judäa und Samaria, während an der Küste Palästinas zur gleichen Zeit vornehmlich Kanaanäer, Phili-

ster und Phöniker lebten. Dagegen ließen sich die Juden, die ab dem 19. Jahrhundert nach Palästina einwanderten, hauptsächlich entlang der Küste nieder: Die einstigen Kerngebiete waren zu dieser Zeit dicht von Arabern besiedelt.

Im Gegensatz zu den Anhängern eines biblischen Großisraels begnügten sich die meisten zionistischen Führer mit den Grenzen, die sich Israel nach dem Krieg von 1948 sicherte. Auch die religiöse Bedeutung des Westjordanlandes rückte erst ab 1977 mit dem Machtantritt des Likud und seiner religiösen Verbündeten in den Vordergrund. Während zwischen 1967 und 1977 Siedlungen hauptsächlich aus strategischen Gründen entstanden, wurden sie in den achtziger Jahren mehr aufgrund einer mystischen Anschauung gegründet, der zufolge das Westjordanland integraler Bestandteil des Landes Israel ist. Ohne Ost-Jerusalem zählte das Westjordanland 1995 rund 130 000 Siedler, von denen die Hälfte sich dort seit 1988 niedergelassen hat.

Die Wirtschaft des Westjordanlandes ist stark mit der Israels verflochten und hat nach israelischen Statistiken zwischen 1967 und 1994 mit rund 12 Prozent jährlich ein für die Region ungewöhnliches Wachstum erlebt. Allerdings sagen diese Angaben noch nichts über die Entwicklung der dortigen Lebensbedingungen aus, da die Lebenshaltungskosten deutlich höher lagen als beispielsweise in Jordanien. Außerdem war das Westjordanland von den Kriegsereignissen von 1948 und 1967 unmittelbar betroffen. Zwischen 1947 und 1949 ließen sich dort fast 400 000 Flüchtlinge nieder, doch kehrten zwischen 1950 und 1966 400 000 Menschen der Region wieder den Rükken, weil die wirtschaftliche Entwicklung stagnierte und das Gebiet zudem als Basis für Angriffe der Fedajin auf Israel diente. 1967 verließen weitere 450 000 Menschen das Westjordanland. Wegen des starken Bevölkerungswachstums sind fast die Hälfte der Million Palästinenser, die heute dort leben, Nachkommen der Flüchtlinge von 1948.

Seit Dezember 1995 unterstehen die sieben größten arabischen Städte des Westjordanlandes (Bethlehem, Jenin, Hebron, Kalkilja, Nablus, Ramallah und Tulkarm) der Kontrolle der Palästinensischen Autonomiebehörde. Obwohl in diesen Städten ein Drittel der palästinensischen Bevölkerung lebt, macht ihr Gebiet keine fünf Prozent der Gesamtfläche des Westjordanlandes aus. In den israelisch-palästinensischen Verhandlungen über die Zukunft der besetzten Gebiete hat sich bei beiden Seiten der englische Begriff *West Bank* durchgesetzt.

Völker und Volksgruppen

Die Aschkenasim

Aschkenasim sind die aus Europa eingewanderten Juden Israels im Gegensatz zu Einwanderern aus dem südlichen Mittelmeerraum. Die hebräische Wurzel *aschkenase* bedeutet im Hebräischen »deutsches Land«, doch geht das Wort ursprünglich wahrscheinlich auf das persische *Aschkusa* zurück, das das Land der Skythen südlich von Rußland bezeichnete. In biblischen Zeiten gehörte dieser Teil der Welt schon zum Norden.

Auf dem Laterankonzil von 1215 wurde die Trennung von Christen und Juden beschlossen, was zur Entstehung von Gettos führte, in denen die europäischen Juden abseits der christlichen Stadtviertel lebten. Eine eigene Kultur entstand, getragen vom gemeinsamen Idiom des Jiddischen, einer Mischsprache aus Hebräisch und Deutsch. Die Juden behielten eine gewisse Autonomie in der Gerichtsbarkeit, verkörpert durch das Rabbinergericht (Beth Din); auch dies stärkte die jüdische Identität. Von Breslau bis Buda und von Prag bis nach Wien waren alle jüdischen Gemeinden bis ins 19. Jahrhundert nach demselben Muster organisiert. Durch Förderung einiger Fürsten nahm die aschkenasische Bevölkerung Polen-Litauens im 16. Jahrhundert einen besonderen Aufschwung, so daß dort bald die größte jüdische Gemeinschaft Europas lebte. Mitte des 17. Jahrhundert setzten in Polen und der Ukraine erneut Verfolgungen ein. Im Zeitalter der Aufklärung erlebte die aschkenasische Welt eine kulturelle Renaissance, die Haskalah. Unter ihrem Einfluß und aufgrund der politischen Umwälzungen in Westeuropa entstand eine Assimilationsbewegung, die die gesellschaftliche Integration der Juden in die jeweiligen Länder förderte. In Frankreich erhielten die Juden 1791 volle staatsbürgerliche Rechte. Dagegen verharrten sie im Osten in ihrer traditionellen Lebensweise in den Gettos. Angesichts der antisemitischen Verfolgungen, vor allem der Pogrome im zaristischen Rußland, wählten viele den Weg ins Exil, während sich gleichzeitig zahlreiche nationalistische Strömungen entwickelten: der Zionismus, der (sozialistische) Bundismus und der (autonomistische) Volkismus. Theodor Herzl, ein aus Budapest stammender Wiener und der wichtigste Theoretiker des Zionismus, vertrat den Gedanken einer Rückkehr nach Palästina, der bei der jüdischen Bevölkerung Polens und Rußlands auf gewaltige Resonanz stieß. Nach dem Holocaust bauten die in Palästina siedelnden Aschkenasim den Staat Israel auf. Aus ihren Reihen rekrutieren sich auch die meisten politischen Führer des neuen Staates, darunter David Ben Gurion, Golda Meir, Chaim Weizman, Yitzhak Shamir und

Shimon Peres. Politisch stehen die Aschkenasim den Parteien der laizistischen Linken nahe.

Die Aschkenasim stellen die überwiegende Mehrheit der weltweit 14 Millionen Juden, von denen fast 5 Millionen in den USA leben. In Israel glich die Einwanderung von Neubürgern aus der Sowjetunion und ihren Folgestaaten ab 1989 eine gewisse Verschiebung zugunsten der orientalischen Juden wieder aus. Noch heute sorgen die Gegensätze zwischen Aschkenasim und Sephardim für einen spürbaren Riß in der israelischen Gesellschaft.

Die Sephardim

Der Ausdruck Sephardim leitet sich vom biblischen Ortsnamen Sepharad für Sardes ab, die Hauptstadt Lydiens (heute in der Türkei). Später bezeichnete der Ausdruck Sardes/Sephardim generell alle jüdischen Auswanderer, wurde dann aber nur noch für die Juden Spaniens gebraucht, wo die jüdische Bevölkerung im Mittelalter am stärksten vertreten war. Im engeren Sinne sind Sephardim Nachkommen der Juden, die 1492 aus Spanien und 1497 aus Portugal vertrieben wurden. Sie wanderten mehrheitlich nach Marokko oder in die Gebiete des Osmanischen Reichs aus, in beschränktem Umfang auch nach England und Holland. Heute bezeichnet der Begriff Sephardim im weiteren Sinn alle Juden aus Afrika und dem Nahen Osten gegenüber den Aschkenasim aus Deutschland und Osteuropa.

Nach der Gründung des Staates Israel und dem ersten israelisch-arabischen Krieg von 1948 verließen Tausende von Sephardim, die seit vielen Generationen in den Ländern des Nahen Ostens lebten, ihre Heimat. Bis 1960 wanderten 500 000 dieser orientalischen Juden nach Israel ein. Allerdings integrierten sich die Sephardim nur schwer in den Judenstaat, der mehrheitlich von Aschkenasim aufgebaut worden war. Auch wenn die sozialen Gegensätze zwischen den beiden Gemeinschaften inzwischen an Schärfe verlieren, sehen sich die Sephardim noch immer einer gesellschaftlichen Benachteiligung ausgesetzt, die sich tatsächlich in geringeren Einkommen niederschlägt. Die Spannungen führten 1959 zu den Unruhen von Wali Salib, einem Stadtviertel von Haifa, und gaben 1970 den Anstoß zur Gründung der Bewegung der Schwarzen Panther, die für ihre Anhänger mehr Rechte fordern. Die Sephardim, die über ein eigenes Oberrabbinat verfügen und im allgemeinen orthodoxer eingestellt sind als die Aschkenasim, wählen eher die politische Rechte oder die religiösen Parteien, vor allem die Shas, die sich der Säkularisierungsbewegung widersetzt und ihr Programm von Anfang an nach den Interessen der orientalischen Juden ausgerichtet hat. Deren Stimmen sorgten bei den Wahlen zur Legislative 1977 denn auch für den Sieg des Likud. Die Gegensätze zwischen Aschkenasim und Sephardim führten 1996 zur Spaltung des Likud.

Die Siedler in den besetzten Gebieten

Nach dem Krieg von 1967 begann die Besiedlung des Westjordanlandes, des Gazastreifens und anderer besetzter arabischer Gebiete mit Hilfe großzügiger staatlicher Unterstützung (insgesamt fast 15 Milliarden Dollar). Dabei entstanden 144 Siedlungen, in denen über 100 000 Menschen untergebracht wurden.

Im Jahr 1996 zählte man in den besetzten Gebieten (außer Jerusalem) ungefähr 160 000 Juden, verteilt auf das Westjordanland (136 000 bei einer Gesamtbevölkerung von einer Million Einwohnern), den Gazastreifen (5000 von rund 900 000 Einwohnern) und den Golanhöhen (15 000 von 29 000 Einwohnern).

Diese Besiedlung, die militärisch, politisch und religiös gerechtfertigt wurde, vollzog sich in zwei Phasen. Die erste erfolgte nach dem sogenannten Allon-Plan, benannt nach dem damaligen Vize-Premierminister der Arbeiterpartei und vorgelegt im Juli 1967. Ziel war, in den Randbereichen der besetzten Gebiete Sicherheitszonen zum Schutz Israels anzulegen. Zu diesem Zweck entstanden die Siedlungen auf dem Golan und im Jordantal.

Mit der Gründung des Gush Emunim (Block des Glaubens) erhielt die Siedlungsbewegung in den besetzten Gebieten eine neue, vornehmlich symbolische und religiöse Bedeutung; es ging jetzt um die Rückeroberung der Stammlande Judäa und Samaria, durch die sich der Traum eines »Eretz Israel« (Großisrael) erfüllen sollte. Durchdrungen von dieser »heiligen« Mission, trieb der Gush Emunim unter den wohlwollenden Augen der Behörden (vor allem nach dem Machtantritt des Likud 1977) in den dicht besiedelten arabischen Zonen den Bau illegaler Siedlungen voran.

Neben militärischen und religiösen Überlegungen hatte die israelische Regierung auch andere Gründe, die Siedlungspolitik in den besetzten Gebieten fortzuführen, etwa wirtschaftliche. So hatten die Gründungen auf dem Golan und im Jordantal, die an den Wasserressourcen lagen, fast sofort eine zivile landwirtschaftliche Bedeutung. Auf der anderen Seite spielten demographische Erwägungen eine Rolle, insofern es darum ging, durch die gezielte Gründung jüdischer Siedlungen das große Übergewicht der arabischen Bevölkerung in manchen Gebieten auszugleichen. Ein gutes Beispiel dafür ist der Ausbau jüdischer Siedlungen in Ost-Jerusalem.

Als Reaktion auf in den achtziger Jahren geschaffene Anreize (subventionierte Darlehen für den Wohnungsbau, kostenlose Bauplätze, Steuervergünstigungen etc.) ließen sich zahlreiche junge Ehepaare, die in den großen israelischen Städten keine bezahlbaren Wohnungen fanden, in den urbanen Siedlungen des Westjordanlandes nieder. In manchen Siedlungen, die nur 30 Kilometer von Tel Aviv entfernt waren, war die Miete nur halb oder ein Drittel so hoch wie in Tel Aviv.

Heute ist die Siedlungspolitik in den besetzten Gebiete an ihren Grenzen angelangt. Während der Gush Emunim sein Potential mit 13 bis 15 000 Pionieren in rund 30 Siedlungen erschöpft zu haben scheint, schrecken die meisten Israelis davor zurück, sich in einer feindlichen Umgebung niederzulassen. Aufforderungen an die Adresse der jüdischen Einwanderer aus der ehemaligen Sowjetunion Ende der achtziger Jahre haben kaum etwas bewirkt.

Viele Siedlungen haben eine bestimmte politische Ausrichtung. Einige, besonders auf den Golanhöhen, sympathisieren mit der Arbeiterpartei, andere wie die von Krjat Arba sind ursprünglich Gründungen der ultraorthodoxen Parteien. Die am dichtesten besiedelten Gründungen vor allem entlang der Grünen Linie oder um Jerusalem wirken jedoch wie größere Vorstädte.

1992 verfügten die Israelis einen Baustopp in den jüdischen Siedlungen, mit Ausnahme der Umgebung von Jerusalem, wo es aufgrund von Enteignungen palästinensischen Bodens immer noch regelmäßig zu Spannungen kommt. Immerhin zeigte die israelische Regierung nach der Einleitung des Friedensprozesses gegenüber bestimmten radikalen Siedlern Entschlossenheit.

Die Frage nach der Zukunft der israelischen Siedlungen in den besetzten Gebieten ist in der israelischen Politik heute ganz besonders brisant. Die radikalen Siedler von Hebron, Kirjat Arba und anderswo, die entschlossen sind, den »heiligen Boden Israels« niemals zu verlassen, stellen eine ernsthafte Bedrohung des Friedensprozesses dar. Und auch ohne religiöse oder ideologische Begründungen lehnt die »schweigende Mehrheit« der Siedler eine Rückgabe ihres Eigentums entschieden ab.

Die Falascha (oder Falaschen)

Dieses Volk aus Äthiopien war einst vornehmlich in der Gegend um den Tanasee, um Gondar und im Hochland von Tigre ansässig. Der Name bedeutet auf Amharisch »Fremde«. Die Falascha wurden im ersten und zweiten Jahrhundert n. Chr., vor der Kodifizierung des Talmud, zu einer frühen Form des Judentums bekehrt. Sie sollen die Nachkommen einer jüdischen Gemeinschaft in Abessinien sein, über die im 10. Jahrhundert v. Chr. Menelik I. herrschte, der mutmaßliche Sohn Salomos und der Königin von Saba. Ebenso sollen sie Nachkommen jüdischer Söldner sein, die zunächst auf der Insel Elephantine in Oberägypten bei Assuan siedelten und 659 v. Chr. Ägypten gegen die Nubier verteidigten. Jedenfalls war die Gemeinschaft, die eine vornehmlich mündliche Überlieferung pflegte, von der jüdischen Welt abgeschnitten und ab dem 4. Jahrhundert n. Chr. den religiösen Verfolgungen verschiedener abessinischer Herrscher ausgesetzt.

1974 lebten in Äthiopien noch 25 000 Falascha. Bis 1984 waren bereits 7000 vor dem Bürgerkrieg unter dem marxistischen Regime H. M. Mengistus geflohen und quasi illegal nach Israel »zurückgekehrt«. 1984/85 organisierte die israelische Regierung die Operation »Mose«, mit der 15 000 Falascha über eine Luftbrücke nach Israel geholt wurden. Weitere 16 000, die von einer Hungersnot betroffen waren, folgten 1991/92. Das Oberrabbinat erkannte die Falascha 1985 als »Vollmitglieder des jüdischen Volkes« an, das Ergebnis einer Auseinandersetzung, die von dem aschkenasischen Juden Jacques Faitlovitch in der ersten Hälfte des 20. Jahrhunderts begonnen worden war. Als schwierig erwies sich allerdings ihre Integration in die israelische Gesellschaft. Konfrontiert mit einer modernen und ihnen völlig fremden Gesellschaft, stießen sie dort auf eine Mischung aus Neugierde, Mißtrauen und Bevormundung. Im Februar 1996 verließen wehrpflichtige Falascha ihre Einheiten, die eine Demonstration von Angehörigen ihrer Minderheit auflösen sollten, und schlossen sich statt dessen der Demonstration an. Das ist in Israel noch nicht vorgekommen; es veranschaulicht ein wachsendes Unbehagen innerhalb der israelischen Gesellschaft.

Die Russen

Als »Russen« werden in Israel die jüdischen Einwanderer bezeichnet, die seit dem Ende der achtziger Jahre die Sowjetunion und ihre Folgestaaten verlassen haben. Vom Sowjetregime lange Zeit als Parias betrachtet und an der Ausreise gehindert, traten die *Refuzniks* ab 1990 schließlich ungehindert den Weg in die Alija an.

Zu den ersten Ausreisewellen kam es allerdings bereits 1988, nachdem Israel, die UdSSR, die Vereinigten Staaten und Rumänien ein informelles Abkommen geschlossen hatten. Bukarest verbürgte sich dafür, daß die durchreisenden Juden nur nach Israel emigrieren würden. Von 1990 bis 1994 trafen rund 450 000 Ausreisewillige aus Rußland und 50 000 aus anderen ehemaligen Sowjetrepubliken in Israel ein.

Diese Einwanderungswelle, die erste dieses Ausmaßes seit 1962, stellte Israel vor zahlreiche Integrationsprobleme. Die russischen Juden, darunter zahlreiche Ärzte, Ingenieure und Künstler, fanden sich nur mühsam mit den unterqualifizierten Arbeiten ab, die Neuankömmlingen zunächst angeboten werden. Da die Mehrheit die Auswanderung nach Nordamerika anstrebte, dessen Tore für sie je-

doch größtenteils geschlossen blieben, zeigten sie weniger Bereitschaft zur Eingliederung in die israelische Gesellschaft als frühere Einwanderer. Die Russen halten an ihrer Sprache fest, was zum Entstehen einer sehr dynamischen russischsprachigen Presse und russischer Fernsehsendungen geführt hat. Andererseits brachten die Russen auch Mißstände aus der Sowjetgesellschaft mit: Das Anspruchsdenken mancher widerspricht dem zionistischen Pioniergeist, und wieder andere dienen der Russenmafia als Brückenkopf.

95 Prozent der Russen haben eine Ansiedlung in den besetzten Gebieten abgelehnt. Zudem hatte Washington seine Bürgschaft für Darlehen zur Eingliederung der Russen davon abhängig gemacht, daß sie nur innerhalb der international anerkannten Grenzen Israels angesiedelt würden.

Daß die russische Einwanderungswelle die erste mit einem vornehmlich wirtschaftlichen Charakter ist, weckte das Mißtrauen der Religiösen, nach deren Schätzungen 20 Prozent der Einwanderer Nichtjuden sind. Tatsächlich verzeichnen die orthodoxen Kirchen Israels seit den neunziger Jahren besonderen Zulauf.

Die israelischen Araber

Zu ihnen gehören alle Araber, die nach 1948 in den international anerkannten Grenzen des Staates Israel geblieben sind und die israelische Staatsbürgerschaft erlangt haben. Dagegen besitzen die Araber Ost-Jerusalems, die eine Einbürgerung durch Israel im allgemeinen abgelehnt haben, fast alle die jordanische Staatsbürgerschaft. Sie gelten als »Ausländer mit dauerhaftem Aufenthaltsrecht«.

Im Jahr 1995 gab es nach Schätzungen ungefähr 750 000 israelische Araber, das sind 14,6 Prozent der Gesamtbevölkerung Israels. Die meisten leben in Galiläa, im »großen Dreieck« (um Um el-Fahm) und im »kleinen Dreieck« (um Tajbe), Gebieten außerhalb des Territoriums, das dem Judenstaat nach dem UN-Teilungsplan von 1947 zuerkannt wurde.

Obwohl die Unabhängigkeitserklärung des Staates Israel die »Gleichheit und Freiheit von Kult und Religion, von Sprache, Erziehung und Kultur ohne Rücksicht auf Herkunft und Rasse« vorsieht, sind die israelischen Araber in politischer, sozialer und wirtschaftlicher Hinsicht den jüdischen Israelis gegenüber deutlich benachteiligt. Sie unterstanden bis 1966 der Militärverwaltung und mußten Ende der vierziger und Anfang der fünfziger Jahre Enteignungen hinnehmen: Mehrheitlich von der Landwirtschaft abhängig, mußten sie einen Großteil ihres Bodens abtreten, der anschließend an neu ankommende jüdische Einwanderer verteilt wurde. Bis Ende der achtziger Jahre wurden die wichtigsten politischen Organisationen, die versuchten, arabische Interessen zu vertreten, kurz nach der Gründung

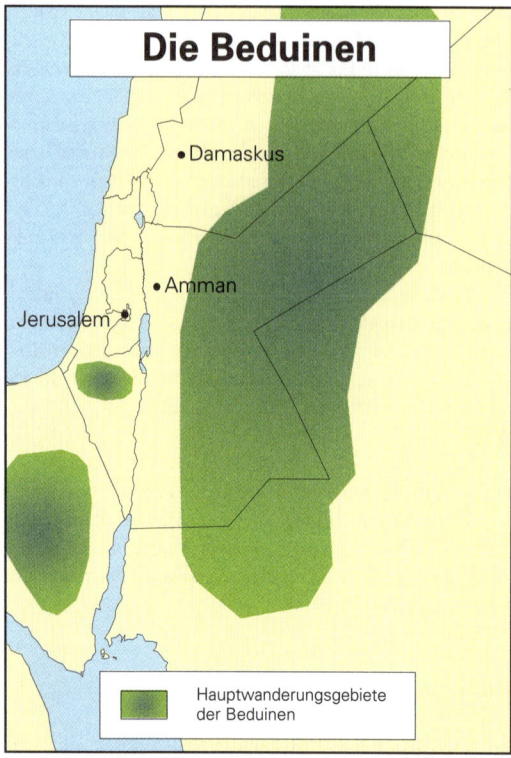

Die Beduinen

• Damaskus

• Amman

Jerusalem •

Hauptwanderungsgebiete
der Beduinen

wicht erlangt durch Solidaritätsstreiks für die Palästinenser in den besetzten Gebieten, durch ihre Schlüsselrolle in der Knesset bei Abstimmungen über den Ausbau der Siedlungen und durch den Zugang zu wichtigen Posten in Verwaltung und Rechtsprechung.

Die Beduinen

Als nomadisierende Stämme der arabischen Welt leben die Beduinen vornehmlich in den Randzonen der Wüste. Im Nahen Osten leben sie im Negev, in Ost- und Südjordanien und in der syrischen Wüste. Beduinen sind traditionell Hirten, die in der Regenzeit durch die Wüste ziehen und in der Trockenzeit ihr Vieh auf landwirtschaftlich genutztem Boden weiden. Allerdings haben die verschiedenen Regime der Region seit den fünfziger Jahren erfolgreich versucht, die Beduinen seßhaft zu machen, so daß inzwischen kaum noch die Hälfte nomadisch lebt.

In Jordanien machen die Beduinen ungefähr 15 Prozent der Bevölkerung aus und gelten als treue Anhänger der haschemitischen Staatsführung. In den Wüstenregionen im Osten der Eisenbahnlinie Damaskus-Amman-Medina hatten die Beduinenstämme bis 1946 Polizeigewalt. Noch heute haben die Chefs der großen Stämme wichtige Posten in Verwaltung und Armee inne. Bei der Ämtervergabe bemüht sich die Regierung, unter den Stämmen je nach ihrer Größe, Ursprungsregion und Religion (einige sind Christen) ein Gleichgewicht zu erhalten.

In Israel war die Freizügigkeit der Beduinen bis 1967 ebenso eingeschränkt wie die der Araber, allerdings erhielten ihre Führer, die *Scheiks,* die Polizeigewalt über ihre Stämme. Seither besetzen die Beduinen im Norden von Beersheba im Negev die wichtigen Polizeiämter in der Wüstenregion. Obwohl sie Israel gegenüber als loyaler gelten als die seßhafte arabische Bevölkerung, haben sie sich während der Intifada mit den Palästinensern solidarisiert.

Im Westjordanland leben die Beduinen vornehmlich im Jordantal. Dort können sie sich in Naturschutzgebieten und Sicherheitszonen als einzige Araber freizügig bewegen. Diese Gebiete wurden offiziell zu Reservaten erklärt, die den Beduinen die Aufrechterhaltung der nomadischen Lebensweise ermöglichen sollen.

Die Tscherkessen

Dieses Bergvolk stammt ursprünglich aus dem nordwestlichen Kaukasus und gehört zur ethnolinguistischen Gruppe der Abchasen-Adyge. Früher Zirkassier genannt, bezeichnen die Tscherkessen sich selbst nach ihrer Sprache als »Adyge«. Bis zur Mitte des 19. Jahrhunderts hielten sie an feudalen Gesellschaftsstrukturen und am Stammeswesen

verboten. Infolge dieser Verbote und aus Ablehnung gegen die traditionellen, als zionistisch geltenden Parteien stimmten manche israelischen Araber für jüdisch-arabische Splitterparteien wie die israelischen Kommunisten oder die Fortschrittsliste für den Frieden, die 1981 ins Leben gerufen wurde. Die Arabische Demokratische Partei, die erste rein arabische Partei, wurde erst im April 1988 gegründet.

Die israelischen Araber sind in verschiedenen Bereichen Diskriminierungen ausgesetzt, vor allem bei der Ausbildung. (Es bleiben ihnen beispielsweise einige wissenschaftliche, als »strategisch bedeutsam« eingestufte Studiengänge verschlossen.) Andererseits sind sie von der allgemeinen Wehrpflicht befreit, was freilich auch heißt, daß sie von den zahlreichen Vergünstigungen, für die der abgeleistete Militärdienst Voraussetzung ist (Kindergeld, bestimmte Verwaltungsposten …), nicht profitieren können.

Die israelischen Araber befinden sich folglich in einer zwiespältigen Lage: Die israelische Gesellschaft hat sie nicht vollständig integriert und geht häufig zu ihnen auf Distanz, während sie selbst hin und her gerissen sind zwischen dem Wunsch, als vollwertige israelische Bürger zu gelten, und der Wahrung einer eigenen, palästinensischen Identität. Seit Anfang der neunziger Jahre haben die israelischen Araber auf der politischen Bühne wachsendes Ge-

118

fest. Im Altertum noch an der Schwarzmeerküste zwischen Krim und Kaukasus ansässig, wurden sie später von den Mongolen der Goldenen Horde ins Landesinnere abgedrängt. Als Animisten, die von Byzanz nur oberflächlich christianisiert wurden, gerieten sie ab dem 16. Jahrhundert unter den Einfluß der Krimtataren, die seit 1475 Vasallen des Osmanischen Reichs waren. Von da an traten sie schrittweise zum sunnitischen Islam über. Obwohl von den Osmanen weder politisch unterworfen noch ihnen lehnspflichtig, standen sie unter ihrem Einfluß und belieferten die Hohe Pforte mit Sklaven und Soldaten. Die osmanischen Sultane übernahmen die aijubidische Praxis, sich eine Leibgarde von Tscherkessen zu halten, die als besonders tapfer und treu galten.

Nach der Aijubidenzeit errichtete ein Teil dieser Elitesoldaten in Ägypten die Mameluckenherrschaft, in der das Sultanat nicht vererbt, sondern durch Wahl aus den Reihen tscherkessischer Soldaten besetzt wurde. Ende des 18. Jahrhunderts gerieten die Tscherkessen ins Zentrum der Spannungen zwischen Rußland und dem Osmanischen Reich. Obwohl sie keinen eigenständigen Staat bildeten, setzten sie dem zaristischen Expansionsstreben bis 1864 erbitterten Widerstand entgegen. Hunderttausende suchten schließlich Zuflucht im Osmanischen Reich, wo sie sich in Ostanatolien, Kilikien, Syrien und Palästina niederließen. In der Türkei geriet die tscherkessische Volksgemeinschaft in Gebietsstreitigkeiten mit den Kurden. Einige ihrer Führer engagierten sich für das osmanische Regime gegen die Nationalbewegung unter Mustapha Kemal. In Jordanien wurde die starke Tscherkessengemeinschaft, der heute noch 150 000 Menschen angehören, von der haschemitischen Dynastie an der Macht beteiligt. Auch in Syrien und Israel spielen die Tscherkessen eine bedeutende militärische Rolle und gelten bei den jeweiligen Regierungen als besonders loyal. In den Nachfolgestaaten der UdSSR bilden die Tscherkessen heute eine ebenso große Volksgruppe wie in der Türkei, bestehend aus jeweils rund 200 000 Menschen.

Die Drusen

Aus dem ismaelitischen Zweig der Schiiten hervorgegangen, verteilt sich die Drusengemeinschaft heute hauptsächlich auf Syrien, den Libanon und Israel. Ihre Ursprünge reichen bis ins 9. Jahrhundert zurück. Damals trat der Fatimidenkalif el-Hakim von Kairo als Verkörperung Allahs auf. Nach seinem Verschwinden wurden seine Anhänger verfolgt, doch gelang es seinem ehemaligen Wesir ed-Darasi – von dem sich der Name Drusen ableitet –, nach Syrien zu fliehen und dort mehrere Stämme um sich zu scharen. 1043 wurde die Weissagung als »erfüllt« erklärt. Da jedem Drusen die Wiedergeburt als Druse bestimmt ist, ist eine Bekehrung seitdem strikt untersagt. Heute gibt es

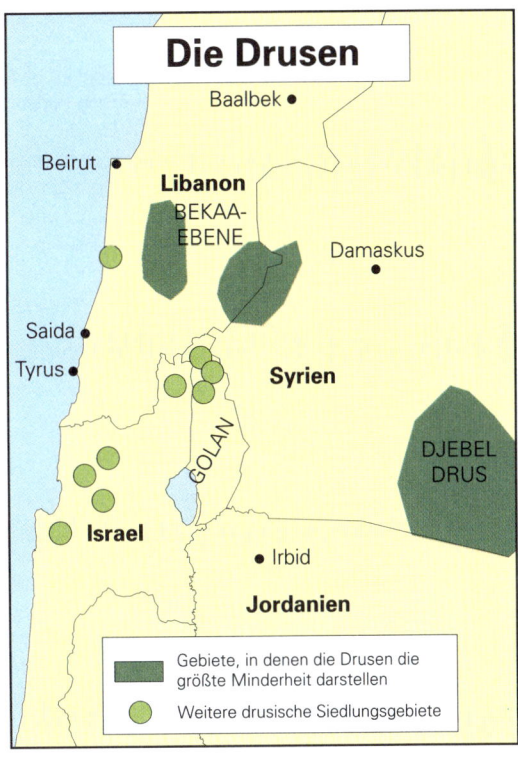

noch ungefähr 725 000 Drusen. Die Eingeweihten (Ukkal), die ungefähr 15 Prozent der Bevölkerung ausmachen, leben asketisch unter der Autorität des geistlichen Führers der Gemeinschaft, gegenwärtig Maraffak Rafif.

Die drusische Lehre, durchsetzt mit Elementen der griechischen und hinduistischen Philosophie, wurde von den sunnitischen und schiitischen Obrigkeiten von jeher als Häresie bekämpft. Seit den Kreuzzügen bis in die Mandatszeit haben sich die Europäer, allen voran die Franzosen, diese Spaltung im Islam zunutze gemacht und versucht, die Drusen als Brückenkopf in der Levante zu gewinnen. Die gleiche Politik verfolgten die Israelis nach Ausrufung des Judenstaates 1948. So leisten seit 1955 die israelischen Drusen im Gegensatz zu christlichen und muslimischen Arabern und den Drusen des Golan den gleichen Militärdienst wie Juden. Die 75 000 Drusen Israels leben vornehmlich in Obergaliläa und auf dem Golan.

Im Libanon, wo die Sekte eine lange eigenständige Tradition hat, gibt es noch 150 000 Drusen. Im Osmanischen Reich übten drusische Großfamilien im Namen der Hohen Pforte die Herrschaft über das Schufgebirge aus. Am Ende des 19. Jahrhunderts stießen ihre Interessen mit denen der Maroniten zusammen. Die Gegensätze entluden sich wiederholt in den blutigen Auseinandersetzungen des libanesischen Bürgerkrieges. Heute spielen die Drusen in der libanesischen Politik nach dem Friedensplan von Taif eine sehr aktive Rolle.

In Syrien war der Djebel Drus (Gebirgsregion im Südwesten) zwischen 1920 und 1926 in der syrischen Föderation unter französischem Mandat autonom. 1926 und 1954 lehnten sich die Drusen, die entschieden an ihrer Identität festhalten, gegen die Zentralgewalt auf. Heute zählt die Drusengemeinschaft Syriens ungefähr 200 000 Angehörige. Ihr Streben nach Eigenständigkeit und ihre Präsenz an der Grenze zu Israel wecken bei den Verantwortlichen der Zentralgewalt ein gewisses Mißtrauen. Kleine Drusengemeinden finden sich auch im Norden Jordaniens.

Die Flüchtlinge von 1948

Nach dem ersten israelisch-arabischen Krieg von 1948 flohen fast 900 000 Araber aus dem neuen Staat Israel und wurden vom UN-Hilfswerk für Palästina-Flüchtlinge, *United Nations Refugees Working Aid* (UNRWA), in Lagern vornehmlich in den arabischen Staaten des Nahen Ostens untergebracht. 1949 teilten sich diese Flüchtlinge wie folgt auf: 39 Prozent im Westjordanland, 26 Prozent im Gazastreifen, 14 Prozent im Libanon, 10 Prozent in Syrien, 10 Prozent in Transjordanien und 1 Prozent in Ägypten. In den neunziger Jahren machen die Flüchtlinge von 1948 und ihre Nachkommen Schätzungen zufolge ungefähr 70 Prozent der palästinensischen Gesamtbevölkerung aus.

Der Status dieser Flüchtlinge und ihrer Nachkommen taucht im Programm für die israelisch-palästinensischen Gespräche nach dem Abkommen von Oslo nicht auf. Die Palästinensische Autonomiebehörde verfügt nicht über die Mittel zu ihrer Integration, während man in Israel davon ausgeht, daß ihre Assimiliation Aufgabe der Aufnah-meländer sei. Doch hat lediglich Jordanien der Einbürgerung der Flüchtlinge von 1948 zugestimmt. Ägypten, das von 1948 bis 1967 den Gazastreifen kontrollierte, billigte den Flüchtlingen als »Staatenlosen« keinerlei Rechte zu.

Die Flüchtlinge von 1967

Im Abkommen von Oslo tauchen die Palästinenser, die nach der Eroberung durch Israel aus dem Gazastreifen und dem Westjordanland geflohen sind, unter der Bezeichnung *displaced persons* auf. Gemeint sind die ungefähr 450 000 Flüchtlinge aus den besetzten Gebiete sowie deren Nachkommen. Nach Schätzungen machen die Flüchtlinge von 1967 ungefähr 20 Prozent der palästinensischen Gesamtbevölkerung aus. Rund die Hälfte derer, die 1967 das Westjordanland oder den Gazastreifen verließen, sind Flüchtlinge von 1948. Die meisten leben heute in Jordanien, wo sie im Gegensatz zu den 1948 aufgenommenen Palästinensern nicht automatisch eingebürgert wurden. Sie genießen einen individuell unterschiedlichen Status: Einige besitzen die jordanische Staatsbürgerschaft, andere haben einen besonderen Paß, der alle zwei Jahre erneuert werden muß. Mit ihm sind sie zwar sozialrechtlich gleichgestellt, sie besitzen aber nicht die staatsbürgerlichen Rechte der Jordanier.

Der Status der *displaced persons* soll im Gegensatz zu dem der Flüchtlinge von 1948 von einem israelisch-palästinensischen Komitee verhandelt werden, in dem auch Ägypten und Jordanien vertreten sind. Israel ist allerdings nicht bereit, ihnen generell ein »Recht auf Rückkehr« zuzubilligen. Vielmehr möchte es Einzelfälle im Rahmen einer Familienzusammenführung verhandeln.

Bewegungen und Parteien

Palästinensische Befreiungsbewegungen

Das politische Leben der Palästinenser, das sich zu einem Großteil im Untergrund vollzieht, ist geprägt von einer Fülle von Organisationen mit unterschiedlichem Gewicht. Da sie sich mitunter rasch umbilden, werden sie hier in alphabetischer Ordnung aufgelistet. Zu unterscheiden sind Organisationen, die (unabhängig von ihrer Haltung zu Arafats Fatah) der PLO angehören, und jene Gruppierungen, die mit der PLO gebrochen haben oder von ihr unabhängig entstanden sind. Wichtigstes Unterscheidungsmerkmal ist heute jedoch die Haltung gegenüber dem Friedensprozeß und dessen Rahmenabkommen, der Grundsatzerklärung, die Israel und die PLO am 13. September 1993 unterzeichnet haben.

Ablehnungsfront. Diese Gruppe wurde 1969 von verschiedenen Parteien ins Leben gerufen, um jede Übereinkunft mit Israel zu verhindern. Die Organisation wird vom Irak unterstützt. Sie umfaßt die PFLP, die PFLP-GC, die PPSF und die PLF.

Arabische Befreiungsfront (FLA). Die linksorientierte militärische Organisation wurde 1969 von der irakischen Baath-Partei gegründet, um Einfluß auf die palästinensische Widerstandsbewegung zu gewinnen. Die panarabische Bewegung gilt als Schlüssel zur Befreiung Palästinas. Von Abdel Rahim Ahmed geführt, untersteht die FLA mit ihrer Basis im Irak direkt der irakischen Armee.

Demokratische Front zur Befreiung Palästinas (DFLP). Die Partei spaltete sich im Februar 1969 von der PFLP ab und wird seither von Najef Hawatmeh (Abu Nuf) geleitet. Sie vertrat anfangs ein linksextremistisches, marxistisch-maoistisch orientiertes Programm und sagte den konservativen arabischen Regierungen den aktiven Kampf an. Die DFLP hat seither einen Wandel durchlaufen und gilt heute als Vertreterin eines gemäßigt pragmatischen Kurses. Sie spielte in den Plänen der PLO zur Errichtung eines demokratischen Palästinenserstaates, in dem Juden und Araber zusammenleben sollten, eine Schlüsselrolle. Allerdings wandte sich die DFLP gegen die Grundsatzerklärung vom 13. September 1993. Offiziell in Damaskus beheimatet, rekrutiert sie ihre Mitglieder vornehmlich in Syrien und dem Libanon.

Djihad. Der Islamische Djihad spaltete sich Mitte der achtziger Jahre von der Bewegung der Muslimbrüder ab. Ihm gehören vornehmlich palästinensische Flüchtlinge von 1948 im Gazastreifen an. Der Führer der Bewegung Abdel Asis Udeh sitzt in Damaskus. Während die Muslimbrüder in einer inneren Reform der palästinensischen Gesellschaft die Voraussetzung für deren Befreiung sehen, ist für den Djihad die Befreiung Palästinas das allem übergeordnete Ziel. Die Agitation des Djihad, der zur Wiederaufnahme des bewaffneten Befreiungskampfes für Palästina aufrief, gilt allgemein als der erste Anstoß zur Intifada. Der Djihad ist ein entschiedener Gegner des Friedensprozesses.

el-Saika. Die linksorientierte Militärorganisation wurde Ende 1967 von Issam el-Kadi (Suhair Muhsin) gegründet, der auch ihre Führung übernahm. Unter syrischem Kommando stehend, folgt el-Saika der offiziellen Linie der syrischen Baath-Partei. Die Befreiung Palästinas gilt als panarabische Sache. Mit Sitz in Damaskus ist die Organisation nur in Syrien verankert, stellt aber die zweitwichtigste militärische Gruppe der PLO dar.

Fatah. Die Befreiungsbewegung wurde 1959 von Yassir Arafat gegründet, der seither die Führung innehat. Die Fatah ist die wichtigste und einflußreichste Gruppe innerhalb der PLO, deren Führung sie 1969 beim fünften Gipfel des Palästinensischen Nationalrates übernahm. Ihre Ideologie geht von der grundlegenden Notwendigkeit einer Selbstbefreiung der Palästinenser aus, ihr Ziel liegt in der Errichtung eines demokratischen weltlichen Staates mit Religionsfreiheit in Palästina. Die Milizen der Fatah in den besetzten Gebieten heißen »Falken« und »Schwarze Panther«.

Fatah-Revolutionsrat. Abspaltung der Fatah von 1974 unter der Führung Sabri el-Bannas, besser bekannt unter dem Namen Abu Nidal. Die Gruppe ist mit keiner anderen palästinensischen Organisation institutionell verbunden und wurde 1974 aus der PLO ausgeschlossen. Indem sie sich auf Terroranschläge in Europa konzentrierte, stand sie im Widerspruch zur vorherrschenden Strömung des politischen Pragmatismus innerhalb der PLO. Ihr Ziel ist die Zerstörung des Staates Israel, ihre Mitglieder sind unbekannt. Man weiß allerdings, das sie oft unter dem Namen Schwarzer September operiert hat. Gelegentliche Stützpunkte sind Bagdad, Tripoli und Damaskus, außerdem ist sie militärisch im Südlibanon präsent. Im September 1989 traten die beiden Politbüromitglieder Abdel Rahman Issa und Atef Abu Bakr aus dem Fatah-Revolutionsrat aus, weil sich wahllose und politisch sinnlose Mordanschläge von Mitgliedern gehäuft hatten.

Fatah-Intifada. Abspaltung der Fatah von 1983 unter dem Kommando des Obersten Abu Musa (Mohammed Said Musa). Die Gruppe, die jede Übereinkunft mit Israel ablehnt, hat ihren Sitz in Damaskus und verfügt über 1000 Kämpfer in Syrien und dem Libanon.

FIDA (Palästinensische Demokratische Union). Politische Partei, die 1990 durch Abspaltung von der DFLP entstand. Von Yassir Abed Rabbo geführt, startete sie nach der Konferenz von Madrid eine Kampagne zur Demokratisierung der palästinensischen politischen Szene und zur Umwandlung der »Gesellschaft der Intifada« in eine zivile Gesellschaft. Sie unterstützt den Friedensprozeß und die Grundsatzerklärung vom 13. Sepember 1993.

Hamas, »Harakat el-Mukawama el-Muslima« (islamische Widerstandsbewegung). Die Hamas ist der politische Arm der Muslimbrüder. Die Gruppe tauchte unter diesem Namen im Januar 1988 kurz nach dem Ausbruch der Intifada auf. Ihr Führer Scheich Ahmad Yassin wurde im Mai 1989 von den Israelis festgenommen und zu lebenslänglicher Haft verurteilt. Die Hamas propagiert den Djihad (heiligen Krieg) gegen den Staat Israel, nach dessen Vernichtung in Palästina ein islamischer Gottesstaat entstehen soll. Sie gehört nicht der PLO an und leugnet deren Legitimation als Vertretung des palästinensischen Volkes. Ihre zahlreichen karitativen Einrichtungen in den Bereichen Soziales, Gesundheit, Bildung und Wirtschaft haben ihr vor allem im Gazastreifen viel Popularität verschafft. Sie gilt nach der Fatah als zweitstärkste politische Kraft in den besetzten Gebieten. Ihr bewaffneter Arm, Assedin el-Kassam, ist für zahlreiche Terroranschläge auf israelische Zivilisten verantwortlich. Die Hamas steht dem Friedensprozeß zwiespältig gegenüber.

Nationale Palästinensische Heilsfront. Die Gruppe wurde am 25. März 1985 von Khaled el-Fahum gegründet, dem ehemaligen Präsidenten des Palästinensischen Nationalrates, der auch ihre Führung übernahm. Die Organisation (die sich aus der PFLP und anderen pro-syrischen Gruppen zusammensetzt) hat sich den Widerstand gegen Arafat zur Aufgabe gemacht. Stützpunkt ist Damaskus.

Palästinensische Befreiungsfront (PLF). Diese radikale Gruppierung der PLO spaltete sich im April 1977 von der PFLP-GC ab, um eine stärker am Irak orientierte Linie zu verfolgen. Die PLF wird von Abu Abbas (Mohammed Seidan) geführt, einem Mitglied des Exekutivkomitees der PLO. Die Mitglieder der Gruppe sitzen in Syrien und im Irak. Sie war namentlich verantwortlich für die Entführung des Kreuzfahrtschiffs Achille Lauro im Jahr 1985.

Palästinensische Nationalfront (PNF). Die Organisation wurde im Januar 1973 vom Palästinensischen Nationalrat gegründet. Ziel war damals der Aufbau eines Netzwerkes, um in den besetzten Gebieten unabhängig von der PLO Agitation zu betreiben, den nationalen Widerstand zu koordinieren und politische Aktionen wie Streiks und Demonstrationen zu organisieren. Bei den Kommunalwahlen 1976 siegte die Palästinensische Nationalfront in 18 von 24 Städten. 1978 wurde sie von der israelischen Militärverwaltung für illegal erklärt. Anschließend ging sie in einer Nachfolgeorganisation auf, dem Komitee der Nationalen Führung, das den Widerstand gegen das Abkommen von Camp David und gegen Begins Zivilverwaltung koordinierte. Im Mai 1982 erklärten die israelischen Behörden auch diese Organisation für illegal.

Palästinensische Volksfront. Die extremistische Splittergruppe der Fatah wurde 1968 von Bahjat Abu Gharbieh gegründet. Die Palästinensische Volksfront ist Mitglied der PLO. Der Linie der Baath-Partei folgend, steht sie politisch links. Ihr Führer ist derzeit Samir Goshe. Ihre Mitglieder, die vornehmlich in Syrien und im Libanon leben, unterhalten enge Beziehungen zu den arabischen Bewegungen der Linken.

Partei des Palästinensischen Volkes. Die Partei ist die Nachfolgeorganisation der Palästinensischen Kommunistischen Partei, die im Februar 1982 in den besetzten Gebieten gegründet worden war. Als Mitglied der PLO brach sie 1991 mit ihrer leninistischen Vergangenheit, um sich unter ihrem jetzigen Namen als neue demokratische Volkspartei zu präsentieren. Ihr Führer ist Bachir Barghuti. In ihrer Haltung gegenüber dem Friedensprozeß folgt sie im allgemeinen der Linie der Fatah.

Schwarzer September. Die Terrorgruppe entstand 1970 nach der Vernichtung der bewaffneten Palästinenserorganisationen in Jordanien durch das haschemitische Regime. Als militärischer Zweig der Fatah wird der Schwarze September von Abu Yussef, Kamal Radwan und Abu Hassan Salameh geleitet; letzterer war Koordinator und Organisator von Terroranschlägen in Europa. Die Gruppe ist bekannt für ihre Attentate auf israelische Zivilisten, vor allem auf die israelische Mannschaft 1972 bei den Olympischen Spielen in München.

Volksfront zur Befreiung Palästinas (PFLP). Die 1967 entstandene Partei wird seit der Gründung von George Habash geführt. Die kommunistisch geprägte PFLP, die der PLO angehört, vertritt eine panarabische Ideologie, wonach der Kampf um Palästina nur Teil eines umfassenderen Kampfes für eine gesellschaftliche Reform in den arabischen Ländern nach marxistisch-leninistischem Vorbild ist. Die PFLP machte in den sechziger und siebziger Jahren durch spektakuläre Flugzeugentführungen von sich reden. Sie erlebte zwei Spaltungen: Aus der ersten 1968 entstand die PFLP-GC, aus der zweiten 1969 die DFLP. Mit ihrem starken Einfluß in den Flüchtlingslagern des Libanons, Syriens und Jordaniens wendet sie sich gegen die Anerkennung Israels und gegen die Grundsatzerklärung vom 13. September 1993. Ihr bewaffneter Arm sind die Roten Adler. Das Hauptquartier liegt in Syrien.

Volksfront zur Befreiung Palästinas – Generalkommando (PFLP-GC). Diese Organisation entstand 1968 durch Abspaltung von George Habashs PFLP. Die Führung übernahmen Talal Naji und Ahmed Jibril, ein ehemaliger Offizier der syrischen Armee. Innerhalb der PLO zählt die Gruppe zu den Gegnern Arafats. Ihr Ziel ist der totale und kompromißlose Krieg gegen Israel. Die Hintermänner der Gruppe, die an zahlreichen Terroranschlägen und Entführungen beteiligt waren, werden in Syrien vermutet. Die PFLP-GC sitzt in Damaskus, ihre Milizen in den besetzten Gebieten sind unbedeutend. Sie unterhält Beziehungen zu Libyen.

Die israelischen Parteien

Die politische Landschaft Israels besteht im wesentlichen aus vier großen politischen Blöcken: aus der Linken, der Rechten, den Religiösen und den arabisch dominierten Parteien.

Die Linke

Die große israelische Linkspartei ist die **Arbeiterpartei**, die 1968 aus einem Zusammenschluß von Mapai, Achdut Haawodah und Rafi hervorging.

Mapai. Diese sozialdemokratische Partei – der Name ist ein hebräisches Akronym für »**Partei der Arbeiter von Eretz Israel**« – bildet den Kern der israelischen Arbeiterpartei. 1929 gegründet, brachte die Partei große politische Persönlichkeiten wie Ben Gurion und Golda Meir hervor. Von der Staatsgründung 1948 an bis zu ihrem Aufgehen in der 1968 entstandenen Arbeiterpartei war sie ohne Unterbrechung an der Regierung.

Achdut Haawodah (Einheit der Arbeit). Die Partei entstand durch Abspaltung von der Mapam, einer weiteren Linkspartei. Sie wurde 1954 als Reaktion auf die Öffnung der Mapam für israelische Araber gegründet.

Rafi (Arbeiterliste Israels). Die Partei wurde 1965 von David Ben Gurion gegründet, der aus der Parteiführung der Mapai ausgeschlossen worden war. Ben Gurions Autorität hatte unter der Affäre um seinen Verteidigungsminister Pinhas Lavon gelitten, der 1954 eine Serie von Anschlägen in Ägypten unterstützt hatte. Nach einem gescheiterten Versuch, die Führung der Mapai zurückzugewinnen, gründete der ehemalige Premierminister die Rafi mit einem gesellschaftspolitisch gemäßigteren Programm. Die Partei konnte einige bedeutende Politiker wie Shimon Peres und Moshe Dayan anziehen, aber nur einen kleinen Teil der Aktivisten der Mapai.

Die Gründung der Arbeiterpartei bedeutete zwar eine Wiedervereinigung mit der einstigen Mapai, doch blieb die Partei in verschiedene Strömungen gespalten, vor allem in »Falken« und »Tauben«, aber auch in Anhänger Shimon Peres' und Yitzhak Rabins. Durch die Regierungsverantwortung abgenutzt und innerlich gespalten, mußte die Arbeiterpartei von 1977 bis 1984 die Staatsführung an den rechten Likud abtreten. Von 1984 bis 1990 bildete sie zusammen mit dem Likud mehrere Regierungen der Nationalen Einheit. 1992 konnte die Arbeiterpartei dank eines klaren Wahlsieges erneut eine Linkskoalition bilden. Seit der Ermordung Yitzhak Rabins am 4. November 1995 steht Shimon Peres an der Spitze der Partei.

Verschiedene Parteien der Mitte und links von ihr angesiedelte Parteien nahmen an Koalitionen mit der Arbeiterpartei teil und versuchten sich dann wieder von ihr abzugrenzen.

Meretz. Die Partei entstand im Hinblick auf die Wahlen von 1992 durch einen Zusammenschluß verschiedener Strömungen im Lager der radikalen »Tauben« mit dem gemeinsamen Ziel »Land gegen Frieden« in den besetzten Gebieten. In der Wirtschaftspolitik vertritt Meretz eher rechte Positionen. Obwohl die Partei auch Enttäuschte des rechten Lagers anzieht, kommen ihre Anhänger im wesentlichen von der israelischen Linken, aus den Parteien Mapam und Shinui, der Ratz (Bürgerrechtsbewegung) und der Dash (demokratische Bewegung für den Wandel). Laizistisch orientiert, wendet sich Meretz gegen den Einfluß der Religiösen auf das politische Leben Israels. Nach den Wahlen von 1992 beteiligte sich die Partei an der Regierung Rabin.

Shinui (Wandel). Die Partei ging aus dem Zusammenbruch der Dash (Demokratische Bewegung für den Wandel) hervor, die in den siebziger Jahren eine Reform und Verjüngung der Mitte anstrebte, ohne dabei die Ideale der zionistischen Arbeiterbewegung aufzugeben. Bei den Wahlen 1977 konnte sie enttäuschte Anhänger der Arbeiterpartei gewinnen; sie bekam 15 Parlamentssitze. Allerdings verlor sie einen Teil der Wähler rasch wieder, als ihre Führer in Reaktion auf eine Meinungsumfrage ein Bündnis mit dem Wahlsieger Likud anstrebten.

Mapam (Vereinigte Arbeiterpartei). Die Partei entstand 1948 aus dem Zusammenschluß dreier radikal linker Gruppen: der Hashomer Hazair (junger Wächter), einer 1927 in Polen gegründeten, revolutionär-sozialistischen Jugendbewegung, der Achdut Haawodah und der Poale Zion Smole (Arbeiter des linken Zion), einer marxistischen Gruppe, die bei der Gründung der Mapai 1929 unabhängig geblieben war. Die Mapam gilt als die am weitesten links stehende zionistische Partei und war lange Zeit in der Nähe der orthodoxen Kommunisten angesiedelt. Von 1965 bis 1968 bildete sie mit der Arbeiterpartei die Front Maarach, wobei beide Bündnispartner ihre Eigenständigkeit behielten. Die Mapam trat lange durch ihre Politik der Integration der israelischen Araber hervor; sie vertrat die Errichtung eines binationalen Staates. Zu ihren Reihen gehörten militante Araber, von denen einige zu Abgeordneten gewählt wurden. Die Mapai hielt im Unterschied zur Mapam an einem System mit eigenen arabischen Wahllisten fest.

Jeud (Akronym für »unabhängiges und demokratisches Israel«). Diese nationalistische Partei wurde 1994 von Abweichlern der Zomet gegründet. Obwohl aus der Rechten hervorgegangen, beteiligt sich die Jeud an Regierungen der Arbeiterpartei.

Die Rechte

Die israelische Rechte besteht aus dem Likud-Block, einem Zusammenschluß der nationalistischen Rechten, und der ultranationalistischen Rechten aus verschiedenen Splitterparteien. Der **Likud**, der verschiedene Tendenzen der nationalistischen Rechten vereint, wurde im September 1973 auf Initiative Ariel Sharons gegründet. Die wichtigsten Partner dieser Allianz sind die Herut-Partei und die Liberale Partei.

Herut (Freiheit). Die Herut-Partei ging aus dem Erbe der revisionistischen Bewegung des Wladimir Seew Jabotinsky (1880–1940) hervor, einer rechten Strömung des Zionismus, die für die Schaffung eines Großisrael (Eretz Israel) eintrat, das aus dem Mandatsgebiet Palästina und dem Großteil des heutigen Jordanien bestehen sollte. Bei der Gründung des Staates Israel 1948 wurde der bewaffnete Arm der zionistischen Rechten, die Irgun Zawai Leumi (nationale Militärorganisation), der Zahal eingegliedert. Dennoch gab es bis in die Mitte der fünfziger Jahre in der Regierung Ben Gurions die Angst vor einem Staatsstreich von rechts. Die Herut, 1948 von Menachem Begin gegründet, stellte sich bewußt außerhalb des nationalen Konsenses. Anfang der sechziger Jahre rückte sie von ihrer Lehre ein Stück weit ab und stimmte kurz vor dem Sechstagekrieg einem Eintritt in die Regierung zu, der sie bis 1970 angehörte.

Liberale Partei. Die Partei ging 1961 aus einem Zusammenschluß der Allgemeinen Zionisten (Rechte) mit der Progressiven Partei (Mitte) hervor. Die Allgemeinen Zionisten zeigten sich innerhalb der zionistischen Bewegung als gemäßigt und zogen es anders als beispielsweise Jabotinsky vor, einen Judenstaat in Palästina auf diplomatischem Weg zu errichten. Nach 1951 wurden die Allgemeinen Zionisten von der Herut-Partei als wichtigste Oppositionsgruppe verdrängt. Nach der Trennung von den Progressiven bildete die Liberale Partei mit der Herut den Gachal-Block. 1974 ging sie im Likud auf.

Die Gründung des Likud ermöglichte es Menachem Begin, 1977 die Wahlen gegen die innerlich gespaltene und von der Regierungsverantwortung verschlissene Arbeiterpartei zu gewinnen. Trotz eines nationalistisch gefärbten Wahlkampfes stimmte Begin der Rückgabe des Sinai an Ägypten zu (Abkommen von Camp David), stürzte Israel aber auf Betreiben seines Verteidigungsministers Ariel Sharon in den Libanonkrieg. Yitzhak Shamir, der 1983 auf Begin folgte, mußte die Macht 1984 bis 1990 in einem Kabinett der Nationalen Einheit mit der Arbeiterpartei teilen. Von 1990 bis 1992 stand er an der Spitze des radikalsten Kabinetts von »Falken« in der Geschichte Israels und beteiligte bestimmte religiöse Parteien und Mitglieder der ultranationalistischen Rechten an der Macht. Ab Juni 1993 in der Opposition, wird der Likud seit März 1993 von Benjamin Netanjahu geführt. Im Juni 1995 trat David Levy, der ehemalige Außenminister Yitzhak Shamirs, aus dem Likud aus. Als Vertreter der »Tauben« war er zu territorialen Zugeständnissen für den Frieden bereit. Innerhalb des Likud war er die Galionsfigur der orientalischen Juden (Sephardim), die in den fünfziger und sechziger Jahren in großer Zahl nach Israel eingewandert waren und zum Wahlsieg des Likud 1977 maßgeblich beigetragen hatten: Die Sephardim machten die Arbeiterpartei, die als vom aschkenasischen Establishment beherrscht galt, für ihre gesellschaftliche und wirtschaftliche Benachteiligung verantwortlich. Rechts vom Likud-Block sind einige ultranationalistische Splitterparteien angesiedelt.

Techija (Wiederauferstehung). Die ultranationalistische Partei wurde 1979 von Gegnern des Abkommens von Camp David im Likud gegründet. Ohne zu den religiösen Parteien institutionelle Beziehungen zu unterhalten, hat sie doch enge Kontakte zu einigen von ihnen wie dem Gush Emunim. Führer der Techija ist Gershon Shafat.

Zomet (zionistische Erneuerung). Die ultranationalistische Partei wurde 1988 von laizistischen Abweichlern der Techija als Reaktion auf deren Annäherung an die orthodoxen Religiösen gegründet. Die Zomet, die sich auf den zionistischen Pioniergeist beruft, begründet den Anspruch auf ein Großisrael mit sicherheitspolitischen Erwägungen, nicht mit ideologisch-religiösen Überlegungen. Geführt wird die Partei von General Raphael Eytan.

Moledet (Vaterland). Die rechtsextremistische Partei wurde von General Rechawam Seewi gegründet, der Berater Yitzhak Rabins im Kampf gegen den Terror war und ursprünglich der linken Arbeiterbewegung nahestand. Nach einer Devise des extremistischen Rabbiners Kahane vertritt Moledet den massenhaften »Transfer« der Palästinenser in die arabischen Nachbarstaaten und die Annexion der besetzten Gebiete.

Die religiösen Parteien

Die dritte große politische Kraft im Land sind die orthodoxen religiösen Parteien. Sie fordern ein Leben nach den Gesetzen des Talmud und definierten sich lange Zeit über ihre Ablehnung des Zionismus. In jüngerer Zeit kamen neue Unterscheidungsmerkmale hinzu, die sich einerseits auf die Zugehörigkeit zur sephardischen Gemeinschaft stützen, andererseits auf eine Auslegung religiöser Praktiken, die sich aus der jüdischen Mystik oder der strikten Befolgung der rabbinischen Tradition ableitet.

Nationalreligiöse Partei (NRP oder Mafdal). Die NRP ist die Nachfolgepartei der Misrachi (»geistiges Zentrum«). Die 1902 gegründete orthodoxe Reformpartei war die einzige Gruppierung ihrer Art, die sich dem Zionismus anschloß, womit sie sich in Opposition zu allen anderen religiösen Parteien begab. 1920 verlegte die Misrachi als erste zionistische Partei ihren Sitz nach Jerusalem in Palästina. Einen Ideologen fand sie im Rabbiner Abraham Isaac Kook (1865–1935), der eine Synthese zwischen orthodoxem Judentum und politischem Zionismus schuf. Die Besiedlung Palästinas durch Juden erlangte dabei eine zutiefst mystische Bedeutung. Als erster aschkenasischer Oberrabbiner von Palästina (1921–1935) gewann er für seine Anschauungen die Mehrheit der Mitglieder der religiösen Gemeinschaft Palästinas. In die Nationalreligiöse Partei überführt wurde die Misrachi 1956, nachdem die 1921 gegründete Hapoel Hamisrachi als Arbeiterflügel in sie integriert wurde. Als historische Verbündete der Mapai und dann der Arbeiterpartei nahm sie von 1948 bis 1977 an den meisten der von ihnen geführten Koalitionen teil. Aus der Regierung Rabin von 1976 blieb sie allerdings ausgeschlossen. Auf Druck der sogenannten »Jungen«, denen die späteren ultranationalistischen Führer des Gush Emunim angehörten, näherte sie sich der Rechten an. Die alte, gemäßigte Führung verlor an Einfluß, und die Partei orientierte sich verstärkt am Likud.

Agudat Israel (Einheit Israels). Die ultraorthodoxe und anti-zionistische Partei wurde 1912 in Kattowitz im heutigen Polen gegründet. Für die Agudat steht der Zionismus im Gegensatz zur Thora, da eine Wiedergeburt des Königreichs Israel nur in einem messianischen Rahmen erfolgen kann. Während der britischen Mandatszeit hielt sich die Agudat von den politischen, religiösen und kulturellen Institutionen der jüdischen Gemeinschaft in Palästina fern und gründete eigene rabbinische Einrichtungen und Schulen. Besonders auf religiöser Ebene aktiv, befaßte sie sich traditionell nur wenig mit den großen politischen Fragen. Die offene Feindschaft zum jüdischen Staat wich schrittweise einer gemäßigteren Haltung, so daß die Agudat Israel nach 1948 mehrfach die Regierung David Ben Gurions und nach 1977 die Menachem Begins unterstützte. Ihre Geschicke bestimmt ein »Rat der Weisen« aus ungefähr zehn Rabbinern. Ende der achtziger Jahre geriet die Agudat Israel verstärkt unter den Einfluß der Mystiker des Hadad (Akronym für Hessed, Bina, Daat: Barmherzigkeit, Weisheit, Vernunft), einer Bewegung, die aus der chassidischen Sekte Lubawitsch hervorging. Ein wichtiger Teil ihrer politischen Aktivität besteht darin, finanzielle Unterstützung für ihre religiösen Bildungseinrichtungen zu beschaffen.

Degel Hathora (Thora-Banner). Die orthodoxe religiöse Partei wurde 1988 von Abtrünnigen der Agudat gegründet, die sich gegen den Einfluß von Anhängern der Lubawitsch-Sekte wandten, deren Mystik in ihren Augen Ketzerei war. Die Degel Hathora vertritt in gesellschaftlichen und bildungspolitischen Fragen besonders rigorose Anschauungen, während die Frage nach einem »Großisrael« sie nur wenig interessiert. Die gegenwärtig von Abraham Ravitz geführte Degel Hathora ist eine der beiden religiösen Parteien, die unter dem Einfluß des Rabbiners Eliezer Shach steht, eines Verfechters der talmudischen Tradition.

Shas (Die sephardischen Hüter der Thora). Die religiöse Partei wurde 1984 von und für Sephardim gegründet. Die Gründer der Shas brachen mit den traditionellen, von Aschkenasim geführten religiösen Parteien und zogen einen erheblichen Teil der sephardischen Wähler an, die über ihre gesellschaftliche und wirtschaftliche Benachteiligung gegenüber den Aschkenasim unzufrieden sind. Auf religiöser Ebene vertritt die Shas gemäßigtere Positionen als die orthodoxen Parteien. Mit ihren straff organisierten Verbänden und kulturellen Einrichtungen zwang die Shas die Führung anderer Parteien zu einer stärkeren Beachtung der Sephardim.

Gush Emunim (Block des Glaubens). Die zionistische religiöse Partei wurde 1974 von Abweichlern der Nationalreligiösen Partei gegründet. Der Gush Emunim versteht sich als Bindeglied zwischen Weltlichen (*hiloriim*) und Religiösen (*datiim*). Die Führung bestand ursprünglich aus Anhängern von Swi Yehuda Kook, dem Sohn des Rabbiners Kook, der als Ideologe der Misrachi aufgetreten war. Swi übertrug die Lehren seines Vaters auf die gegenwärtigen Verhältnisse und gab der »Rückeroberung« von Judäa-Samaria (dem Westjordanland) 1967 eine mystische Dimension. Die Gush Emunim zeichnet verantwortlich für die Mehrheit der »wilden« jüdischen Siedlungen, mit denen die Regierung vor vollendete Tatsachen gestellt wird. Da diese Siedler wie alle Siedler in den besetzten Gebieten Waffen tragen dürfen und militärisch gut ausgebildet sind, könnten einige dieser radikalen Gegner des Friedensprozesses zu einer erheblichen Bedrohung für die israelische Regierung werden. Die Partei rekrutierte sich anfangs aus in Israel geborenen, religiös erzogenen Juden der städtischen Mittelschicht. Vor allem seit den achtziger Jahren hat sie bei französischen und amerikanischen Einwanderern Zulauf. Geführt wird der Gush Emunim von dem aus Amerika stammenden Rabbiner Moshe Levinger.

Kach (So ist es). Die rechtsextremistische Partei wurde 1971 von dem New Yorker Rabbiner Meir Kahana gegründet, der 1990 ermordet wurde. Die Kach begegnet den in Israel lebenden Arabern mit unverhohlenem Rassismus und fordert deren Vertreibung. Sie wurde nach dem Massaker am Grab der Patriarchen in Hebron 1994 verboten.

Teilweise oder ausschließlich arabische Parteien

Im Gegensatz zu den extremistischen religiösen Parteien, die ein Großisrael anstreben, wenden sich einige israelische Parteien der äußersten Linken hauptsächlich oder ausschließlich an die arabische Wählerschaft. Innerhalb des demokratischen Systems Israels haben sie stets auf einen gemäßigten Kurs gesetzt.

Maki (Kommunistische Partei Israels). Die Partei ist Nachfolgerin der 1919 gegründeten Kommunistischen Partei Palästinas und war lange Zeit über die Frage zerstritten, ob ein binationaler Staat von Juden und Arabern oder zwei getrennte Staaten errichtet werden sollten. 1965 kam es schließlich zur Spaltung. Die kleinere Gruppe, die vornehmlich Juden umfaßte, trat für die Errichtung eines binationalen Staates mit Gleichberechtigung beider Völker ein. Die andere, vornehmlich aus Arabern bestehende Gruppe rief eine dissidente kommunistische Partei ins Leben, die **Rakah (Neue Kommunistische Liste).** Die Partei verteidigt in ihrem Programm die Rechte der israelischen Araber als einer unterdrückten Minderheit und einem unverzichtbaren Bestandteil des palästinensischen Volkes und der arabischen Nation. 1977 bildete die Rakah ein Bündnis mit der arabischen Elite in Israel, der **Hadash (Demokratische Front für Gleichberechtigung).** Die Hadash, die volle Gleichberechtigung mit den jüdischen Bürgern for-

dert, unterstützt die Schaffung eines Palästinenserstaates in den besetzten Gebieten und unterhält seit langem Beziehungen zu den arabischen Bewegungen außerhalb Israels.

Fortschrittsliste für den Frieden. Die ethnisch gemischte Partei entstand 1981 aus einer gemäßigten Abspaltung der Rakah. Nachdem sie in einige Stadträte eingezogen war, schlossen ihre arabischen Führer sich ab 1984 mit linken Juden zusammen, die eine Rückgabe der besetzten Gebiete forderten, und präsentierten eine gemeinsame Liste für die Wahlen zur Knesset. Wichtigster Führer ist der arabische Anwalt Muhammad Miari.

Arabisch Demokratische Partei (ADP). Die Partei ist die erste, die sich legal als rein ethnische Partei gebildet hat. Gegründet wurde sie 1988 von Professor Abd-al Rahman ·Darawshe, einem ehemaligen Abgeordneten der Knesset, der auf einer von der Arbeiterpartei unterstützten arabischen Liste kandidiert hatte. Mehrheitlich von Muslimen gebildet, ist die ADP die einzige israelische Partei, die sich nicht an die Juden wendet. Als Reaktion auf die Unterdrückung der Intifada entstanden, gibt sie sich als gemäßigte und gesetzestreue arabisch-nationalistische Partei in Israel.

Parteigründungen von 1996

Im Februar 1996 entstanden mit Blick auf die Wahlen im Mai drei neue Parteien.

Alija Bi Israel (Aufstieg nach Israel). Die Partei wurde von Anatoli Tscharansky, einem früheren *Refuznik,* gegründet. Sie vertritt die Interessen von Einwanderern aus der ehemaligen Sowjetunion.

Gesher (Die Brücke). Die Partei entstand aus einer Abspaltung des gemäßigten Flügels des Likud um David Levy. Sie tritt bei den Verhandlungen mit den Palästinensern für eine flexible Linie ein. Die Partei wendet sich überwiegend an die Sephardim, aus deren Reihen denn auch ihre meisten Führer kommen. Kurz nach der Gründung faßte die Partei zusammen mit der Alija Bi Israel die Bildung eines Blocks der Mitte mit gemeinsamer Wahlliste ins Auge, schloß sich dann aber der Liste des Likud an.

Der Dritte Weg. Die Partei wurde von Avigdor Kahalani, einem Abgeordneten der Arbeiterpartei, gegründet. Kahalani steht dem Friedensprozeß offen gegenüber, lehnt eine Rückgabe des Golans aber ab.

Die Akteure des Friedensprozesses

Yassir Arafat

Mohammed Abed Aruf Arafat wurde am 24. August 1929 geboren, einigen Quellen zufolge in Kairo, während er selbst stets Jerusalem als Geburtsort angibt. Der Abkömmling einer palästinensischen Familie von Grundbesitzern beansprucht zudem, mit dem Großmufti von Jerusalem verwandt zu sein, Amin el-Husseini, der in der britischen Mandatszeit eine herausragende Rolle spielte.

Den größten Teil seiner Kindheit verbrachte Yassir Arafat in Kairo, was sich in einem starken ägyptischen Akzent bemerkbar macht. Er studierte dort Ingenieurswissenschaften, unterbrach das Studium aber 1948, um an den Kämpfen in Palästina teilzunehmen. Nach der Niederlage kehrte er nach Ägypten zurück und übernahm dort von 1952 bis 1956 den Vorsitz der palästinensischen Studentenvereinigung. In der ägyptischen Hauptstadt lernte er denn auch die meisten seiner späteren Waffenbrüder der PLO kennen, vor allem Khalil el-Wasir (Abu Djihad) und Salah Khalaf (Abu Iyad). 1956 nahm Abu Ammar – Arafats Kriegsname – als Leutnant der ägyptischen Armee am Konflikt um den Suezkanal teil. 1959 gründete er als Verfechter einer Guerilla-Strategie die Fatah. Als die panarabische Bewegung ihren Siegeszug antrat, versuchte Arafat, den Befreiungskampf der Palästinenser aus der Bevormundung durch die arabischen Länder zu lösen. Von Jordanien aus dirigierte er seine Fedajin in Operationen gegen Israel. Obwohl ihm die arabischen Regierungen mit mehr oder weniger offener Feindschaft begegneten, wurde er rasch zum wichtigsten Führer der palästinensischen Befreiungsbewegung. Ab 1969 leitete er die (1964 von der Arabischen Liga geschaffene) PLO. Er saß dem Exekutivkomitee und dem Militärrat vor und besetzte die wichtigsten Posten mit Anhängern. Die Arabische Liga erkannte Arafat im Oktober 1974 auf dem Gipfel von Rabat offiziell als legitimen Chef der PLO an. Sein Auftritt vor der UN-Vollversammlung im November desselben Jahres bedeutete zudem die Anerkennung durch die internationale Gemeinschaft. Auf den Einmarsch der Zahal in den Libanon folgte jedoch der schmachvolle Abzug der Fedajin aus Beirut, das der PLO nach der Vertreibung aus Jordanien 1970 als strategische Basis gedient hatte. Eine kritische Zeit brach für Arafat an, dessen Politik von Syrien und Libyen ebenso offen kritisiert wurde wie von einigen Kämpfern der PLO. Angeprangert wurde neben seiner Politik auch sein autokratischer Führungsstil. Seit Mitte der achtziger Jahre änderte Arafat, der nach dem libanesischen Debakel von 1983 von Tunis aus agierte, seine Politik grundlegend:

1988 erkannte er indirekt das Existenzrecht Israels an und erteilte dem Terrorismus implizit eine Absage. Ein Jahr später wurde er Chef der »Provisorischen Regierung Palästinas«. Als sich Arafat aber im Golfkrieg 1991 mit dem Irak solidarisierte, verlor die PLO die finanzielle Unterstützung durch die Ölstaaten. Angesichts einer ernsten Finanzkrise und der Konkurrenz durch die islamische Hamas in den besetzten Gebieten setzte Arafat auf Verhandlungen. Er beschloß, für den Friedensprozeß einzutreten, der mit der Konferenz von Madrid 1991 eingeleitet worden war, und dies, obwohl die PLO, die er mit seiner pro-irakischen Haltung ins Abseits manövriert hatte, zu den Gesprächen nicht eingeladen worden war. So erschien der Führer der Fatah im September 1993 auf spektakuläre Weise erneut auf der internationalen Bühne, als nach mehrmonatigen Geheimverhandlungen zwischen Israel und seiner PLO das Abkommen von Oslo veröffentlicht wurde.

Mit dem historischen Händedruck mit dem israelischen Premierminister Yitzhak Rabin im Weißen Haus in Washington begann für Arafat ein neuer Lebensabschnitt. Im Gazastreifen richtete er die Palästinensische Autonomiebehörde ein, die später die für die Autonomie bestimmten Gebiete verwalten sollte. Der Guerillakämpfer, der seit 1990 mit der christlich-orthodoxen Palästinenserin Suha el-Tawil verheiratet ist, muß sich nun in einen Staatsmann verwandeln. Dabei geht es nicht nur darum, die Israelis und die internationale Gemeinschaft von seinen ehrlichen Absichten zu überzeugen; er muß auch zeigen, daß er zum Teilen der Macht bereit ist – eine schwierige Aufgabe für sein autoritäres Temperament. Der »Alte«, wie Weggefährten ihn nennen, dem 1994 der Friedensnobelpreis verliehen wurde, hat seine erste Nagelprobe bestanden: Bei den Wahlen zur Legislative im Januar 1996 errang er eine satte Mehrheit. Der überwältigende Wahlsieg dürfte seiner Wandlung in einen wahrhaft demokratischen Präsidenten allerdings nicht eben förderlich sein.

Hannan Michail Ashrawi

Hannan Ashrawi wurde 1946 in Ramallah geboren; sie stammt aus einer christlichen Familie des städtischen Bürgertums. Während ihres Studiums an der Beiruter *American University* war sie politisch aktiv, vor allem in der *General Union of Palestinian Women* (1967 bis 1972) und in der *General Union of Palestinian Students* (von 1967 bis 1970). Daneben arbeitete sie im Palästinensischen Informationsbüro in Beirut (1968 bis 1970). 1974 zur Professorin für Englische Literatur an die Universität von Bir Seit im Westjordanland berufen, gründete sie und leitet sie bis heute das *Legal Aid Committee,* eine Einrichtung, die Palästinensern im Streit mit der israelischen Verwaltung Rechtsberatung erteilt. Nach ihrer Promotion in Englischer Literatur an einer US-amerikanischen Universität 1981 wurde sie Dekanin der Philologischen Fakultät von Bir Seit. Wegen ihrer häufigen Kontakte zu israelischen Intellektuellen, vor allem über Vereinigungen für Friedensinitiativen, wurde sie Mitglied des Führungsgremiums und Sprecherin der Palästinenserdelegation während der Konferenz von Madrid. Nach dem Abkommen von Oslo wies sie aus wachsendem Unmut über Yassir Arafats autoritären Führungsstil als eine der ersten auf die Meinungsunterschiede zwischen »Palästinensern des Inneren« und »Palästinensern der Diaspora« hin. Im August 1993 legte sie ihr Amt nieder und lehnte Angebote zum Eintritt in die Führung der Palästinensischen Autonomiebehörde ab. Anschließend gründete sie die *Independant Palestinian Citizen's Rights Commission,* einen palästinensischen Bürgerrechtsausschuß, der die Einhaltung von Menschenrechten während des Friedensprozesses beobachtet. Wegen demokratischer Bedenken lehnte sie 1995 eine Verlängerung ihrer Amtszeit an der Spitze dieser Kommission um zwei Jahre ab. Im Januar 1996 wurde Hannan Ashrawi als Vertreterin Ost-Jerusalems in den Palästinenserrat gewählt.

König Hussein von Jordanien

König Hussein ist der Sohn König Talals und der Enkel König Abdallahs, der vom Stamm Saud mit britischer Unterstützung aus seinem Reich Hedschas vertrieben worden war. Hussein war keine 18 Jahre alt, als sein Vater wegen Geisteskrankheit abgesetzt wurde. Bei seiner Thronbesteigung einige Monate später gab man dem jungen König, sich gegen Israel, die Palästinenser, Syrien und Ägypten behaupten mußte, kaum eine Chance. In den fünfziger Jahren überlebte er mehr als 15 Mordanschläge und Staatsstreiche. Wegen des jungen Alters seiner Kinder designierte er 1957 für den Fall seines Ablebens seinen Bruder Hassan zum Nachfolger. Die Angriffe der palästinensischen Fedajin auf Israel und die israelischen Vergeltungsschläge auf jordanischem Territorium bewogen Hussein im September 1970 dazu, gewaltsam gegen die palästinensischen Stützpunkte in Jordanien vorzugehen. Das Blutbad, das seine Beduinentruppen unter den Fedajin anrichteten, ging als »Schwarzer September« in die Geschichte der Palästinenser ein. Der geschickte Taktiker und Diplomat Hussein ist der einzige arabische Führer der Region, der die einhellige Wertschätzung des Westens genießt. Auch in den arabischen Ländern scheint er inzwischen Anerkennung zu finden. Wegen des hohen Anteils an palästinensi-

schen Flüchtlingen in seinem Land war die Palästinenserfrage für Hussein niemals nur eine auswärtige Angelegenheit. Der König, der seit 1988 an Prostatakrebs leidet, hat sich in einem Wettlauf gegen die Zeit persönlich für den Friedensprozeß eingesetzt.

Faisal Husseini

Faisal Husseini wurde 1940 als Sohn einer wichtigen palästinensischen Familie in Bagdad geboren. Sein Vater, der Palästinenserführer Abdel Kader Husseini, kam 1948 bei Kämpfen ums Leben. Als Absolvent der Militärakademie Syriens beherrscht Faisal mehrere Sprachen, darunter Hebräisch. Zwischen 1967 und 1990 wurde er von den Israelis fünfmal inhaftiert, und er lebte fünf Jahre unter Hausarrest. Obwohl von Israel wegen seines Wohnsitzes in Ost-Jerusalem als Teilnehmer der Konferenz von Madrid abgelehnt, trat er dort als Chef der palästinensischen Delegation auf, nachdem er im April 1993 aus der jordanischen Delegation ausgeschieden war. Als Mitglied von Arafats Fatah, als bedeutendster Palästinenserführer des Westjordanlandes und als Nummer eins der PLO in den besetzten Gebieten hatte Husseini genügend Prestige, um im August 1993 zusammen mit Hannan Ashrawi, Saib Erakat und Haider Abdel Shafi gegen den Machtanspruch der PLO-Führung in Tunis mobil zu machen. Als Eigentümer und Leiter eines Hauses, das als palästinensisches Hauptquartier in Ost-Jerusalem fungiert, wurde Faisal Husseini von Arafat als Geschäftsträger Jersualems in die Palästinensische Autonomiebehörde aufgenommen. Der gewandte und renommierte Diplomat, der bei aller Prinzipientreue stets maßvoll auftritt, ist schon lange ein bevorzugter Gesprächspartner Washingtons.

Abu Masen (Mahmud Abbas)

Mahmud Abbas ist in der PLO ein Mann der ersten Stunde. Nach einer Promotion an der Universität Moskau über den Zionismus spielte er bei der Knüpfung von Beziehungen der Fatah zum Emirat Katar und zu Saudi-Arabien eine aktive Rolle. Als Mitglied des Exekutivkomitees trat er für eine Annäherung der PLO an die israelische Linke ein und konnte sich damit als einer der ersten Unterhändler des Osloer Abkommens durchsetzen. Am 13. September 1993 unterzeichnete er für die PLO die Grundsatzerklärung für die Übergangszeit. Seither geriet er immer stärker in Gegensatz zur PLO und den israelischen Unterhändlern; er sieht das Abkommen durch seine Auslegung in Wort und Geist verletzt. Am 4. Mai 1994, am Tag der Unterzeichnung der Abkommen von Kairo, die für ihn das Ende des Friedensprozesses bedeuten, zog er sich vollständig aus der aktiven Politik zurück.

Shimon Peres

Shimon Peres, 1923 im weißrussischen Wischnewa als Sohn europäischer Juden geboren, traf im Alter von elf Jahren in Palästina ein. Seine politische Laufbahn begann früh unter seinem Förderer David Ben Gurion, den er 1943 kennenlernte. Er wurde Generalsekretär der Arbeiterjugend der Mapai, und auch sein gesamtes späteres politisches Wirken vollzog sich innerhalb der Arbeiterpartei.

Seit 1948 Mitarbeiter des Verteidigungsministeriums, wurde Peres 1953 dessen Generalsekretär und nahm als solcher an den Vorbereitungen für den Suez-Feldzug von 1956 teil. 1959 bis 1965 war er stellvertretender Verteidigungsminister, 1969 wurde ihm die Aufsicht über die besetzten Gebiete übertragen. 1974 wurde er im Kabinett Rabin Verteidigungsminister, doch trugen seine konfliktreichen Beziehungen zum Premierminister dazu bei, daß die Arbeiterpartei im Mai 1977 eine historische Niederlage erlitt. Als Führer seiner Partei, die von jetzt an in der Opposition war, vertrat er eine gemäßigte Linie; er straffte die Parteistruktur und vermied eine direkte Konfrontation mit dem Likud.

Der knappe Wahlsieg der Linken im Juli 1984 zwang Peres in eine nationale Koalitionsregierung mit dem Likud. Gemäß den Vereinbarungen war zunächst er bis 1986 Premierminister, dann löste ihn für die restlichen beiden Jahre Yitzhak Shamir ab. Peres trug in seiner Amtszeit vor allem zum Rückzug der israelischen Armee aus dem Libanon (bis auf eine Sicherheitszone) und zur Ankurbelung der Wirtschaft bei. 1988 gelang ihm trotz eines enttäuschenden Wahlausganges eine Fortführung der Regierungskoalition, in der er selbst den Posten des Finanzministers übernahm.

Nach dem Wahlsieg der Arbeiterpartei 1992 war Peres Außenminister unter Rabin. Als eigentlicher Architekt des Friedensprozesses trat er für den direkten Dialog mit der PLO ein und nahm an den Verhandlungen für die Abkommen von Oslo (September 1993), Kairo (Mai 1994) und Washington (September 1995) teil. Wegen seiner Schlüsselrolle im Friedensprozeß wurde ihm im Oktober 1994 gemeinsam mit Yassir Arafat und Yitzhak Rabin der Friedensnobelpreis verliehen.

Nach der Ermordung Yitzhak Rabins im November 1995 übernahm Shimon Peres die Ämter des Vorgängers. Als Premier und Verteidigungsminister bekräftigte er seine Absicht, den Friedensprozeß zu beschleunigen. Im Juni 1996 folgte ihm Benjamin Netanjahu vom Likud-Block als Premierminister nach.

Yitzhak Rabin

Yitzhak Rabin wurde am 1. Dezember 1922 geboren und stammte aus bescheidenen Verhältnissen. Sein Vater, ein ehemaliger Bäcker aus Rußland, arbeitete in Israel in einem Elektrizitätswerk, seine Mutter war Buchhalterin. Rabin begann ein Studium der Agrarwissenschaften und nahm 1948 an den Kämpfen des ersten israelisch-arabischen Krieges teil. Nach dessen Ende absolvierte er an der britischen Militärschule eine Ausbildung zum Generalstabsoffizier. Als Generalstabschef der israelischen Armee von 1964 bis 1968 hatte er maßgeblichen Anteil am Sieg seines Landes im Sechstagekrieg, der mit der Eroberung Ost-Jerusalems, des Westjordanlandes, des Golan und des Sinai endete. Er wandte sich von Anfang an gegen eine Besiedlung der besetzten Gebiete und wurde politisch in der Arbeiterpartei aktiv.

Von 1968 bis 1973 lebte er als Botschafter seines Landes in den USA. 1973 zog er für die Arbeiterpartei als Abgeordneter in die Knesset ein und wurde Arbeitsminister in der Regierung Golda Meirs, der er im Jahr darauf an die Spitze der Arbeiterpartei nachfolgte. Von Dezember 1973 bis April 1977 stand er erstmals an der Spitze der Regierung, dann mußte er sein Amt jedoch an Shimon Peres abgeben, als seine Frau in eine Devisenaffäre verwickelt wurde, die 1977 zur Niederlage der Arbeiterpartei bei den Knessetwahlen beitrug. 1977 und 1981 erneut zum Abgeordneten gewählt, veröffentlichte Rabin Memoiren mit heftigen Angriffen auf Shimon Peres. Dennoch war er zu einer erneuten Annäherung bereit und konnte sich in seiner von mehreren Wahlniederlagen geschwächten Partei wieder eine bedeutende Stellung verschaffen.

Als Verteidigungsminister mehrerer Kabinette der nationalen Einheit, in denen Likud und Arbeiterpartei zwischen 1984 und 1990 abwechselnd die Führung übernahmen, wurde Rabin vom Palästineraufstand der Intifada überrascht. Nach gescheiterten Versuchen einer gewaltsamen Unterdrückung mußte er schließlich einsehen, daß dem Aufstand mit militärischen Mitteln nicht beizukommen war. In der Folgezeit propagierte er eine versöhnliche Linie und sprach sich für die Schaffung einer palästinensischen Autonomie in den besetzten Gebieten aus. Nach dem Wahlsieg seiner Partei im Juni 1992 trat er wieder an die Spitze der Regierung. In dieser Zeit setzte er sich für den Friedensprozeß mit den Palästinensern ein, der im September 1993 zum Abkommen von Oslo führte. 1994 erhielt er zusammen mit Yassir Arafat und seinem Verteidigungsminister Shimon Peres den Friedensnobelpreis, am 4. November 1995 wurde er auf einer öffentlichen Friedenskundgebung in Tel Aviv von einem israelischen Fanatiker erschossen.

Die Etappen des Friedensprozesses

Die Konferenz von Madrid (Oktober 1991)

Die Gespräche von Madrid, die die Konfliktparteien des Nahen Ostens (Israel, Syrien, Libanon, Jordanien und Palästinenser) nach dem zweiten Golfkrieg führten, fanden unter der gemeinsamen Schirmherrschaft der USA und der UdSSR statt. Es folgten bilaterale Gespräche zwischen Israel und den einzelnen arabischen Ländern sowie multilaterale Konsultationen in bezug auf spezielle Fragen.

Während die Verhandlungen mit den drei Nachbarländern Israels – Jordanien, Syrien und dem Libanon – jeweils auf ein Friedensabkommen zielten, waren für die Gespräche Israels mit den Palästinensern zwei Etappen vorgesehen: Zunächst sollte über ein Abkommen für die maximal fünf Jahre dauernde Übergangszeit bis zur Autonomie der palästinensischen Gebiete gesprochen weden, dann über deren längerfristigen Status. Die multilateralen Verhandlungen dagegen betrafen Interessenprobleme der gesamten Region, deren Diskussion im Forum Kooperationsbereitschaft und gegenseitiges Vertrauen zwischen den Parteien herstellen sollte.

Die PLO war selbst nicht eingeladen worden und bildete statt dessen mit Jordanien eine gemeinsame Delegation. Die Vereinigten Staaten, die die Konferenz angeregt hatten, versicherten den Teilnehmerstaaten zuvor schriftlich, daß ihre grundlegenden Interessen durch den Verhandlungsprozeß nicht in Frage gestellt würden. Erstmals war es gelungen, Israel und alle Nachbarstaaten, die sich seit einem halben Jahrhundert offiziell im Kriegszustand mit Israel befanden, an einen Verhandlungstisch zu bekommen. Israelis wie Palästinenser hoben die »gute Atmosphäre« der ersten Gespräche hervor. Während Israel indirekt die Legitimität der PLO anerkannte, kamen die Palästinenser der Gegenseite erheblich entgegen: Sie erklärten sich bereit, über eine vorläufige Autonomie für das Westjordanland und den Gazastreifen nachzudenken, eine Übergangslösung, die sie seit den israelisch-ägyptischen Verhandlungen von Camp David 1978, wo diese Lösung zum erstenmal vorgeschlagen worden war, stets zurückgewiesen hatten.

Im Mai 1992 fanden Friedensverhandlungen ohne Syrien und den Libanon statt: In Washington ging es um Fragen der Abrüstung, in Wien um die Verteilung der Wasservorräte und in Tokio um Umweltfragen. Ohne Israel fanden in Brüssel Beratungen zu Fragen der wirtschaftlichen Zusammenarbeit und in Ottawa zu Flüchtlingsfragen statt.

Bei der sechsten Sitzung der bilateralen Verhandlungen im August 1992 stellte Israel Syrien erstmals eine mögliche Umsetzung der UN-Resolution 242 zum Golan in Aussicht. (Die grundsätzliche Rückgabe der Gebiete – nach israelischer Auslegung »von« Gebieten –, die nach dem Sechstagekrieg besetzt worden waren.) Im Gegenzug willigte Syrien ein, israelische Sicherheitsinteressen zu berücksichtigen.

Bei der achten Sitzung der bilateralen Verhandlungen im Dezember 1992 einigten sich Israel und Jordanien grundsätzlich darauf, daß vor einem Friedensvertrag ein Abkommen zur Verteilung der Wasserressourcen unterzeichnet werden solle. Israel präsentierte zudem einen Vorschlag für vorläufige Maßnahmen zur Gewährleistung der öffentlichen Ordnung und zur Rechtsordnung in den besetzten Gebieten.

Das Abkommen von Oslo I – Washington (September 1993)

Die »Grundsatzerklärung über die Übergangsregelungen für die Autonomie«, die monatelang unter strenger Geheimhaltung in Oslo ausgehandelt worden war, wurde am 13. September 1993 in Washington durch den israelischen Außenminister Shimon Peres und durch das Mitglied des Exekutivkomitees der PLO, Mahmud Abbas (Abu Masen), feierlich unterzeichnet. Bei der Zeremonie anwesend waren Yitzhak Rabin und Yassir Arafat, die Schirmherrschaft hatten die Vereinigten Staaten und Rußland.

Das Abkommen, das am 13. Oktober in Kraft trat, regelt in groben Zügen die Autonomie der besetzten Gebiete, die zunächst auf den Gazastreifen und die Zone um Jericho (Westjordanland) beschränkt blieb. In der Präambel des Grundsatzabkommens erkennen sich Israel und die Palästinenser gegenseitig an. Sie verpflichten sich zur friedlichen Koexistenz und zum Streben nach einem gerechten, umfassenden und dauerhaften Frieden. Die PLO erkennt Israel das Recht zu, in Frieden und Sicherheit zu leben, und erteilt dem Einsatz terroristischer Mittel eine Absage. Im Gegenzug erkennt Israel die PLO als legitime Vertretung der Palästinenser bei den Friedensverhandlungen an.

Die wichtigsten Punkte der Erklärung sind:
– Wahl eines palästinensischen Autonomierates
  Die Palästinenser des Westjordanlandes und des Gazastreifens sollten unter internationaler Aufsicht einen Rat wählen, der in einer Übergangszeit von höchstens fünf Jahren die Selbstverwaltung verwirklichen sollte. Die Wahl sollte neun Monate nach Inkrafttreten der Erklärung erfolgen. Die Palästinenser Jerusalems sollten

an ihr teilnehmen, aber nur für einen Wahlkreis des Westjordanlandes abstimmen können.

– Übertragung von Befugnissen an den Rat

Die rechtliche Zuständigkeit des Rates sollte sich auf die Territorien des Westjordanlandes und des Gazastreifens erstrecken. Der Rat sollte außerdem für die Bereiche Bildung, Kultur, Gesundheit, Sozialwesen, direkte Besteuerung und Tourismus zuständig sein und eine starke Polizei aufbauen, während Israel weiterhin für die Verteidigung und die Sicherheit der Israelis in den besetzten Gebieten zuständig sein würde. Ein Übergangsabkommen sollte den Aufbau des Rates und die Übertragung der Befugnisse an ihn regeln, ferner dessen exekutive und legislative Befugnisse und die Befugnisse der unabhängigen palästinensischen Justizorgane. Nach Einsetzung des Rates sollte die israelische Militärverwaltung abziehen.

– Abzug und Verlegung der israelischen Streitkräfte

Der Abzug der israelischen Streitkräfte aus dem Gazastreifen und aus Jericho sollte zwei Monaten nach Inkrafttreten der Grundsatzerklärung beginnen und binnen vier Monaten abgeschlossen sein. Am Vorabend der Wahlen zum Rat sollten die israelischen Streitkräfte im Westjordanland und im Gazastreifen in unbevölkerte Zonen verlegt werden.

– Zusammenarbeit

Ein Verbindungsausschuß und ein Ausschuß für wirtschaftliche Zusammenarbeit wurden vereinbart, um die Kooperation in den Bereichen Wasserwirtschaft, Elektrizität, Finanzen, Transport, Handel, Industrie, Forschung, Soziales, Umweltschutz und Medien in Gang zu bringen.

– Endgültiger Status

Verhandlungen über den endgültigen Status der palästinensischen Gebiete, in denen die Autonomie vorgesehen ist, sollten spätestens im dritten Jahr der Übergangszeit aufgenommen werden. Dabei sollte es vor allem um Jerusalem, die Flüchtlinge, Sicherheitsabkommen, Grenzen und die Beziehungen zu den Nachbarländern gehen.

Die Abkommen von Kairo (Februar und Mai 1994)

Die »Grundsatzerklärung« erfuhr ihre erste konkrete Umsetzung mit dem Sicherheitsabkommen, das am 9. Februar 1994 in Kairo unterzeichnet wurde. Der Vertragstext behandelt vornehmlich die Grenzübergänge zwischen den autonomen Gebieten und den Nachbarländern.

Vereinbart wurde, die internationalen Grenzen zwischen dem Gazastreifen und Ägypten sowie zwischen Jericho und Jordanien ausschließlich der Kontrolle Israels zu unterstellen. Israel wurde zudem das Recht zugebilligt, bestimmten Personen die Einreise in die palästinensischen

Enklaven zu verweigern. Israel sollte im Gazastreifen die alleinige Aufsicht über die drei jüdisch besiedelten Zonen behalten, in die seine Streitkräfte verlegt würden. Das gleiche galt für die Verkehrswege zum israelischen Territorium. Der endgültige Status der Zone von Jericho sollte später festgelegt werden.

Auf das erste Kairoer Abkommen folgte ein Abkommen zu den Modalitäten der palästinensischen Autonomie im Gazastreifen und in Jericho, das auch »Gaza und Jericho zuerst« genannt wird. Es wurde am 4. Mai 1994, vier Monate später als in Washington geplant, ebenfalls in Kairo unterzeichnet. Es legte vor allem die Modalitäten des Rückzugs der israelischen Armee und des Einzugs der palästinensischen Polizei fest.

Zwei Punkte wurden in letzter Minute in ein provisorisches Abkommen aufgenommen: die Größe der Enklave von Jericho und die von der PLO verlangte Stationierung einer palästinensischen Wachmannschaft an der Allenby-Brücke am Grenzübergang nach Jordanien.

Die »Regelungen zur Sicherheit« sahen vor allem vor, daß die 9000 in den beiden autonomen Enklaven stationierten palästinensischen Polizisten in vier Bereiche eingeteilt werden sollten: in eine »zivile Polizei«, ferner eine Polizei für »öffentliche Sicherheit«, für »Nachrichtendienst und Notstand« und für »Rettungsmaßnahmen«. Die Namen der Polizisten sollten Israel zugänglich gemacht werden, das sich das Recht vorbehielt, Mitglieder, die »vor ihrer Anwerbung aktiv an terroristischen Aktionen beteiligt gewesen« waren, mit »sofortiger Wirkung zu entlassen«. Genau festgelegt wurde auch die Ausrüstung der palästinensischen Polizei. Die Verlegung der israelischen Streitkräfte in »Sicherheitszonen« um die 17 jüdischen Siedlungen im Gazastreifen sollte binnen einiger Wochen abgeschlossen sein.

Vereinbart wurden zudem strenge Auflagen für den Personenverkehr zwischen den autonomen Enklaven Gazastreifen und Jericho. Den Palästinern der Autonomiegebiete sollten vier Transitwege zur Verfügung stehen, die nur bei Tag benutzt werden durften.

Das israelisch-jordanische Friedensabkommen (Oktober 1994)

Das Friedensabkommen zwischen Israel und Jordanien wurde am 26. Oktober 1994 unterzeichnet – drei Monate nach der offiziellen Beendigung des Kriegszustandes, in dem sich beide Staaten *de jure* seit 1948 befunden hatten. Mit dem Friedensabkommen, dem zweiten mit einem arabischen Staat nach dem Abkommen mit Ägypten vom März 1979, festigte Israel seine Position als legitimer Staat im Nahen Osten.

Die wichtigsten Punkte des Abkommens sind:

– Grenzen

Israel verpflichtete sich zur Rückgabe von ungefähr 300 der 381 Quadratkilometer Land, die Jordanien im Arabatal zwischen Totem Meer und Rotem Meer beanspruchte. Ebenso erhielt Jordanien 5 Quadratkilometer Land am See Genezareth zurück. Die 30 Quadratkilometer der Kibbuzim im Arabatal sollten Gegenstand eines Abkommens zum Mietkauf zugunsten der Nutzer werden.

– Teilung des Wassers
Jordanien hatte an den 1,5 Milliarden Kubikmeter Wasser, die beide Länder jährlich dem Jordan und seinem Nebenfluß Jarmuk entnehmen, bislang nur zu ungefähr einem Drittel Anteil. Dieser Anteil sollte bis zum Bau von zwei Talsperren, die eine höhere Entnahme ermöglichen würden, gesteigert werden. Im übrigen sollten Projekte zur Meerwasserentsalzung und zur Grabung eines Kanals zwischen dem Toten Meer und dem Roten Meer geplant werden.

– Palästinensische Flüchtlinge
Das Schicksal der palästinensischen Flüchtlinge, die 65 Prozent der jordanischen Bevölkerung ausmachen, sollte Gegenstand von Gesprächen zwischen Israel, Jordanien, Ägypten und der PLO werden.

– Die heiligen Stätten Jerusalems
Israel bestätigt die »besondere historische Rolle« Jordaniens im Hinblick auf die heiligen Stätten der Muslime in Jerusalem.

– Abkommen zur Sicherheit und Normalisierung
Vorgesehen wurde die Eröffnung von Botschaften einen Monat nach der Unterzeichnung des Friedensvertrages, begleitend zum freizügigen Personenverkehr der Staatsangehörigen beider Länder und einer verstärkten Zusammenarbeit in Sachen Polizei und Terrorismusbekämpfung. Israel gab Jordanien überdies die Garantie, nicht gegen jordanische Sicherheitsinteressen zu verstoßen, und beide Länder verpflichteten sich zu einer friedlichen Regelung ihrer Differenzen.

Das Abkommen von Taba – Oslo II (September 1995)

Das Abkommen von Taba, das am 28. September 1995 zwischen Israel und der PLO geschlossen wurden, legt die Größe der Autonomiezone im Westjordanland fest. Syrien und der Libanon, die zusammen mit Ägypten und Jordanien zur Zeremonie eingeladen wurden, lehnten eine Teilnahme ab. Das Abkommen enthält außerdem Bestimmungen zur Verlegung der israelischen Armee im besetzten Westjordanland und zur Durchführung der ersten »nationalen« palästinensischen Wahlen.

– Rückzug der israelischen Armee aus den Palästinensergebieten:
Die israelischen Streitkräfte im Inneren des besetzten Westjordanlandes sollen in mehreren Etappen mit sechsmonatigem Abstand innerhalb des Zeitraums von Oktober 1995 bis Juli 1997 abgezogen werden. Bis zu neuen Verhandlungen über den endgültigen Status der Gebiete wird das Westjordanland in drei Zonen eingeteilt:

• Zone A: Die Zone umfaßt die großen palästinensischen Städte (Jenin, Nablus, Tulkarm, Kalkilja, Ramallah und Bethlehem). Sie soll binnen sechs Monaten von den Israelis vollständig geräumt werden. Die dort stationierte palästinensische Polizei soll 12 000 Mann umfassen, ihre »Vorgehensweise und Ausrüstung« wird im Abkommen detailliert festgelegt.

• Zone B: Die Zone umfaßt »450 palästinensische Dörfer und Ortschaften«, in denen »68 Prozent der palästinensischen Bevölkerung« leben. Die Autonomiebehörde soll hier nur »zivile Befugnisse« haben, während Israel sich die Entscheidungsgewalt in Sicherheitsfragen vorbehält.

• Zone C: Die Zone umfaßt die ländlichen Gebiete, in denen keine Palästinenser leben, also »Zonen von strategischer Bedeutung für Israel und für die jüdischen Siedlungen«. Israel soll hier die »uneingeschränkte Zuständigkeit für Sicherheit und öffentliche Ordnung« behalten.

• Sonderfall Hebron: Die Stadt mit ihren 120 000 arabischen Einwohnern, in der 450 jüdische Siedler leben, soll zum Gegenstand »besonderer Regelungen zur Sicherheit« werden, die nicht im öffentlichen Kommuniqué der Übereinkunft enthalten sind. Israel soll weiterhin für die Sicherheit der dortigen Israelis zuständig sein und deshalb eine gewisse Militärpräsenz aufrechterhalten.

– Die palästinensischen Wahlen:
Bei den für Anfang 1996 anberaumten Wahlen ging es zum einen um die Bildung des »palästinensischen Rates«, eines Gremiums aus 82 Personen zur Verwaltung der Autonomie. Andererseits sollte in direkter allgemeiner Wahl auch der Chef der Exekutive bestimmt werden. Die im annektierten Ostteil Jerusalems ansässigen Wähler sollten per Briefwahl abstimmen. Kandidaten aus Ost-Jerusalem sollten einen festen Zweitwohnsitz im Gazastreifen oder Westjordanland nachweisen. Die Kandidatur von »Individuen oder Parteien […], die sich illegaler oder undemokratischer Methoden bedienen«, sollte abgelehnt werden. Vereinbart wurde, daß der palästinensische Rat exekutive und gewisse legislative Befugnisse bekommen sollte, doch außer bei wirtschaftlichen Abkommen keinerlei Befugnisse in bezug auf internationale Beziehungen.

Chronologie des Friedensprozesses

17. 9. 1978   1. Abkommen von Camp David zwischen Israel, Ägypten und den Vereinigten Staaten. Wichtige Vereinbarungen sind die verwaltungsmäßige Unabhängigkeit des Gazastreifens und des Westjordanlandes, der Abschluß eines Friedensvertrages zwischen Israel und Ägypten und der Rückzug aller israelischen Truppen vom Sinai.

26. 3. 1979   Friedensvertrag zwischen Israel und Ägypten (»2. Abkommen von Camp David«).

17. 5. 1983   Israelisch-libanesisches Friedensabkommen über den Truppenabzug. Es tritt nicht in Kraft.

1991

30. 10.   Eröffnung der Plenarsitzung der Madrider Nahost-Konferenz. Anwesend sind Vertreter der Konfliktparteien (Israel, Syrien, Libanon, Jordanien und die Palästinenser), weiterhin der amerikanische Präsident George Bush und der sowjetische Präsident Michail Gorbatschow als gemeinsame Schirmherren der Konferenz. Die israelisch-arabischen Friedensverhandlungen werden auf zwei Ebenen geführt: zum einen auf bilateraler Ebene direkt zwischen Israel und seinen arabischen Nachbarn, zum anderen in multilateralem Rahmen bei Fragen, die die gesamte Region betreffen.

3. 11.   In Madrid beginnen die ersten direkten bilateralen Gespräche zwischen Israel und seinen arabischen Nachbarn (mit Syrien, dem Libanon und einer jordanisch-palästinensischen Delegation).

10. – 18. 12.   Zweite bilaterale Verhandlungsrunde in Washington.

1992

13. – 15. 1.   Dritte bilaterale Verhandlungsrunde in Washington.

28. – 29. 1.   Vorbereitungstreffen in Moskau vor Beginn der multilateralen Verhandlungen. Anwesend sind Vertreter von rund dreißig Staaten und Organisationen: neben den Ländern, die bereits an den bilateralen Gesprächen beteiligt sind, und den beiden Schirmherren (Vereinigte Staaten und Rußland) Ägypten, die sechs arabischen Golfkönigreiche (Saudi-Arabien, Kuwait, Katar, Oman, Bahrain und die Vereinigten Arabischen Emirate), vier der fünf Mitglieder der Union des Arabischen Maghreb (Algerien, Tunesien, Marokko, Mauretanien), die Europäische Gemeinschaft, die Europäische Freihandelszone, China, Japan, Kanada, die Türkei. Der Irak, der Iran und Libyen wurden nicht eingeladen. Syrien, der Libanon, der Jemen und die palästinensische Delegation haben beschlossen, die Konferenz zu boykottieren, bei der die Grundlagen für die Kooperation in verschiedenen Bereichen gelegt werden sollen. Es werden fünf Arbeitsgruppen eingerichtet, deren Tätigkeit ein Lenkungsausschuß koordiniert: Rüstung und regionale Sicherheit, Flüchtlinge, Wirtschaftliche Zusammenarbeit, Wasservorräte und Umwelt.

24. 2. – 4. 3.   Vierte bilaterale Verhandlungsrunde in Washington.

27. 4. – 4. 5.   Fünfte bilaterale Verhandlungsrunde in Washington. Im Mittelpunkt steht das israelische Vorhaben, Wahlen in den besetzten Gebieten durchzuführen.

11. – 19. 5.   Multilaterale Friedensverhandlungen ohne Syrien und den Libanon: Über Abrüstung wird in Washington verhandelt, über die Aufteilung der Wasservorräte in Wien, über die Umwelt in Tokio, über die wirtschaftliche Entwicklung in Brüssel (ohne Beteiligung Israels) und über das Flüchtlingsproblem in Ottawa.

24. 6.   Sieg der Arbeiterpartei bei den Parlamentswahlen in Israel, Yitzhak Rabin wird als Nachfolger von Yitzhak Shamir neuer Ministerpräsident, Shimon Peres übernimmt das Außenministerium.

Juli   Nahost-Reise von James Baker (Israel, Jordanien, Syrien, Libanon, Ägypten).

13. 7.   Der neue israelische Ministerpräsident formuliert in seiner Regierungserklärung Vorschläge für den Friedensprozeß und lädt die führenden arabischen Politiker nach Jerusalem ein.

21. 7.   Gespräche zwischen Rabin und Mubarak in Kairo.

23. 7.   Die PLO fordert einen *sofortigen und totalen* Baustopp für jüdische Siedlungen in den besetzten Gebieten und lehnt den *teilweisen und vorläufigen* Baustopp ab, den die israelische Regierung angekündigt hat.

24. – 25. 7.   Die Außenminister von Ägypten, Jordanien, dem Libanon und Syrien und die PLO bekräftigen bei einem Treffen in Damaskus ihren Wunsch nach einer »umfassenden« Lösung unter Anwendung der Resolutionen 242 und 338 des UN-Sicherheitsrates.

29. 7.   Shimon Peres erklärt Israels Bereitschaft *zu einem totalen Baustopp bei Siedlungen* (in den besetzten Gebieten), *wenn im Gegenzug der arabische Wirtschaftsboykott aufgehoben wird.*

13. 8.   Rabin schlägt vor, daß die Wahlen in den besetzten Gebieten im April oder Mai 1993 stattfinden.

19. 8.   Shimon Peres bekräftigt, daß sein Land zu Verhandlungen auf der Grundlage der UN-Resolutionen bereit sei, in denen Frieden und die Rückgabe der seit 1967 von Israel besetzten Gebiete festgelegt sind.

24. 8. – 24. 9.   Sechste bilaterale Verhandlungsrunde in Washington. Die Israelis legen Vorschläge für die Autonomie der besetzten Gebiete vor, die vor allem die Wahl einer repräsentativen Vertretung der palästinensischen Bevölkerung enthalten.

9. 9.   Yitzhak Rabin schlägt vor, als Gegenleistung für einen Friedensvertrag einen Teil der Golanhöhen an Syrien zurückzugeben.

10. 9.   Syrien erhebt erneut die Forderung nach einem *totalen Rückzug* Israels aus den besetzten Gebieten.

15. – 17. 9.   Multilaterale Verhandlungen in Moskau über Abrüstung im Nahen Osten. 80 Delegationen nehmen daran teil (nicht vertreten sind Syrien, die Palästinenser und der Libanon). Multilaterale Verhandlungen in Washington über die Wasservorräte unter dem Vorsitz Japans und der EG. 38 Länder nehmen daran teil, darunter Israel, Ägypten, die Maghreb-Staaten, der Golfkooperationsrat, Jordanien und der Jemen.

22. 9.	Yitzhak Rabin bringt die Idee einer Konföderation von Israel, den Palästinensern und Jordanien in die Diskussion.
23. 9.	Syrien erklärt sich zum *totalen Frieden* mit Israel bereit, wenn Israel zum *totalen Rückzug* aus den besetzten Gebieten bereit ist.
24. 9.	PLO-Führer Yassir Arafat sagt, er fürchte einen Separatfrieden zwischen Israel und Syrien.
30. 9.	Syrien versichert, daß es keinen Separatfrieden mit Israel schließen werde.
8. 10.	Israel erklärt sich damit einverstanden, daß die Palästinenser in der Diaspora in die multilateralen Verhandlungen einbezogen werden, sofern sie nicht dem Palästinensischen Nationalrat angehören und nicht in Jerusalem ansässig sind. Diese beiden Bedingungen werden am nächsten Tag von der palästinensischen Delegation zurückgewiesen. Sie beharrt auf dem *Recht* der Palästinenser, die Mitglieder ihrer Verhandlungsdelegation *frei auszuwählen*.
9. 10.	George Habash (PFLP) verlangt, die Palästinenser sollten sich *so rasch wie möglich* aus den Friedensverhandlungen mit Israel zurückziehen.
21. 10. – 19. 11.	Siebte bilaterale Verhandlungsrunde in Washington. Israel spricht in einem Syrien vorgelegten Dokument erstmals von *Rückzug* von den Golanhöhen.
22. 10.	Die UNO wird offiziell zu den multilateralen israelisch-arabischen Verhandlungen eingeladen.
26. 10.	Yassir Arafat verlangt die *sofortige Übernahme der Verantwortung* in den besetzten Gebieten.
28. 10.	Die Hisbollah beschießt den Norden Israels vom Süd-Libanon aus mit Raketen. Dies und die darauf folgenden Gegenschläge Israels führen zur Unterbrechung der bilateralen Gespräche.
29. – 30. 10.	Multilaterale Verhandlungen in Paris über die wirtschaftliche Entwicklung im Nahen Osten.
30. 10.	Israel und Jordanien einigen sich über die Tagesordnung für die gemeinsamen bilateralen Gespräche.
3. 11.	Wahl des Demokraten Bill Clinton zum Präsidenten der Vereinigten Staaten.
9. – 19. 11.	Wiederaufnahme der siebten bilateralen Verhandlungsrunde in Washington (unterbrochen am 28. Oktober) trotz der militärischen Eskalation im Süd-Libanon.
11. – 12. 11.	Multilaterale Verhandlungen über das Flüchtlingsproblem in Ottawa. Israel weigert sich, daran teilzunehmen, weil der palästinensischen Delegation ein Mitglied des Palästinensischen Nationalrates angehört.
16. 11.	Israelischer Vorschlag einer gemeinsamen israelisch-palästinensischen Kontrolle über etwa ein Viertel der besetzten Gebiete.
24. 11.	Yitzhak Rabin erklärt: »Yassir Arafat ist ein Hindernis für den Frieden, die PLO hingegen nicht.«
25. – 29. 11.	Der französische Staatspräsident François Mitterrand reist nach Israel und Jordanien. In Jerusalem bekräftigt er, daß es ohne die PLO keinen Frieden geben könne.
2. 12.	Das israelische Parlament berät und verabschiedet einen Gesetzentwurf, durch den die Regelung aufgehoben wird, die den Einwohnern Israels und der besetzten Gebiete jeglichen Kontakt mit Vertretern der PLO untersagt.
3. 12.	Treffen des »Betreuungsausschusses« in London, um eine Bilanz der multilateralen Verhandlungen zu ziehen. Syrien und der Libanon boykottieren die multilateralen Verhandlungen weiterhin und fordern, daß zunächst in den bilateralen Gesprächen greifbare Fortschritte erzielt werden müßten.
7. – 17. 12.	Achte bilaterale Verhandlungsrunde in Washington. Nach der Entführung und Ermordung eines israelischen Grenzsoldaten durch Mitglieder der Hamas und der Entscheidung Israels, als Gegenschlag 415 Hamas-Angehörige in den Süd-Libanon auszuweisen, gerät der Friedensprozeß in die bisher schwerste Krise. Die Palästinenser nehmen an den Verhandlungen nicht mehr teil, die vier arabischen Verhandlungspartner boykottieren den letzten Sitzungstag.
25. 12.	Die arabischen Verhandlungspartner kommen in Kairo zusammen. Sie lassen die Möglichkeit einer Fortsetzung des Friedensprozesses offen.

1993

Januar	Syrien fordert die anderen arabischen Staaten auf, ihre Beteiligung an den multilateralen Friedensgesprächen auszusetzen.
19. 1.	Das israelische Parlament hebt die Bestimmung auf, die Israelis jeglichen Kontakt mit PLO-Mitgliedern untersagt.
20. – 22. 1.	Vermutlicher Zeitpunkt des ersten Geheimtreffens von Vertretern Israels und der PLO in Norwegen.
21. 1.	Yassir Arafat schlägt in einer Botschaft an das israelische Volk einen *Frieden der Tapferen* vor.
März	Die Vereinigten Staaten bewegen Israel dazu, die 415 ausgewiesenen Palästinenser nach und nach zurückkehren zu lassen, und fordern die Palästinenser auf, im Verlauf des Monats April die Gespräche in Washington wiederaufzunehmen. Die Palästinenser lehnen die Rückkehr an den Verhandlungstisch ab, solange Israel nicht offiziell und prinzipiell auf Ausweisungen verzichtet.
24. 3.	Ezer Weizman, ein Befürworter des Friedensprozesses, wird als Nachfolger von Chaim Herzog neuer israelischer Staatspräsident.
29. – 30. 3.	Als Reaktion auf eine Welle terroristischer Anschläge im Land verfügt Israel, daß nur noch ein Fünftel der bisherigen Zahl von Palästinensern aus dem Gazastreifen und dem Westjordanland im israelischen Kernland arbeiten dürfen.
9. 4.	Israel erlaubt Klärungen im Friedensprozeß: Die jordanische und die palästinensische Verhandlungsdelegation werden unterschieden, die palästinensische Delegation wird von Faisal Husseini geleitet, der seine Nähe zur PLO bekundet.
27. 4.	Eröffnung der neunten bilateralen Verhandlungsrunde in Washington.
30. 4.	Yitzhak Rabin erlaubt 30 in den siebziger Jahren »lebenslang« verbannten Palästinensern die Rückkehr nach Israel.
2. 5.	Israel zieht erstmals eine Beteiligung der Einwohner Ost-Jerusalems an den Wahlen in den besetzten Gebieten in Erwägung.
Juni	Zehnte Verhandlungsrunde in Washington.
12. 7.	Die israelische Tageszeitung *Haaretz* berichtet von Geheimkontakten zwischen Israel und der PLO. Die PLO bestätigt die Meldung zunächst und dementiert sie dann.
25. 7.	Israel geht im von Syrien besetzten Süd-Libanon gegen die Hisbollah vor, Syrien verhält sich neutral. Die Bevölkerung wird aufgerufen, das Gebiet vorübergehend zu verlassen.

134

19.-20. 8.	Vermutlicher Abschluß eines Geheimabkommens zwischen Israel und der PLO in Oslo.
26. 8.	Shimon Peres teilt mit, daß Israel bereit ist, sich aus dem Gazastreifen und dem Gebiet um Jericho im Westjordanland zurückzuziehen.
30. 8.	Die israelische Regierung billigt den mit der PLO ausgehandelten Entwurf für eine »Grundsatzerklärung«. Der Text formuliert die Option »Gaza und Jericho zuerst«: In den beiden Gebieten soll die palästinensische Selbstverwaltung erprobt werden, wobei Israel zumindest für eine Übergangszeit für den Schutz und die Sicherheit der jüdischen Siedler zuständig bleibt. Der Versuch soll dann auf die besetzten Gebiete insgesamt ausgedehnt werden, ohne allerdings Festlegungen im Hinblick auf eine Reihe von Fragen zu treffen: den Status von Jerusalem, die jüdischen Siedlungen, die Frage der Rückkehr der palästinensischen Flüchtlinge und die Frage der Grenzen. Der endgültige Friedensschluß soll erst in fünf Jahren erfolgen. Beide Seiten bekunden ihren Willen, Frieden zu schließen sowie im Interesse der wirtschaftlichen Entwicklung zusammenzuarbeiten, und bitten die internationale Staatengemeinschaft, sie in ihrem Bemühen zu unterstützen.
31. 8.	Eröffnung der elften bilateralen Verhandlungsrunde in Washington. Arafat unternimmt eine Informationsreise in die arabischen Hauptstädte.
4. 9.	Das Zentralkomitee der Fatah, der wichtigsten Organisation innerhalb der PLO, gibt Arafat grünes Licht für die Unterzeichnung des Abkommens. Jordanien und der Golfkooperationsrat bekunden ihre Unterstützung für den Friedensprozeß.
5. 9.	Hafis el-Assad erklärt, daß Syrien sich einem Abkommen nicht widersetzen werde.
6. 9.	Der stellvertretende israelische Außenminister erklärt, daß Ost-Jerusalem eines Tages ein autonomes Stadtviertel werden könnte.
9. 9.	Israel und die PLO legen gemeinsam Dokumente über die wechselseitige Anerkennung vor. Das Exekutivkomitee der PLO billigt trotz des Boykotts von PFLP und DFLP und des Widerstands von Faruk Kaddumi, dem Verantwortlichen für Auswärtige Angelegenheiten, bei einer Versammlung in Tunis den von Yassir Arafat vorgelegten Text. In Israel verläßt die religiöse Shas-Partei aus innenpolitischen Gründen die Regierungskoalition, befürwortet aber weiterhin das Abkommen.
10. 9.	Yitzhak Rabin und Yassir Arafat unterzeichnen jeder für sich die Dokumente über die wechselseitige Anerkennung von Israel und der PLO. Diesen Dokumenten zufolge *erkennt die PLO das Recht Israels an, in Frieden und Sicherheit zu leben,* und Israel *erkennt die PLO als Vertretung des palästinensischen Volkes an.* Das Exekutivkomitee der PLO billigt den Entwurf der Grundsatzerklärung.
13. 9.	Gemeinsame Unterzeichnung der Grundsatzerklärung in Washington im Beisein von Yassir Arafat und Yitzhak Rabin
Okt. – Nov.	In Ägypten verhandeln Israel und die PLO über die Umsetzung der Grundsatzerklärung. Eskalation der Gewalt im Gazastreifen und Protestkundgebungen jüdischer Siedler in den besetzten Gebieten. Arafats Methoden werden von seinen Anhängern kritisiert.
13. 12.	Infolge von Meinungsverschiedenheiten über die Ausdehnung des Autonomiegebiets um Jericho, die Zustän-

	digkeit für die Kontrolle an den Übergängen nach Jordanien und Ägypten sowie über den Schutz der jüdischen Siedler wird der Termin für den Abzug der Israelis aus dem Gazastreifen und Jericho verschoben.

1994

16. 1.	In Genf treffen der amerikanische Präsident Bill Clinton und der syrische Präsident Hafis el-Assad zusammen. Assad kündigt an, daß Syrien den »Erfordernissen des Friedens« Rechnung tragen werde. Am nächsten Tag teilt die israelische Regierung mit, daß ein Abkommen mit Syrien möglich sei und daß über einen »erheblichen« Truppenabzug vom Golan in einem Referendum entschieden werden solle.
9. 2.	Shimon Peres und Yassir Arafat schließen in Kairo eine Vereinbarung zur Umsetzung der Grundsatzerklärung über die Autonomie von Jericho und den Gazastreifen. Geregelt werden vor allem die Zuständigkeit Israels für die Übergänge zwischen Jericho und Jordanien sowie zwischen dem Gazastreifen und Ägypten. Weiter wird vereinbart, daß die israelische Armee die jüdischen Siedlungen im Gazastreifen schützt. Offen bleibt nach wie vor die Frage, welches Gebiet die Autonomiezone um Jericho umfassen soll.
25. 2.	Massaker von Hebron: Ein jüdischer Siedler, der der rechtsextremen Kach-Partei angehört, feuert auf muslimische Gläubige, 52 Palästinenser werden getötet. Israel verurteilt den Anschlag umgehend. In der Folge kommt es in den besetzten Gebieten zu blutigen Zusammenstößen. Die PLO, Syrien, Jordanien und der Libanon setzen die Friedensverhandlungen aus.
13. 3.	Die israelische Regierung beschließt das Verbot zweier rassistischer Organisationen, der Kach-Partei und der Kahane-Chai, und erlaubt der Armee ausdrücklich, notfalls ihre Waffen gegen die jüdischen Siedler einzusetzen.
18. 3.	Der UNO-Sicherheitsrat »verurteilt entschieden« das Massaker von Hebron. Die PLO fordert die UNO auf, sich in einer Dringlichkeitssitzung mit der Angelegenheit zu befassen, und verlangt die Entwaffnung der Siedler, die Auflösung bestimmter jüdischer Siedlungen und »internationalen Schutz« für die Menschen in den besetzten Gebieten. Die vom Sicherheitsrat verabschiedete Resolution 904 fordert, daß Maßnahmen zum Schutz der palästinensischen Zivilbevölkerung ergriffen werden, einschließlich einer »vorübergehenden internationalen oder ausländischen Präsenz«.
31. 3.	Israel und die PLO schließen in Tunis ein Abkommen über die Einrichtung einer »vorübergehenden internationalen Präsenz in Hebron«, bestehend aus 160 bewaffneten ausländischen Beobachtern. Israel stimmt damit zum ersten Mal ausländischer Präsenz in den besetzten Gebieten zu.
April	In Kairo werden die Gespräche zwischen Israel und der PLO über die Autonomie von Jericho und dem Gazastreifen wiederaufgenommen. Rabin erklärt sich bereit, jüdische Siedlungen in den besetzten Gebieten aufzulösen, wenn ein endgültiges Abkommen mit der PLO zustande kommen sollte. Die Hamas verübt mehrere Anschläge gegen Israelis; Israel riegelt die Gebiete ab.
29. 4.	Der israelische Finanzminister und der Leiter der Wirtschaftsabteilung der PLO unterzeichnen in Paris im Bei-

sein von Alain Juppé ein Protokoll über die künftigen wirtschaftlichen Beziehungen zwischen dem israelischen Staat und der Palästinenservertretung für die Dauer der Übergangszeit. Das Abkommen sieht vor, daß die Palästinensische Autonomiebehörde ein Währungsinstitut einrichtet (die künftige Zentralbank) und eine eigene Fiskalpolitik betreibt. Die Palästinenser können ihre Agrarprodukte frei exportieren und Devisenvorräte anlegen.

4. 5. Fünf Monate später als geplant unterzeichnen Yitzhak Rabin und Yassir Arafat in Kairo das Abkommen über die erste Phase der Selbstverwaltung in den besetzten Gebieten, das Abkommen trägt den Titel »Gaza-Jericho zuerst«. PLO-Chef Arafat bringt Vorbehalte gegen die Abgrenzung der Autonomiezone um Jericho vor.

10. 5. Übergang von Kompetenzen der israelischen Armee auf die Vertreter der neuen palästinensischen Verwaltung in Gaza und Jericho.

Juli Yassir Arafat kommt von Tunis nach Gaza, Vereidigung seiner Regierung.

20. 7. Shimon Peres trifft am Ufer des Totes Meeres im Beisein des amerikanischen Außenministers Warren Christopher mit dem jordanischen Premierminister Abdel Salam Majali zusammen. Es ist die erste offizielle Reise eines israelischen Regierungsmitgliedes nach Jordanien.

25. 7. Auf Einladung des amerikanischen Präsidenten Bill Clinton unterzeichnen Yitzhak Rabin und der jordanische König Hussein im Weißen Haus die Washingtoner Erklärung, mit der sie den Kriegszustand zwischen Israel und Jordanien beenden. Jordanien erreicht eine geringfügige Veränderung des Verlaufs der Grenze mit Israel, eine teilweise – soweit die gegen den Irak verhängten Sanktionen nicht berührt sind – Aufhebung der Blockade des Hafens von Akaba, des einzigen jordanischen Zugangs zum Meer, und die Zusicherung amerikanischer Finanzhilfen sowie Waffenlieferungen.

29. 8. In Anwendung der Grundsatzerklärung vom September 1993 unterzeichnen Israel und die PLO ein Abkommen über die teilweise Übertragung ziviler Kompetenzen auf die Palästinensische Autonomiebehörde in den Bereichen Gesundheitswesen, Soziales, Jugend und Sport, Steuern, Tourismus und internationale wirtschaftliche Zusammenarbeit.

1. 9. Israel und Marokko beschließen die Einrichtung von Verbindungsbüros in Rabat und Tel Aviv. Marokko kündigt gleichzeitig die Eröffnung eines Verbindungsbüros im autonomen Gazastreifen an.

Oktober Nach der Verschleppung eines israelischen Soldaten durch die Hamas ordnen die israelischen Behörden die totale Abriegelung des Gazastreifens an und setzen die Verhandlungen über die Autonomie des Westjordanlandes aus. Der Soldat stirbt bei einer Aktion der israelischen Armee gegen seine Entführer, an seinem Tod entzündet sich in Israel eine Kontroverse. Nach einem weiteren Anschlag der Hamas am 19. Oktober (23 Tote) beschließt Israel die Abriegelung des Westjordanlandes und des Gazastreifens bis Anfang November.

2. 10. Israel und Tunesien eröffnen Interessenbüros in Tunis und Tel Aviv.

14. 10. Yitzhak Rabin, Shimon Peres und Yassir Arafat erhalten gemeinsam den Friedensnobelpreis.

26. 10. Im Araba-Tal zwischen dem Roten Meer und dem Toten Meer wird im Beisein von Bill Clinton der israelisch-jor-

danische Friedensvertrag unterzeichnet. Der Vertrag, der am 18. Oktober in Amman vom israelischen Ministerpräsidenten Yitzhak Rabin und dem jordanischen König Hussein paraphiert wurde, löst bei den Palästinensern große Besorgnis aus. Syrien kritisiert das »Separatabkommen«. Es beginnt eine Kontroverse über die »besondere historische Rolle«, die Israel Jordanien an den heiligen Stätten des Islam in Jerusalem zuerkennt.

Nov. In Gaza kommt es zu blutigen Zusammenstößen zwischen militanten Islamisten und Angehörigen der palästinensischen Polizei. Die Hamas stellt Yassir Arafats Position in Frage und wirft ihm vor, er stehe auf der Seite Israels. Sie organisiert am 18. November eine Demonstration mit rund 300 000 Teilnehmern. Im Gegenzug bringt Arafat am 21. November 10 000 Menschen bei einer anti-islamistischen Demonstration in Gaza auf die Straße. Am 24. November unterzeichnen die Palästinensische Autonomiebehörde und die Hamas eine Vereinbarung, die Auseinandersetzungen im Gazastreifen zu beenden.

1. 11. Um den Streit über die »besondere historische Rolle« Jordaniens zu beenden, erklärt der jordanische Thronfolger Hassan, die Zuständigkeit für Jerusalem solle den Palästinensern übertragen werden, sobald Israel und die Palästinenser ein endgültiges Abkommen geschlossen hätten.

28. 12. Der Ausbau der jüdischen Siedlung Ephrat im Westjordanland führt zu Zusammenstößen zwischen Palästinensern und der israelischen Armee. Die Palästinensische Autonomiebehörde droht damit, den Sicherheitsrat der UNO anzurufen.

1995

23. 1. Nach einem Anschlag in Natanja, bei dem 19 Israelis sterben und zu dem sich der islamische Djihad bekennt, bekräftigt Yitzhak Rabin, daß Israel die Verhandlungen fortführen und *die Feinde des Friedens ausschalten* müsse. Die Vereinigten Staaten verlangen von Yassir Arafat, alles zu tun, um weitere terroristische Anschläge zu verhindern.

2. 2. In Kairo findet auf Initiative des ägyptischen Präsidenten Hosni Mubarak ein israelisch-arabisches Gipfeltreffen statt, um die Verhandlungen zwischen Israel und der PLO zu »retten«. An dem Gipfel nehmen der jordanische König Hussein, der Vorsitzende der Palästinensischen Autonomiebehörde Yassir Arafat und Ministerpräsident Yitzhak Rabin teil. Syrien und der Libanon boykottieren das Treffen.

21. 2. Yassir Arafat ruft das Exekutivkomitee der PLO in Kairo zusammen und mahnt Israel, die eingegangenen Verpflichtungen ohne weitere Verzögerung umzusetzen. Außerdem fordert er Hilfe von der internationalen Staatengemeinschaft.

9. 3. Israel und die Palästinenser verpflichten sich, die Verhandlungen über den »Wiedereinzug« der israelischen Armee im Westjordanland spätestens bis zum 1. 7. 1995 abzuschließen.

16. 3. Israel und Syrien nehmen auf Vorschlag von Warren Christopher die Verhandlungen vorläufig wieder auf. Sie waren offiziell seit Februar 1994 unterbrochen, allerdings wurden Geheimgespräche weitergeführt.

9. 4. Nach einem doppelten Selbstmordanschlag zweier Palä-

stinenser im Gazastreifen, bei dem sieben Israelis sterben, beschließt die Palästinensische Autonomiebehörde, hart gegen die Islamisten vorzugehen. Die palästinensische Polizei verhaftet mehr als 200 Personen.

4. 5.   Nach der Ankündigung der israelischen Regierung, in Jerusalem weiteres palästinensisches Land zu konfiszieren, ruft Yassir Arafat den Sicherheitsrat der Vereinten Nationen an.

17. 5.   Die Vereinigten Staaten legen gegen eine Resolution des UN-Sicherheitsrates ihr Veto ein. In der Resolution wird Israel aufgefordert, die Konfiszierung arabischen Landes rund um Ost-Jerusalem rückgängig zu machen.
Yassir Arafat wendet sich an die arabischen Knesset-Abgeordneten und fordert sie auf, einen Mißtrauensantrag fallenzulassen, der mit Unterstützung der Abgeordneten der extremen israelischen Rechten zum Sturz der Regierung Rabin geführt hätte.

18. 5.   Yassir Arafat verlangt, unverzüglich mit Verhandlungen über Jerusalem zu beginnen.

22. 5.   Yitzhak Rabin setzt die Konfiszierung von Land in Ost-Jerusalem aus.

26. 5.   Yitzhak Rabin spricht erstmals davon, daß gleichzeitig mit dem beginnenden Rückzug der Israelis jüdische Siedlungen auf dem Golan aufgegeben werden könnten.

27. 6.   Demonstrationen jüdischer Siedler auf dem Golan und im Westjordanland gegen die Aufgabe bestehender Siedlungen. Die Siedler besetzen neues Land in Ost-Jerusalem.

6. 7.   Yassir Arafat und Yitzhak Rabin einigen sich über die Eckpunkte eines vorläufigen Grundsatzabkommens über die Autonomie des Westjordanlandes: Durchführung von Wahlen zum Palästinensischen Autonomierat, Wiedereinzug der israelischen Armee ins Westjordanland, Übertragung der zivilen Kompetenzen auf die Palästinensische Autonomiebehörde und schrittweise Freilassung palästinensischer Häftlinge aus israelischen Gefängnissen.

Juli – Aug.   Die für den 25. 7. geplante Unterzeichnung des Autonomieabkommens für das Westjordanland wird nach einer Welle von Anschlägen der Hamas verschoben.

28. 9.   In Washington werden die in Taba ausgehandelten Abkommen über die Ausdehnung der Autonomie auf sechs große Städte im Westjordanland (Jenin, Nablus, Tulkarm, Kalkilja, Ramallah und Bethlehem) und teilweise auf Hebron unterzeichnet. Ägypten und Jordanien begrüßen das Abkommen, Syrien übt Kritik.

6. 10.   Libyen kritisiert die Abkommen von Taba und weist die in Libyen lebenden Palästinenser aus.

13. 10.   Die Hamas und die PLO erwägen eine Begegnung zum Abschluß eines Abkommens über »nationale Versöhnung«. Israel begrüßt die Initiative.

4. 11.   Yitzhak Rabin wird in Tel Aviv von einem jungen israelischen Extremisten erschossen. Shimon Peres übernimmt kommissarisch das Amt des Ministerpräsidenten. Er verkündet, daß Israel trotz dieses Mordes an seinem friedenspolitischen Kurs festhalten werde. König Hussein von Jordanien und der ägyptische Präsident Hosni Mubarak kommen zu den Trauerfeierlichkeiten und betreten dabei erstmals Jerusalem. Yassir Arafat besucht die Witwe Lea Rabin in der Nähe von Tel Aviv und spricht ihr persönlich sein Beileid aus.

13. 11.   Als zweite Stadt nach Jericho geht Jenin in die Palästinensische Autonomieverwaltung über.

27. – 28. 11.   Die 15 Außenminister der EU-Staaten und ihre Amtskollegen aus elf Mittelmeeranrainerstaaten sowie ein Vertreter der Palästinensischen Autonomiebehörde kommen in Barcelona zu einer Konferenz über die Schaffung eines »euro-mediterranen Wirtschaftsraumes« zusammen. Israel und Syrien tauschen versöhnliche Botschaften aus.

8. 12.   Shimon Peres kündigt die Freilassung von 1000 palästinensischen Häftlingen an und teilt mit, daß mehr Einwohner von Gaza eine Arbeitserlaubnis in Israel erhalten sollen.

11. 12.   Entsprechend den Abkommen von Taba zieht die israelische Armee aus Nablus ab. Bethlehem, Kalkilja, Ramallah und Tulkarm werden in den nächsten Tagen geräumt.

15. 12.   Yassir Arafat kandidiert für den Vorsitz des Palästinensischen Autonomierates. Die PFLP und die DFLP rufen zum Boykott der Wahlen auf. Die Hamas nimmt nicht daran teil.

27. 12.   In Washington werden die seit Juni unterbrochenen Verhandlungen zwischen Israel und Syrien wiederaufgenommen.

1996

13. 1.   Israel läßt mehr als 1000 palästinensische Häftlinge frei.

20. 1.   Wahl der 88 Mitglieder des Palästinensischen Autonomierates. Die Fatah erringt 65 Sitze und stellt damit die größte Gruppe. Yassir Arafat siegt über seine einzige Gegenkandidatin Samiha Khalil und wird mit 88,1 Prozent der Stimmen zum Vorsitzenden des Autonomierates gewählt. Israel erlaubt allen Mitgliedern des Palästinensischen Nationalrates (des Exil»parlaments«) die Einreise in die Autonomiegebiete.

23. 2.   Die israelische Tageszeitung *Haaretz* berichtet, daß die Regierung Peres der Errichtung eines Palästinenserstaates zustimmen würde.

25. und 26. 2.   Bei drei Anschlägen (zwei in Jerusalem vermutlich von der Hamas verübt, ein weiterer in einem Vorort von Tel Aviv) sterben über 30 Menschen. Die israelische Regierung ordnet die Abriegelung der Gebiete an.

3. und 4. 3.   Bei zwei Anschlägen (in Jerusalem und in Tel Aviv) sterben rund dreißig Menschen. Auf Druck der israelischen Regierung verhaftet die Palästinensische Autonomiebehörde etliche Hamas-Kämpfer.

20. 4.   Ursprünglich für die Eröffnung der letzten Verhandlungsrunde vorgesehenes Datum; zugleich läuft an diesem Tag die von Shimon Peres und Yassir Arafat festgesetzte Frist für die Änderung der PLO-Charta ab. Es sollten die Artikel gestrichen werden, die das Existenzrecht Israels bestreiten. Die Eröffnung der letzten Verhandlungsrunde wird verschoben auf einen Zeitpunkt nach den von Shimon Peres auf den Mai vorgezogenen Neuwahlen zum israelischen Parlament.

29. 5.   Wahlen zum israelischen Parlament. Die Arbeiterpartei verliert ihre Mehrheit. Als neuer Ministerpräsident wird am 18. 6. Benjamin Netanjahu vom Likud-Block vereidigt.

* Schätzung ** keine Angaben	ISRAEL		
	Insgesamt	Juden	Nicht-Juden
Bevölkerung 1995 (in Mio.)	5,46	4,43	1,03
Bevölkerung 2000	5,90	4,70	1,20
Bevölkerung 2010	6,80	5,20	1,50
Fläche (in km²)	20 770		
Landwirtschaftl. nutzbare Fläche (% der Gesamtfläche)	62 %		
Bevölkerungsdichte (in Einw. pro km²)	248,5		
Grad der Verstädterung	90,7 %		
Größte Städte (Einw. in Mio.)	Tel Aviv: 1,9 Jerusalem: 0,8		
Natürliches Bevölkerungswachstum (1994)	− 1,6 %	− 2,3 %	+ 3,4 %
Durchschnittl. Zahl der Kinder pro Frau	2,9	2,6	4,6
Jünger als 15 J. (in % der Bev.)	29,7 %	27,3 %	39,8 %
Älter als 65 J. (in % der Bev.)	9,5 %	11 %	3,1 %
Lebenserwartung	76 Jahre	78 Jahre	75 Jahre
Kindersterblichkeit (pro 1 000 Lebendgeborene)	7,5‰	5,7‰	12,1‰
Krankenhausbetten (für 1 000 Einw.)	6,1		
Analphabeten (in % der über 15 jährigen)	3 % (Männer) 7 % (Frauen)	** **	** **
BIP (in Mrd. US-Dollar)	77,3		
BIP / Einw. (in US-Dollar)	14 200*	16 000*	10 000*
Wachstumsrate des BIP (1995)	+ 7 %		

Verteilung des BSP,
    primärer Sektor
    sekundärer Sektor
    tertiärer Sektor
	
	9 %
	41 %
	50 %		

Erwerbstätige Bevölkerung (in % der Gesamtbev.)	37 %	**	**
Arbeitslosenquote	7,8 %	7,6 %	9 %
Anteil der Frauen an der erwerbstätigen Bevölkerung	41,7 %	44,8 %	19,7 %

Verteilung der erwerbstätigen Bev. auf
die Wirtschaftssektoren
    primär
    sekundär
    tertiär
	
	3,3 %
	28,7 %
	68 %
		
		**
		**
		**
			
			**
			**
			**

Deckungsverhältnis (Export/Import)	68,7 %		
Wichtigste Exportgüter	geschliffene Diamanten, Maschinen, chemische Erzeugnisse, Bekleidung		
Wichtigste Handelspartner	Vereinigte Staaten, Europäische Union		

* Schätzung ** keine Angaben	JORDANIEN	WESTJOR-DANLAND	GAZA
Bevölkerung 1995 (in Mio.)	4,57	1,20	0,77
Bevölkerung 2000	5,6	1,40	0,91
Bevölkerung 2010	7,2	1,90	1,20
Fläche (in km²)	89 000	5 879	378
Landwirtschaftl. nutzbare Fläche (% der Gesamtfläche)	9 %	**	**
Bevölkerungsdichte (in Einw. pro km²)	61,1	184	2 097
Grad der Verstädterung	71 %	60 %	94,3 %
Größte Stäadte (Einw. in Mio.)	Amman: 1,5	Jericho: 0,064	
Natürliches Bevölkerungswachstum (1994)	+ 3,4 %	+ 3,8 %	+ 4,9 %
Durchschnittl. Zahl der Kinder pro Frau	5,6	6,6	5,9
Jünger als 15 J. (in % der Bev.)	41,3 %	47,6 %	51,3 %
Älter als 65 J. (in % der Bev.)	3 %	3,6 %	2,7 %
Lebenserwartung	68 Jahre	66 Jahre	67 Jahre
Kindersterblichkeit (pro 1 000 Lebendgeborene)	36‰	36‰	42‰
Krankenhausbetten (für 1 000 Einw.)	0,82	1,26	1,28
Analphabeten (in % der über 15 Jährigen)	9 % (Männer) 25 % (Frauen)	** **	13 % (Männer) 23 % (Frauen)
BIP (in Mrd. US-Dollar)	4,89 (1993)	1,91 (1992)	0,67 (1992)
BIP/Einw. (in US-Dollar)	1 200*	2 000*	700*
Wachstumsrate des BIP (1995)	+ 5,7 %	+ 17 %	+ 24 %

Verteilung des BSP,
    primärer Sektor
    sekundärer Sektor
    tertiärer Sektor
	
	8 %
	33 %
	59 %
		
		13,4 %
		**
		**
			
			14 %
			54 %
			32 %

Erwerbstätige Bevölkerung (in % der Gesamtbev.)	23 %	**	**
Arbeitslosenquote	19 %	25 %	40 %
Anteil der Frauen an der erwerbstätigen Bev.	10 % (der Arbeits-kräfte insges.)	12,4 %	10,3 %

Verteilung der erwerbstätigen Bev. auf die Wirtschaftssektoren
    primär
    sekundär
    tertiär
	
	8 %
	20 %
	72 %
		
		22 %
		42 %
		36 %
			
			18 %
			42 %
			40 %

Deckungsverhältnis (Export/Import)	28 %	36 % (1987)	14,5 %
Wichtigste Exportgüter	Minerale, Nahrungsmittel, chemische Erzeugnisse		
Wichtigste Handelspartner	Arabische Länder, Asien, Europäische Union	Israel, Jordanien	Israel, Jordanien

Glossare

Arabische Begriffe

Djihad: Heiliger Krieg. Begriff religiösen Ursprungs, bezeichnet den Krieg, den Muslime zur Verteidigung des Glaubens führen müssen. Er besteht aus zwei Ebenen: dem inneren Kampf des einzelnen, der seinen Glauben vervollständigen und entwickeln muß, und dem äußeren Kampf gegen die Ungläubigen. Juden und Christen waren Leute des Buches »Ahl al-Kitab« und galten insofern als Ungläubige; sie hatten Gott erkannt, ohne allerdings die Stufe des Islam erreicht zu haben. Eine primär kriegerische Bedeutung nahm der Begriff zur Zeit der Kreuzzüge an, als der Gedanke der Verteidigung des Glaubens mit dem Gedanken der Verteidigung des muslimischen Landes verschmolz, dem »Dar al-Islam« (Haus des Islam). Nach 1948 wurde der Begriff erneut wichtig. Die Gründung des Staates Israel wurde als Verlust von muslimischem Land erlebt, und in einer solchen Situation ist es die Pflicht eines jeden Muslims, für die Wiederherstellung der territorialen Integrität der muslimischen Welt in den Krieg zu ziehen. Der Nahostkonflikt wird nur von einer Minderheit als heiliger Krieg gesehen, aber diese Auffassung erhielt neues Gewicht in den achtziger Jahren nach dem Zusammenbruch aller anderen Ideologien (Sozialismus, Panarabismus, Baath-Ideologie).

Fedai (Pl. Fedajin): Revolutionär. Seit den sechziger Jahren Bezeichnung für die palästinensischen Kämpfer, insbesondere mit Blick auf die von unterschiedlichen Gruppen gegen Ziele in Israel und gegen jüdische Ziele im Westen verübten Anschläge. Derzeit ist der Begriff ungebräuchlich.

Hijab: Schleier, den die muslimischen Frauen tragen, wenn sie das Haus verlassen. Indem die Frauen ihre Haare bedecken, die in der Kultur des Mittelmeerraums als äußerst erotisch gelten, schützen sie zum einen sich selbst vor den lüsternen Blicken der Männer und zum anderen die Ehre ihrer Ehemänner und Väter, für die es eine Demütigung wäre, wenn ihre Frau oder Tochter begehrt würde.

Intifada: Erhebung. Der Begriff bezeichnet die Erhebung der palästinensischen Jugend gegen die israelische Armee. Die Intifada begann 1987 im Flüchtlingslager Djabbalya im Gazastreifen und breitete sich von dort über die gesamten besetzten Gebiete aus. Im Westen wird auch vom »Krieg der Steine« gesprochen. Bilder von Jugendlichen, die mit Steinen in der Hand bewaffneten israelischen Soldaten entgegentraten, beeinflußten die öffentliche Meinung im Westen und stellten die traditionelle Sichtweise von den Israelis als Opfer und den Palästinensern als Täter in Frage. Das von den Palästinensern erworbene Sympathiekapital wurde allerdings im Golfkrieg wieder aufgezehrt, als sie für Saddam Hussein Partei ergriffen. Die Intifada endete mit dem Abschluß des Grundlagenabkommens im Jahr 1993.

Kattaib: Phalanx im Sinne der römischen Militärterminologie. Der Begriff bezeichnet allgemein den bewaffneten Arm einer Partei oder einer sonstigen politischen Organisation, aber er wird meist nur im Hinblick auf die »christlichen Milizen« verwendet, den bewaffneten Arm der Maroniten während des libanesischen Bürgerkriegs.

Keffiye: Mittelorientalischer Dialektbegriff, bezeichnet eine Kopfbedeckung. Sie besteht aus einem diagonal gefalteten Stück Baumwollstoff, das mit einer schwarzen Schnur befestigt wird. Das schwarz-weiße Würfelmuster wurde traditionell von palästinensischen Bauern getragen. In den dreißiger Jahren, als die ersten politischen Parteien der Palästinenser entstanden, wurde die Kopfbedeckung zum Symbol der Partei der Madjlissiyun, die die Landbevölkerung gegen die städtischen Eliten mobilisierte. Nach 1948 wurde das Kopftuch allmählich zum Symbol für den palästinensischen Kampf, weil es die Flüchtlinge in den Lagern trugen, die überwiegend der Landbevölkerung entstammten und die Speerspitze des Kampfes waren. Yassir Arafat führte es auf der politischen Bühne ein, als er 1974 mit Palästinenserkopftuch seine erste Rede vor den Vereinten Nationen hielt.

Ulad Khalti: Wörtlich »die Kinder meiner Tante«, »meine Cousins mütterlicherseits«, umschreibende Bezeichnung der Muslime für die Juden. Der Ausdruck geht auf die Bibel zurück; dort sind Juden und Muslime die Söhne Abrahams, erstere gezeugt mit Sara, letztere mit Hagar. Insofern sind Juden und Muslime Halbbrüder, aus Sicht der Muslime sogar uneingeschränkt Brüder, denn die Muslime unterscheiden nicht zwischen den Söhnen, die ein Mann mit verschiedenen Frauen hat. Doch die Tatsache, daß Sara von Abraham forderte, Hagar und ihren Sohn in der Wüste auszusetzen, hat für die Muslime die Bande gelockert, und so sind die Juden nur noch ihre Cousins, nicht mehr ihre Brüder. Die Juden wollen von einem solchen »Vetternverhältnis« nichts wissen, denn dann müßte der

Begriff »auserwähltes Volk« auf die Muslime ausgedehnt werden. Auch bestimmte Richtungen des muslimischen Denkens lehnen die Vorstellung ab mit der Begründung, ein verwandtschaftliches Verhältnis müßte von beiden Seiten anerkannt werden, um wirksam zu sein, und für die Juden treffe das nicht zu.

Schab (Pl. Schebab): Heranwachsender. In der arabischen Welt geläufige Bezeichnung für die jungen Männer. In den westlichen Medien wurde der Begriff als Bezeichnung für die jungen Palästinenser während der Intifada, einer hauptsächlich von jungen Leuten getragenen Bewegung, übernommen.

Schahid (Pl. Schuhada): Märtyrer. Ursprünglich Bezeichnung für religiöse Märtyrer. Meint seit Anfang des 20. Jahrhunderts allgemein die Toten, die für eine bestimmte Sache gestorben sind. Der Begriff wird nicht ausschließlich im israelisch-palästinensischen oder israelisch-arabischen Konflikt verwendet: Man spricht auch von »Schuhada« im Krieg zwischen Iran und Irak.

El-Umma al-Arabiya: Die arabische Gemeinschaft. Vorstellung einer kulturellen Gemeinschaft der arabischen Welt mit gemeinsamen Werten, Traditionen, einer gemeinsamen Geschichte und Sprache. Das Konzept wurde zu Beginn des 20. Jahrhunderts politisch wirksam, insbesondere

unter englischem Einfluß, weil die Engländer darin ein Mittel zum Kampf gegen die Osmanenherrschaft sahen (eine türkische und darum nicht-arabische Herrschaft). Nach dem siegreichen großen Arabischen Aufstand gegen die Osmanen 1916 bekämpften die Engländer und später die Franzosen das Konzept eines arabischen Großreiches im Nahen Osten und förderten statt dessen die Zerstückelung der Region, weil sie damit leichter zu kontrollieren war. Der Gedanke des Kampfes für die Unabhängigkeit faßte deshalb nicht im regionalen Kontext Fuß, sondern stets im einzelstaatlichen und förderte auf diese Weise das Gefühl einer nationalen (syrischen, libanesischen, irakischen, jordanischen oder palästinensischen) Identität, während es zuvor kein nationales Bewußtsein gegeben hatte, sondern nur das Bewußtsein einer regionalen Zugehörigkeit. Die Vorstellung einer arabischen Kulturgemeinschaft war bei der stark gemischten Bevölkerung sehr populär und wurde von den verschiedenen arabischen Regimen in der Region zur Begründung ihrer Herrschaft innerhalb der jeweiligen nationalen Grenzen und ebenso zur Rechtfertigung ihrer Einmischung in die innerstaatlichen Angelegenheiten ihrer Nachbarn verwendet. Im Golfkrieg, als sich einige arabische Staaten der westlichen Koalition gegen den Irak anschlossen, wurde deutlich, daß das Konzept politisch nicht umsetzbar ist. Dennoch erfreut es sich bei der Bevölkerung nach wie vor großer Beliebtheit.

Hebräische Begriffe

Alija (Pl. Alijot): »Hinaufziehen nach Israel«. Der Begriff bezeichnet die verschiedenen Einwanderungswellen von 1882 bis heute, die regelmäßig den jüdischen Bevölkerungsanteil in Palästina verstärkten. Der Ausdruck »seine Alija machen« bezeichnet den individuellen Akt der Emigration nach Israel.

Aman: Militärischer Geheimdienst des Staates Israel, gegründet im Juni 1948 anläßlich der Neuorganisation der zionistischen Geheimdienste nach der Gründung des Staates Israel. Hieß zuerst *Sherut Hamodiin* und wurde im Dezember 1953 in Aman umbenannt.

Hagana: Miliz zur Selbstverteidigung, anfangs Geheimorganisation, wurde im Juni 1920 von der zionistischen Bewegung ins Leben gerufen, um die ersten Siedlungen vor Angriffen der Araber zu schützen, die den Zustrom von Juden nach Palästina verhindern wollten.

Eretz Israel: »Land Israel«. Das Konzept gründet auf der Überzeugung, daß das Staatsgebiet des Judenstaates alle Landstriche umfassen soll, die in der Bibel unter diesem Namen zusammengefaßt werden; das Staatsgebiet wäre dann größer als das palästinensische Mandatsgebiet während der englischen Mandatszeit 1922 bis 1948.

Jeshiwa: Schule zum Studium des Talmud.

Jischuw: Bezeichnung für die jüdische Gemeinschaft in Palästina vor der Gründung des Staates Israel.

Kibbuz: Kollektive ländliche Siedlung, Schwerpunkt der Arbeit ist die Landwirtschaft. Der Kibbuz entspricht dem sozialistischen Pionierideal der zionistischen Gründerväter. Die ersten Kibbuzim wurden zu Beginn des 20. Jahrhunderts eröffnet. Sie waren die Speerspitze der zionistischen Einwanderung nach Palästina und Basis für die Gründung des künftigen Staates Israel.

Knesset: Versammlung. Das Ein-Kammer-Parlament des Staates Israel, höchste gesetzgebende Instanz des Landes. Die 120 Mitglieder der Knesset werden in allgemeiner Wahl nach einem reinen Verhältniswahlrecht für vier Jahre gewählt.

Mossad: Institut. Auslandsgeheimdienst des Staates Israel, gegründet am 2. März 1951; die offizielle Bezeichnung ist *»HaMossad le Teum«*, Institut für Koordination.

Sabra: Israelischer Jude, der in Israel geboren ist, im Gegensatz zu den Juden, die mit einer Alija ins Land gekommen sind, und den israelischen Arabern. Der Begriff entstammt einem Vergleich mit der Kaktusfeige, auf Hebräisch Sabra, »eine zarte Frucht im Innern und außen gleichwohl mit Stacheln bedeckt«.

Shin Bet (Sherut HaBitachon): Inlandsgeheimdienst, zuständig für Gegenspionage und die innere Sicherheit des Staates Israel, gegründet am 30. Juni 1948. Er wurde nach der Ermordung des israelischen Ministerpräsidenten Yitzhak Rabin am 4. November 1995 wegen seines offensichtlichen Versagens zur Zielscheibe heftiger Kritik.

Zahal: Akronym für Zava Hagana le Israel, Israelische Verteidigungsarmee. Bürgerarmee und wichtigste Stütze für das Überleben des jüdischen Staates inmitten feindlicher arabischer Nachbarn. Die Armee wurde offiziell am 31. Mai 1948 gegründet im Zuge der Neuorganisation der Milizen der Hagana. Die Wehrpflicht gilt für Männer (drei Jahre) und Frauen (zwei Jahre). Die israelischen Araber und die besonders orthodoxen Juden sind von der Wehrpflicht ausgenommen.

Literaturhinweise

Bücher

Abourish, S., *Les enfants de Bethamy*, Paris 1990.

Badie, B., *La fin des Territoires*, Paris 1995.

Baron, X., *Proche-Orient, du refus à la paix*, Paris 1994.

Bauer, J., *Les partis religieux en Israël*, Paris 1991.

Benjelloun-Ollivier, N., *La Palestine, un enjeu, des stratégies, un destin*, Paris 1984 (Veröffentlichungen der Vereinigung für Politische Wissenschaft).

Bensimon, D., *Religion et État en Israël*, Paris 1992.

Benvenisti, M., *The West Bank and Gaza Atlas*, London 1988.

Caratini , R., *Dictionnaire des nationalités et des minorités en URSS*, Paris 1990.

Dieckhoff, A., *Les espaces d'Israël: essai sur la stratégie territoriale israélienne*, Paris 1989 (Veröffentlichungen der Vereinigung für Politische Wissenschaft).

– *L'invention d'une nation. Israël et la modernité politique*, Paris 1993.

– *Israëliens et Palestiniens: l'épreuve de la paix*, Paris 1996.

Faligot, R. und Kauffer, R., *Histoire mondiale du renseignement*, 2 Bände, Paris 1994.

Gilbert, M., *Jewish history atlas*, London 1985.

Gowers, A. und Walker, T., *Behind the myth: Yasser Arafat and the Palestinian revolution*, London 1990.

Greilsammer, A., *Israël, les hommes en noir*, Paris 1991 (Veröffentlichungen der Vereinigung für Politische Wissenschaft).

– (Hrsg.), *Repenser Israël: morale et politique dans l'État juif*, Paris 1993.

Gresh, A. und Vidal, D., *Les cent portes du Proche-Orient*, Paris 1989.

Hall-Cathala, D., *The peace movement in Israel*, London 1990.

Hassassian, H-S., *Palestine: factionalism in the national movement (1919–1939)*, Jerusalem 1990.

Heller, M., *A Palestinian State: the implications for Israel*, Harvard 1983.

Kepel, G., *La revanche de Dieu*, Paris 1991.

Klein, C., Le système politique en Israël, Paris 1983.

Koskas, M., *Arafat ou le Palestinien imaginaire*, Paris 1994.

Laffin, J. und Chappell, M., *The israeli army in the Middle-East wars, 1948–1973*, London 1994.

Landau, J., *The arab minority in Israel (1967–1991)*, Oxford 1993.

Legrain, J. F., *Les voix du soulèvement palestinien, 1987–1988*, Kairo 1991.

Lemarchand, P. (Hrsg.), *Atlas du Moyen-Orient et du monde arabe*, Brüssel 1994.

Levallois, A. und Pommier, S., *Jérusalem, de la division au partage*, Paris 1995.

Lustick, J., *Arabs in the jewish State*, Austin 1982.

Malka, V. und Malka, S., *Shalom Rabin*, Paris 1995.

Massoulié, F., *Les conflits du Proche-Orient*, Brüssel, Florenz 1993.

Mourre, M., *Dictionnaire encyclopédique d'Histoire*, Paris 1986.

Peretz, M., *La gauche israélienne*, Paris 1973.

Potin, J., *Cette année à Jérusalem*, Paris 1992.

Salamé, G. (Hrsg.), *Proche-Orient, les exigences de la paix*, Brüssel 1994.

– (Hrsg.), *Démocratie sans démocrates*, Paris 1993.

Samson, M., *Gaza – Jéricho, une signature historique*, Paris 1994.

Satluff, R. B., *From Abdallah to Hussein: Jordan in transition*, New York 1994.

Schlaim, A., *Collusion across the river Jordan*, Oxford 1988.

Schattner, M., *Histoire de la droite israélienne de Jabotinsky à Shamir*, Brüssel 1991.

Segev, T., *Die siebte Million. Der Holocaust und Israels Politik der Erinnerung*, Reinbek bei Hamburg 1995.

Usher, G., *Palestine in crisis*, London 1995.

Wolffsohn, M., Bokovoy, D., *Israel: Geschichte, Politik, Gesellschaft, Wirtschaft (1882–1996)*, 5. Aufl. Opladen 1996.

Yehiya-Eliezer, *Israel and the diaspora Jewry*, Ramat-Gan 1991.

Zohar, D., *Political parties in Israel, the evolution of Israeli democracy*, New York 1994.

Zeitschriften, Aufsätze, Tagungsberichte

Destreman, B., »Israël – Palestine: l'espace en miettes ou l'appropriation identitaire du territoire«, in: *Maghreb – Machrek* Nr. 150 (1995).

Usher, G., »Aspirations démocratiques en Palestine: l'avenir incertain de l'OLP«, in: *Le Monde diplomatique* (März 1996).

Heft »Israel« der Zeitschrift *Pouvoirs* Nr. 72 (1995), Paris.

Les Cahiers de l'Orient, Paris.

Maghreb – Machrek, La Documentation française, Paris.

Middle Eastern Studies, London.

The Middle East Reports, Washington.

Revue d'Études palestiniennes, Paris.

L'État du monde, La découverte, Paris.

RAMSÈS (Rapport annuel mondial sur les systèmes économiques et les stratégies) IFRI – Economica, Paris.

Tagungsbericht der Konferenz »Wirtschaft im Nahen Osten«, Europäisches Parlament, Straßburg, Juni 1994.

Tagungsbericht der Konferenz »Die Ökonomie des Friedens«, UNESCO – TF1 – Radio Shalom, Paris, Januar 1995.

Tagungsbericht des Wirtschaftsgipfels in Casablanca, Oktober 1994.

Tagungsbericht des Wirtschaftsgipfels in Amman, Oktober 1995.

»Agenda PASSIA«, *Palestinian academic society for the study of international affairs,* Jerusalem 1996.

»Development options for cooperation: the Middle-East/ East mediterrenean region«, Bericht des israelischen Außenministeriums, 1996.

Statistische Quellen

Statistische Angaben zu Israel: *Statistical abstract of Israel,* 1995.

Die palästinensische öffentliche Meinung: *Center for Palestinian Research Studies.*

Angaben zur Bevölkerungsstruktur: *Statistical abstract of the ESCWA Region, 1983–1992,* Vereinte Nationen (Kommission für die wirtschaftliche und soziale Entwicklung im asiatischen Nahen Osten).

Das Bildungswesen in den besetzten Gebieten: *Education statistics in the West Bank and Gaza Strip,* Palestinian Central Bureau of Statistics, 1995.

Die Angaben beziehen sich (soweit nichts anderes angemerkt ist) auf die folgenden Jahre:

1996: Politik
1995: Wirtschaft
1994: Bevölkerungsstruktur

Anmerkung: Alle Karten und Tabellen wurden von Équinoxes erstellt. Soweit nichts anderes angemerkt ist, wurden jeweils mehrere Quellen verwendet; für Schätzungen sind die Autoren verantwortlich.